国家出版基金项目
NATIONAL PUBLICATION FOUNDATION

新时代外国语言文学
新发展研究丛书

总主编　罗选民　庄智象

语言哲学新发展研究

Philosophy of Language: New Perspectives and Development

王　寅　王天翼／著

清华大学出版社
北　京

内 容 简 介

本书以语言哲学发展的"四个转向、五段情缘、六项成因、七条途径"为线索，主要介绍了后现代哲学思潮视野下中国外语界语言哲学研究的前沿成果，分别从"体认语义学"、语言学与哲学"互为摇篮"的关系、认识和理解的新模型、言语行为的新发展、摹状论对语言现实解释的新观念、范畴理论的新突破等方面展开讨论。本书不仅深入剖析了西方语言哲学发展的问题，还系统总结了其本土化发展的情况并预测了其未来发展的趋势。

图书在版编目（CIP）数据

语言哲学新发展研究 / 王寅，王天翼著. —北京：清华大学出版社，2022.12
（新时代外国语言文学新发展研究丛书）
ISBN 978-7-302-57385-2

Ⅰ. ①语…　Ⅱ. ①王… ②王…　Ⅲ. ①语言哲学—研究　Ⅳ. ① H0

中国版本图书馆 CIP 数据核字（2021）第 020260 号

策划编辑： 郝建华
责任编辑： 郝建华　白周兵
封面设计： 黄华斌
责任校对： 王凤芝
责任印制： 丛怀宇

出版发行： 清华大学出版社
　　　　　网　　址：http://www.tup.com.cn, http://www.wqbook.com
　　　　　地　　址：北京清华大学学研大厦 A 座　邮　　编：100084
　　　　　社 总 机：010-83470000　邮　　购：010-62786544
　　　　　投稿与读者服务：010-62776969, c-service@tup.tsinghua.edu.cn
　　　　　质量反馈：010-62772015, zhiliang@tup.tsinghua.edu.cn
印 刷 者： 大厂回族自治县彩虹印刷有限公司
装 订 者： 三河市启晨纸制品加工有限公司
经　　销： 全国新华书店
开　　本： 155mm×230mm　**印　张：** 19.5　**字　数：** 295 千字
版　　次： 2022 年 12 月第 1 版　**印　次：** 2022 年 12 月第 1 次印刷
定　　价： 118.00 元

产品编号：088110-01

中国英汉语比较研究会
"新时代外国语言文学新发展研究丛书"
编委会名单

总主编

罗选民　　庄智象

编　委

（按姓氏拼音排序）

蔡基刚	陈　桦	陈　琳	邓联健	董洪川
董燕萍	顾曰国	韩子满	何　伟	胡开宝
黄国文	黄忠廉	李清平	李正栓	梁茂成
林克难	刘建达	刘正光	卢卫中	穆　雷
牛保义	彭宣维	冉永平	尚　新	沈　园
束定芳	司显柱	孙有中	屠国元	王东风
王俊菊	王克非	王　蔷	王文斌	王　寅
文秋芳	文卫平	文　旭	辛　斌	严辰松
杨连瑞	杨文地	杨晓荣	俞理明	袁传有
查明建	张春柏	张　旭	张跃军	周领顺

总　序

外国语言文学是我国人文社会科学的一个重要组成部分。自 1862 年同文馆始建，我国的外国语言文学学科已历经一百五十余年。一百多年来，外国语言文学学科一直伴随着国家的发展、社会的变迁而发展壮大，推动了社会的进步，促进了政治、经济、文化、教育、科技、外交等各项事业的发展，增强了与国际社会的交流、沟通与合作，每个发展阶段无不体现出时代的要求和特征。

20 世纪之前，中国语言研究的关注点主要在语文学和训诂学层面，由于"字"研究是核心，缺乏区分词类的语法标准，语法分析经常是拿孤立词的意义作为基本标准。1898 年诞生了中国第一部语法著作《马氏文通》，尽管"字"研究仍然占据主导地位，但该书宣告了语法作为独立学科的存在，预示着语言学这块待开垦的土地即将迎来生机盎然的新纪元。1919 年，反帝反封建的"五四运动"掀起了中国新文化运动的浪潮，语言文学研究（包括外国语言文学研究）得到蓬勃发展。中华人民共和国成立后，尤其是改革开放以来，外国语言文学学科的发展势头持续迅猛。至 20 世纪末，学术体系日臻完善，研究理念、方法、手段等日趋科学、先进，几乎达到与国际研究领先水平同频共振的程度，取得了令人瞩目的成绩，有力地推动和促进了人文社会科学的建设，并支持和服务于改革开放和各项事业的发展。

无独有偶，在处于转型时期的"五四运动"前后，翻译成为显学，成为了解外国文化、思想、教育、科技、政治和社会的重要途径和窗口，成为改造旧中国的利器。在那个时期，翻译家由边缘走向中国的学术中心，一批著名思想家、翻译家，通过对外国语言文学的文献和作品的译介塑造了中国现代性，其学术贡献彪炳史册，为中国学术培育做出了重大贡献。许多西方学术理论、学科都是经过翻译才得以为中国高校所熟悉和接受，如王国维翻译教育学和农学的基础读本、吴宓翻译哈佛大学白璧德的新人文主义美学作品等。这些翻译文本从一个侧面促成了中国高等教育学科体系的发展和完善，社会学、人类学、民俗学、美学、教育学等，几乎都是在这一时期得以创建和发展的。翻译服务对于文化交流交融和促进文明互鉴，功不可没，而翻译学也在经历了语文学、语言学、文化学等转向之后，日趋成熟，如今在让中国了解世界、让世界了解中国，尤其是"一带一路"建设、人类命运共同体构建，讲好中国故事、传递好中国声音等方面承担着重要使命与责任，任重而道远。

20 世纪初，外国文学深刻地影响了中国现代文学的形成，犹如鲁迅所言，要学普罗米修斯，为中国的旧文学窃来"天国之火"，发出中国文学革命的呐喊，在直面人生、救治心灵、改造社会方面起到不可替代的作用。大量的外国先进文化也因此传入中国，为塑造中国现代性发挥了重大作用。从清末开始特别是"五四运动"以来，外国文学的引进和译介蔚然成风。经过几代翻译家和学者的持续努力，在翻译、评论、研究、教学等诸多方面成果累累。改革开放之后，外国文学研究更是进入繁荣时代，对外国作家及其作品的研究逐渐深化，在外国文学史的研究和著述方面越来越成熟，在文学理论与文学批评的译介和研究方面、在不断创新国外文学思想潮流中，基本上与欧美学术界同步进展。

外国文学翻译与研究的重大意义，在于展示了世界各国文学的优秀传统，在文学主题深化、表现形式多样化、题材类型丰富化、批评方法论的借鉴等方面显示出生机与活力，显著地启发了中国文学界不断形成新的文学观，使中国现当代文学创作获得了丰富的艺术资源，同时也有力地推动了高校相关领域学术研究的开展。

进入 21 世纪，中国的外国语言学研究得到了空前的发展，不仅及时引进了西方语言学研究的最新成果，还将这些理论运用到汉语研究的实践；不仅有介绍、评价，也有批评，更有审辨性的借鉴和吸收。英语、汉语比较研究得到空前重视，成绩卓著，"两张皮"现象得到很大改善。此外，在心理语言学、神经语言学和认知语言学等与当代科学技术联系紧密的学科领域，外国语言学学者充当了排头兵，与世界分享语言学研究的新成果和新发现。一些外语教学的先进理念和语言政策的研究成果为国家制定外语教育政策和发展战略也做出了积极的贡献。

习近平总书记指出："要着力推进国际传播能力建设，创新对外宣传方式，加强话语体系建设，着力打造融通中外的新概念新范畴新表述，讲好中国故事，传播好中国声音，增强在国际上的话语权。"为贯彻这一要求，教育部近期提出要全面推进新工科、新医科、新农科、新文科等建设。新文科概念正式得到国家教育部门的认可，并被赋予新的内涵和定位，即以全球新技术革命、新经济发展、中国特色社会主义新时代为背景，突破传统的文科思维模式与文科建构体系，创建与新时代、新思想、新科技、新文化相呼应的新文科理论框架和研究范式。新文科具备传统文科和跨学科的特点，注重科学技术、战略创新和融合发展，立足中国，面向世界。

新文科建设理念对外国语言文学学科建设提出了新目标、新任务、新要求、新格局。具体而言，新文科旗帜下的外国语言文学学科的发展目标是：服务国家教育发展战略的知识体系框架，兼备迎接新科技革命的挑战能力，彰显人文学科与交叉学科的深度交融特点，夯实中外政治、文化、社会、历史等通识课程的建设，打通跨专业、跨领域的学习机制，确立多维立体互动教学模式。这些新文科要素将助推新文科精神、内涵、理念得以彻底贯彻落实到教育实践中，为国家培养出更多具有融合创新的专业能力，具有国际化视野，理解和通晓对象国人文、历史、地理、语言的人文社科领域外语人才。

进入新时代，我国外国语言文学的教育、教学和研究发生了巨大变化，无论是理论的探索和创新，方法的探讨和应用，还是具体的实验和实践，都成绩斐然。回顾、总结、梳理和提炼一个年代的学术发展，尤其是从理论、方法和实践等几个层面展开研究，更有其学科和学术价值及现实和深远意义。

鉴于上述理念和思考，我们策划、组织、编写了这套"新时代外国语言文学新发展研究丛书"，旨在分析和归纳近十年来我国外国语言文学学科重大理论的构建、研究领域的探索、核心议题的研讨、研究方法的探讨，以及各领域成果在我国的应用与实践，发现目前研究中存在的主要不足，为外国语言文学学科发展提出可资借鉴的建议。我们希望本丛书的出版，能够帮助该领域的研究者、学习者和爱好者了解和掌握学科前沿的最新发展成果，熟悉并了解现状，知晓存在的问题，探索发展趋势和路径，从而助力中国学者构建融通中外的话语体系，用学术成果来阐述中国故事，最终产生能屹立于世界学术之林的中国学派！

本丛书由中国英汉语比较研究会联合上海时代教育出版研究中心组织研发，由研究会下属 29 个二级分支机构协同创新、共同打造而成。罗选民和庄智象审阅了全部书稿提纲；研究会秘书处聘请了二十余位专家对书稿提纲逐一复审和批改；黄国文终审并批改了大部分书稿提纲。

本丛书的作者大都是知名学者或中青年骨干，接受过严格的学术训练，有很好的学术造诣，并在各自的研究领域有丰硕的科研成果，他们所承担的著作也分别都是迄今该领域动员资源最多的科研项目之一。本丛书主要包括"外国语言学""外国文学""翻译学""比较文学与跨文化研究"和"国别和区域研究"五个领域，集中反映和展示各自领域的最新理论、方法和实践的研究成果，每部著作内容涵盖理论界定、研究范畴、研究视角、研究方法、研究范式，同时也提出存在的问题，指明发展的前景。总之，本丛书基于外国语言文学学科的五个主要方向，借助基础研究与应用研究的有机契合、共时研究与历时研究的相辅相成、定量研究与定性研究的有效融合，科学系统地概括、总结、梳理、提炼近十年外国语言文学学科的发展历程、研究现状以及未来的发展趋势，为我国外国语言文学学科高质量建设与发展呈现可视性极强的研究成果，以期在提升国家软实力、构建人类命运共同体过程中承担起更重要的使命和责任。

感谢清华大学出版社和上海时代教育出版研究中心的大力支持。我们希望在研究会与出版社及研究中心的共同努力下，打造一套外国语言文学研究学术精品，向伟大的中国共产党建党一百周年献上一份诚挚的厚礼！

罗选民　庄智象
2021 年 6 月

前　言

一

"与时俱进"已成为时代的最强音；"继承发展"是当今科研的座右铭。我国迎来了大变革的 21 世纪，各行各业在"振兴中华、中国智造"思想的指导下奋发图强，成就斐然。外语界在此大好形势的鼓舞下也出现了一派欣欣向荣的景象，积极响应我国大力倡导的"新文科"教研方针，打通文史哲，兼治古今中外，扩大学术视野，结出了累累硕果。清华大学出版社、中国英汉语比较研究会和上海时代教育出版研究中心适时地联手出版"新时代外国语言文学新发展研究丛书"，意义重大而深远。

本书依据上述思路，既有传承，更有发展，每个章节都有我们自己的心得和体会，基本能反映出我国外语界语言哲学研究的前沿成果，也能充分体现我国的"新文科"方针。

二

西方哲学在 2 000 多年中主要经历了四次转向——"毕因论"（ontology）、认识论、语言论、后现代，其间存在紧密的逻辑关系：第一次转向的毕因论在形而上哲学的统摄下追问世界的本质；第二次转向的认识论认为，在厘清"认识"之前，追问本质是一种本末倒置的做法，哲学家应该首先研究人类认识的来源和本质，然后才能实现毕因论的目标；几百年后，哲学家自然语言本身不精确，不能担当论述严谨哲学命题的大任，故而出现第三次转向的语言论，聚焦研究意义和表达，以求设计出精确的人工语言而取而代之；时至 20 世纪中叶，哲学家发现传统理论问题太多，沿着逻实论者批判形而上学的思路走得更远，主张摧毁"基础论、中心主义"，强调"多元论、非理性、非客观主义"等新观（王寅，2019b）。西哲四个转向之间的逻辑关系还反映在第 1 章表 1-1 中所列八个主题的承继和发展关系上。

本书第 1 章简要介绍了西方语言哲学的理论取向和研究内容，建构了以"四五六七"为主线的学习思路，即四个转向、五段情缘、六项成因、七条途径（王寅，2014）。第 2 章较全地收集了学界对"意义"作出的 20 种定义，且将其分为两大阵营——外在论和内在论，指出各自不足，并在此基础上提出了内外兼治的"体认语义学"。第 3 章简述了西方语哲在中国的研究现状，主要是在外语界的普及和发展情况。中西语言哲学专委会自 21 世纪初成立以来，每两年举办一届年会，每年暑假 7 月 26 日至 8 月 1 日举办一期夏日哲学读书院，培训高校教师和研究生，每期参会人数达 200 多人，现已举办 16 期。特别是钱冠连先生（2015）提出的"中国后语言哲学"，不仅为我国外语界开辟了一个新方向，也为汉语界列出了"补课内容"；同时，也为全世界的语言学者指出了一个新方向。其意义还在于既为振兴中华民族、实现强国梦、平视世界、走向世界学术舞台中央做出了文人应有的贡献，也为世界学术界尽了一份中国人的责任。

本书其余 9 章主要沿着"中国后语言哲学"指出的方向，介绍和论述了我们的最新科研成果。第 4 章将罗宾斯（Robins，1967）提出的"哲学是语言学的摇篮"发展为"语言学与哲学互为摇篮"，主要论述认知语言学和体认语言学如何帮助哲学家回答他们未能解决的问题。第 5 章以"客观与主观"为主线梳理西方哲学简史：

① 毕因论时期的基本立场是"先客后主"（OS）；
② 认识论阶段将此关系颠倒为"先主后客"（SO）；
③ 语言论阶段的两大派也是围绕主客关系展开的，理想语哲学派强调语言与客观的同构关系（LO）；日常语哲学派强调语言与主观（人、语境）之间的关系（LS）。

这一发展趋势进而为欧陆人本哲学的出场铺平了道路。有些哲学家还沿此进路走上了极端，如胡塞尔和哈贝马斯提出了"主体间性"（SS），大有忽视客观之嫌；以德里达为代表的法国后现代哲学军团还提出了"激进人本观"，也曾引起学界的迷惑。据此王寅（2009c）在《哲学动态》

上提出了"主客主多重互动理解模型"（subject-object-subject multiple-action understanding model，简称 SOS 理解模型），学界普遍认为这一模型很有解释力，可"救救我们"（这是英语缩写单词 SOS 的本义），免使哲学研究陷入保守或过激言论的泥潭之中。

第 6 章论述了日常语哲学派奥斯汀和塞尔的"言语行为论"（speech act theory）如何在后现代哲学家的笔下得到传承和发展：

① 哈贝马斯的交往行动论、普遍语用学；
② 罗蒂的对话协同论；
③ 福柯的话语的权力；
④ 布迪厄的符号资本。

这也充分说明了 20 世纪初和中叶形成的语言哲学并未式微，而是在后现代哲学中得到发扬光大，我们所提出的体认哲学和体认语言学也是语言哲学的延续。

第 7 章理论结合实践，基于罗素建构的"摹状论"（description theory）分析了英语中由 There-be 引导的存在构式及其后不能接限定性名词短语（限定摹状语）的原因。我国传统英语语法书对这一现象鲜有述及，国外学者也仅是提了一笔，都未能解释其成因，本书运用摹状论为其找到了一个合理的解释。

第 8—9 章简述了日常语哲学派的创始人维特根斯坦于 1953 年提出的"家族相似性"（family resemblance）以及罗茜基于此提出的"原型范畴论"（prototype theory of category）。对比了这两者与亚里士多德所创建的"经典范畴论"（classical theory of category）之间的异同，我们认为前两者更适用于人文社科界，后者更适用于自然科学界，但这并不意味着我们在人文研究中要彻底放弃亚氏理论。在此论述中我们发现，家族相似性和原型范畴论也存在诸多不足，为此我们提出了"图式范畴论"和"动态范畴论"以作补充。

第 10—12 章基于上文建构的"范畴新论"分析了语言中的语音层面、词法层面、句法层面和语篇层面，可见范畴新论适用于分析语言的各个层面，具有更好的解释力。我们相信这一范畴新论也适用于其他人文学科。

三

国内语言学界师资队伍的知识结构及其研究生培养普遍存在以下三大严重缺陷：

① 缺乏对西方哲学的全面了解，更谈不上对语言哲学的系统研究，因而哲学视野一直是语言学界（含其他人文学科）的空缺。

② 20 世纪末从西方同时传来两股学术思潮——后现代主义和认知语言学，但两界一直缺少对话，未能很好融合起来，难以共进前沿。

③ 很多学者未能认识到建构本土化语言学理论的重要性和必要性，更未能认识到立足新文科来打通文史哲，以构建我国自己的学科体系。

这些年来，四川外国语大学的体认团队为能有效解决上述三大缺陷，积极地做出了以下努力：

① 以西哲发展史为基本线索，系统梳理了各时期对应产生的语言学流派，这在语言哲学研究会上已讲了 20 多年；2014 年，出版了《语言哲学研究——21 世纪中国后语言哲学沉思录》（上下卷）；2019 年，出版了《西哲第四转向的后现代思潮——探索世界人文社科之前沿》，进一步做了小结。

② 努力贯彻"既有传承，又有发展"的科研方针，将马列主义辩证唯物论和后现代哲学最新观点与认知语言学、翻译研究等结合起来，建构了"体认语言学"；2020 年，出版了《体认语言学——认知语言学的本土化研究》；2021 年，出版了跨学科论著《体认翻译学》（上下卷）。

③ 尝试用本土化体认语言学的核心原则"现实—认知—语言"来统一解释语言的各个层面，而且还基于"体认 +"的科研思路，努力将其扩展到其他人文社会学科，拟建构"体认研究的学科体系"，这也将是我们未来的研究方向之一；2023 年，将出版《英语体认语法》和《汉语体认语法》。

借助本土化的体认哲学和体认语言学，以及中国后语言哲学的最新成果，必将有利于我们揭示语言的奥秘，走出语言的迷宫，同仁尚需努力。

外语界学人能为"实现强国梦"所做之事，就是不断提出我们自己的新理论，摆脱"照着讲，跟着讲"之旧习，践行"想着讲，领着讲"之新风。正如钱冠连在《体认语言学》序中所言：

> 把自己的述著留在历史这把筛子的上面而不是下面。（王寅，2020）

但愿本书能充当一块拙砖，引得众方家之贵玉，期盼我国各路学者能唱出语言哲学和语言学两界联手的"中国好声音"，讲出理论联系实践的"中国好故事"，尽早编织出"中国话语新体系"。

我们在编写过程中得到了国内外诸多著名学者，如钱冠连、江怡、成晓光、王治河等的大力支持，川外研究生邬德平、徐峰、刘德林、杨玉顺、钱静等帮助查找相关资料，也得到了清华大学出版社、中国英汉语比较研究会和上海时代教育出版研究中心的鼎力相助，在此一并致谢！

王　寅

2022 年 3 月

目　　录

第 1 章
语言哲学概论

1.1　西方哲学史概述：四个转向

学习西方哲学有多种方法，"以史为鉴"当算其中的主要途径。西方哲学在 2 000 多年的发展历史中主要经历了以下四个转向：

① 毕因论（ontology，即本体论、存在论）；
② 认识论（epistemology）；
③ 语言论（linguistics）；
④ 后现代论（postmodernism）。

现将其总结在表 1-1 中，可使我们对其能有一个宏观的认识，也有利于我们理解这四个转向之间的逻辑关系（王寅，2019b）：

表 1-1　西哲四转向综述

	毕因论	认识论	语言论	后现代
1	WHAT is this?	HOW is this?	What is IS?	多元性
2	存在的实在性	存在的认识性	存在的表达性	存在的人本性
3	客主关系	主客关系	用语言与世界、命题与事实的关系代替主客关系	主客主
4	从本质来认识世界	从观念和思想认识世界	从语言分析来认识世界	从"人"来认识世界
5	现象是本质的体现	心智是世界的镜像（笛、康擦镜子）	语言与世界为同构	语言拟构世界

（续表）

	毕因论	认识论	语言论	后现代
6	据毕因说明观念和语词	据观念来说明毕因	用语言说出毕因	否定本质
7	现实的准确再现于本质，用神目之眼来审视现实背后的形而上	现实的准确再现于心智，用心智之眼来审视视网膜成像的真实性	现实的准确再现于语言，用语言之眼来审视视网膜成像的真实性	无准确性，用人之非理性之眼来审视世界和哲学
8	本质、本体、本源	真知、概念、思想、命题	意义、指称、真、逻辑必然性、证实、言语行为	非哲学、超基础、去中心、非理性、后人道、破与建

西方哲学在公元前 6 世纪主要流行"自然哲学"（natural philosophy），认为可通过研究"自然因"来解释世界，即用自然界某一或某些物质来解释世界的本质，如世界分别是由如下自然物质构成的：

① 泰勒斯（Thales，约公元前 624—前 547）："水说"；
② 阿那克西米尼（Anaximenes，约公元前 585—前 526）："气说"；
③ 赫拉克利特（Heracleitus，约公元前 540—前 480）："火说"；
④ 德谟克利特（Democritus，约公元前 460—前 370）："原子说"；
⑤ 阿那克萨哥拉（Anaxagoras，约公元前 500—前 428）："种子说"；
⑥ 恩培多克勒（Empedokles，约公元前 495—前 435）："火气水土说"
……

我国古代哲学也曾有过类似的想法，如《易经》中的"八卦说"（天地风雷、山泽水火）、《尚书》中的"五行说"（金、木、水、火、土）、管仲（公元前 725—前 645）的"水说"和"精气说"等。

自巴门尼德（Parmenides，公元前 515—前 445）、苏格拉底（Socrates，公元前 469—前 399）、柏拉图（Plato，公元前 427—前 347）之后，西方古代哲学家就开始转向用抽象的"毕因"（being）和"理念"（eidos）来解释世界的本源，亚里士多德（Aristotle，公元前 384—前

322）还提出了抽象的"四因说"，从而出现了"第一次转向"，将哲学研究导向了追问"抽象本质"的方向，建构了流行 2 000 多年的"形而上学"（metaphysics），参见表 1-1 中的"毕因论"一栏。

在古希腊语中，ont- 为连系动词，相当于英语中的 be，研究 be 或 being 的学问就是 ontology，这一术语在我国有很多译法，如本体论、存在论、有论、是论等，我们根据 being 的发音将其译为"毕因"，为"穷尽原因"之义，还暗合了亚里士多德的"四因说"。至于巴门尼德为何要将 be 和 being 视为世界的本质，这就要从语言中最简单的主系表句型说起（王寅，2014），当我们说：

[1] This is a book (…).

时，普通人关心的是表语（如 book），而哲学家关心的是它为什么是 book，"是"什么原因让我们称它为 book。进而言之，一切有关 book 的本质就该蕴含在 be 之中，人们才能用 be 来判断它是 book，因此 be 就蕴含了表语的本质，这就是一般哲学书中所说的"是之为是"。此外，表语（或主语）可用无限多的名词性词语，但唯有 be 不变，这个 be 就是"万变之后的不变"，这完全符合形而上哲学的宗旨，从若干"多"的现象中找到不变的本质"一"。

但哲学家就什么是世界的抽象本质，一直未能达成一致，众说纷纭。当西方进入中世纪的神学时代后，人们认为这个本质只有万能的"神"才能知道，因为" God knows everything"。当人类社会经过文艺复兴后，人们逐步确立了"人文观"（humanism，也可译为人本观），学界开始重视人的主体因素，主张从人的角度来重新审视世界，从而将哲学研究导向了"认识论"。这一时期主要有两大阵营：

① 经验论（empiricism）；
② 唯理论（rationalism）。

这两大阵营都主张从"人是如何认识世界、获得真知"这一角度来研究哲学：前者认为我们的真知来自人们的经验；后者认为经验不可靠，唯有理性才能出真知，世界是人看出来的，这就是笛卡尔（Descartes，1596—1650）和康德（Kant，1724—1804）的那两句名言：

[2] I think, therefore I am.

[3] We see things not as they are, but as we are.

从表 1-1 可见，毕因论时期追求的是"客主"关系，"客"在前，"主"在后，客观世界镜像般地映射入主体人的心智。而到了认识论阶段，哲学家颠倒了这两者之间的关系，将"主"置于"客"之前，形成了"主客"关系，这就是"康德的哥白尼革命"，国内学界常将其称为"先验唯心论"。

认识论中这两大阵营争论持续了 300 多年，最后就像"先有鸡，还是蛋"的问题一样，没有达成共识，哲学家就将视野转向"语言"，因为不管是毕因论，还是认识论，它们都要通过语言来表达。由于自然语言在本质上具有模糊性，不能满足哲学对精确性的需要，哲学家开始反思自然语言之不足，开始将莱布尼茨（Leibniz，1646—1716）对人工语言的设想付诸实施，从而在哲学界形成了"语言论转向"（linguistic turn）；经过近百年的发展，20 世纪 50 年代，又出现了"后现代转向"（postmodernist turn）。

现将西方哲学所经历的四大转向图示如下（图 1-1），以能形成一个大致的宏观体系，可使我们对其间的传承和接续关系有一个居高临下的理解和掌握。图 1-1 所列述的第一和第二转向省略未讲，详见王寅（2007c、2014），图 1-1 主要列述了第三和第四转向，它们基本代表了百余年来西方哲学研究的新动向，特别是最后一行带双画线部分，它代表着哲学研究纵向发展的最前沿。

1.2　语哲学习之主线：四五六七

王寅（2014）曾以"四五六七"这四个数字为这门学科做了概括：

① 四个转向；

② 五段情缘；

③ 六项成因；

④ 七条途径。

现分述如下：

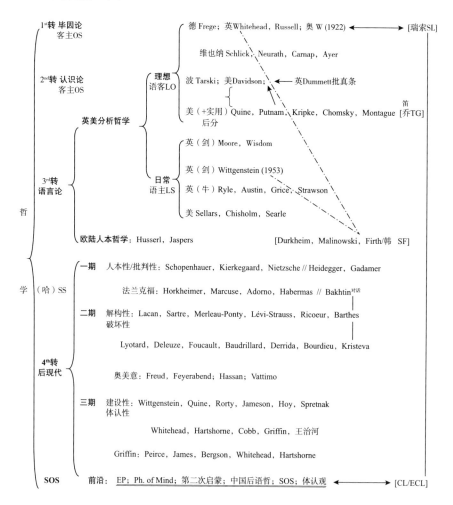

图 1-1   西哲第三和第四转向概况

1.2.1   四个转向

我们已在本章 1.1 小节做了简介，此处不再赘述。

1.2.2 五段情缘

西方的语言学原来属于哲学家的研究范围，他们在不同时期都对语言阐发了重要观点，现根据图1-1所列简史分五个阶段简述如下。

1. 古希腊时期的毕因论转向

毕因论时期的哲学家在关注世界本质时，也问及了语言的本质，认为语法可代表语言的本质，因此西方的"语法学"历史源远流长。与此同时他们还论述了：

语言天赋论：由于古代学者知识的缺乏，对很多问题难以做出科学的回答，便将其归结为"天赋论"。

逻各斯一体论：logos（相当于汉语的"道"），既可代表世界的本源，也表示"语言"，这说明语言与世界本质是一体的。

语言工具论：苏格拉底早就提出这一语言观，将它视为一种工具，是传递思想、进行交流的工具，后来也将其视为"思维"的工具。

"二元论"（dualism）语言观：依据形而上学之根本原则"二元论"来研究语言，方法划分语言系统——形式与意义、现象与本质、表层与深层、自然与习惯、约定与本质、名词与动词、主语与谓语等。

自然论与约定论：古希腊哲学家早就语言符号具有"自然性"（理据性、象似性）还是"约定性"（任意性）展开了讨论。

这个时期的哲学家还创立了"词源学"和"修辞学"。

2. 中世纪的神学本位论转向

当毕因论时期的哲学家就世界本质难以达成一致意见时，他们在奥古斯汀的"信仰大于理性"的指引下，将哲学研究转向了"上帝"，漫长的中世纪（5—15世纪）主要有"神学毕因论"（theological ontology），此时的宗教哲学占据了主流地位约1 000年之久。此时的哲学家就语言问题提出了如下观点：

上帝创造语言：在神本位的统摄下，哲学家们将难以回答的语言起源问题归结为"上帝"，继续持"语言天赋观"。

唯名论与唯实论：宗教哲学家用他们所热衷论述的"唯名论"（nominalism）和"唯实论"（realism）来解释语言。前者认为抽象名词不是实体，它们仅是名称而已；后者认为抽象名词也是实体，而且是先于个体存在的。

殊相论与共相论：即"个体"与"类别"之间的关系，有人认为共相是先于个别事物而独立存在的精神实体。哲学家们在二者的先后顺序上展开了激烈讨论，这就是我们常说的"是先有鸡，还是先有蛋"的问题，与"唯名论与唯实论"之争有同源关系。语言究竟是先有"集体名词"，还是先"个体名词"，学界为此争论不休。

"思辨语法"（speculative grammar）：又叫哲学语法，出现在13、14世纪时期的一种语法理论，深受中世纪经院哲学的影响，认为人类语言镜像般地反映了物质世界的现实结构，语法提供了人们理解现实结构的线索。思辨语法还认为，所有语言的结构底层都有一种共同的、普遍的语法，它是以理性法则为基础的，研究它就可为语言提供统一解释。

自然兼约定论：这个时期的学者沿着古希腊时期提出的"语言自然论"（语符像似于外部世界）和"语言约定论"（语符与客观世界无关，仅是人们的约定）展开了讨论，且提出了二者兼而有之的观点。

助范畴词研究：在亚里士多德所分析出的十大范畴的基础上又增补了一些次要类别，共50多种，主要分为三类：饰主语的词语；修饰谓语的词语；说明主语与谓语连接关系的词语（王寅，2014）。

3. 近代时期的认识论转向

这个时期的哲学就语言提出了如下一些观点：

天赋说与模仿说：笛卡尔的"天赋观"（nativism）和"二元论"再次使得形而上学成为哲学研究的基础，该观点也影响了学界对语言的认识，认为语言具有天赋性，可用二分的方法来研究。

语言模糊性：自然语言不很精确，会影响正常交际。培根（Bacon，1561—1626）（四假象说）、洛克（Locke，1632—1704）（自然语言七缺陷）和休谟（Hume，1711—1776）（感觉和概念都具有不确定性）等都对此进行了较为详细的论述。

普遍唯理语法：是由阿尔诺（Arnauld，1612—1694）和朗斯诺（Lancelot，1615—1695）基于中世纪的思辨语法和笛卡尔的理性论建立起来的，认为"理性、逻辑、概念"具有普遍性，语言是它们的表现形式，语法当依据逻辑而建，因此语言和语法都具有普遍性。

实证主义与历史比较语言学：实证主义是孔德（Comte，1798—1857）于19世纪30年代率先提出的，斯宾塞和马赫为其继承者，都认为一切真知都应得到经验事实的验证，哲学家应关心能被实证的命题。历史比较语言学家据此开始调查语言的实际使用情况，逐步建立了历史比较语言学，梳理出十大语系，发现了四种语言类型，深入研究词源学。

机械论语言定律：依据实证主义，有些历史比较语言学家发现了机械性的语言定律，特别是"格里姆定律"（Grim's law）和"维尔纳定律"（Verner's law），它们对音变规律进行了机械性的论述。

语言决定世界观：洪堡特（Humboldt，1767—1835）于1836年在《论人类语言结构的差异及其对人类精神发展的影响》一书中提出了语言对人们思维方法的影响，该书的书名就体现了这一观点。这为百年后出现"萨丕尔－沃尔夫假说"奠定了理论基础。

4. 19 世纪末、20 世纪初语言论转向

由于索绪尔（Saussure，1857—1913）的出场，语言学开始从哲学中独立出来，成为一个单独的学科，索氏被学界尊称为"现代语言学之父"，近百年的语言学开始走向辉煌：

结构主义语言学：索绪尔沿着形而上哲学的二元论，对语言交际系统进行了一系列的二元切分，紧紧关闭了语言之门，实现了"语言内指论"（关门主义）转向，且批判了语言工具论，提出了"语言使思想出场"的主要命题。

乔姆斯基（Chomsky，1928—　）的转换生成语言学：承接了笛卡尔的"天赋观"和先哲们的"普遍观"，沿着索氏的"关门论"提出了"语言自治观"和"句法自治观"，武断地将语言切分为三个"模块"，且将时下流行的"科学主义""形式主义"引入语言学研究之中。

语言学的语义学和语用学：一批语言学家将语言哲学界的语义学和语用学引入语言学界，创立了语言学界的语义学和语用学。

边缘学科：很多学者在"跨学科研究"的驱动下，始而将语言学与许多其他学科相边缘，建立了心理语言学、数理语言学、计算语言学、社会语言学等。

5. 20 世纪 50—60 年代的后现代转向

认知语言学和体认语言学出场，主张从人们的生活经验这一角度来研究语言成因和认知机制或体认机制，将马列主义的辩证唯物论和客主兼治的人本观，以及后现代哲学观与语言学研究结合起来，强调语言的体认性、多元性，认为语言没有统一的本质，大力倡导蓝纳格（Langacker，1942—　）基于用法的模型。体认语言学认为，语言之"同"，在于我们有相同的身体结构和器官功能，面对着相同的客观世界；语言之"异"，在于人们具有一定的主观能动性，认识世界的方式有较大差异。

1.2.3　六项成因

19 世纪末和 20 世纪初形成的语言哲学思潮，有其深刻的历史原因和学术背景。自古希腊时期，哲学是一个无所不包的大学科，但到那个时期，很多学科从哲学中独立出去，如数学、物理、化学、天文学、心理学、逻辑学、语言学等，哲学家有了危机感，发出了"哲学家路在何方"的感叹，他们都在努力为哲学研究寻找新的出路。很多学者想到了"可通过语言分析解决哲学问题"。现再梳理如下六项成因，以供参考。

1. 反思形而上学

西方哲学的主旨就是形而上学，此处的"形"就是指"本质"，旨在透过现象看本质，可为人类奠定认识世界的根本大法。在这一研究过程中，那些深受青睐的抽象概念、绝对真理、纯粹理念、精确定义、全景解释常常是遥不可及，难以"实证"。罗素（Russell，1872—1970）、维特根斯坦（Wittgenstein，1889—1951）、维也纳学派等提出了"逻辑实证主义"（简称逻实论），严厉批判了形而上学之误导；他们另辟蹊径，借助语言的逻辑分析法来消除那些虚无缥缈的抽象概念，以解决形而上学误用和乱用语言的现象。

弗莱格（Frege，1848—1925）运用数理逻辑的方法证明了形而上学命题是无意义的，使得哲学家们走出哲学传统研究道路。后继者还提出了哲学家的任务就是分析语言，阐明词语和语句的意义。罗素建构的"摹状论"和维特根斯坦提出的"图画论"以及"对不可言说的保持沉默"，可揭示空名不可作命题的主词之奥秘，基于"逻辑分析"提出了"语言与世界同构"的观点，语句正是描写了外界的实际情形而具有意义，这样便可消解形而上学的伪命题。

2. 经验兼理性

语言哲学家们认为，仅在形而上学框架中做抽象的理性思辨毫无意义，若依据传统实证主义，仅局限于经验范围也是不够的。康德一方面认为感觉经验是我们知识的出发点，承认意识之外存在实物世界，即"物自体"；另一方面，他又支持理性论，指出物自体具有超验性，不可被人认识。逻辑实证主义是"逻辑"与"实证"相结合的产物，既降低了证实原则，又承认了理性逻辑的地位，尝试将哲学界的两大阵营——经验论与理性论——结合起来。

3. 人工语言出场

语言哲学家们认为，若要消除哲学中许多因语言混乱所致的假命题，必须先消除语言中的含糊现象。他们接受了培根、霍布斯

（Hobbes，1588—1679）、洛克、休谟等人的观点，认为自然语言具有较大的模糊性，不利于弄清楚语言的意义。同时也受到了莱布尼茨的启发，试图建构人工语言来取代自然语言研究。

弗莱格反思了亚里士多德的"经典形式逻辑"（classical formal logic，又叫普通逻辑），认为在 S-P 模板中，"谓词 P"比"主词 S"更重要，据此提出了"谓词演算"（predicate calculus）。弗莱格还指出，亚氏的形式化不彻底，在"三段论"（syllogism）中还借助了自然语言，这违背了逻辑的严谨性，据此他借用数学中的函数理论建构了一套完全形式化的数理逻辑公式。

4. 倡导科学化

19 世纪末与 20 世纪初，很多学科基于"科学主义"（scientism）陆续建构了各自的体系，"哲学"显得落后了。为此，逻实论者作为科学主义的首批倡导者，提出了以精确的人工语言取代模糊的自然语言这一主张，排除哲学研究中的心理主义、主观成分的影响，旨在将哲学带上形式化道路。

现代形式逻辑和人工语言是"哲学危机"背景下的产物，欧陆人本哲学家认为人文科学与自然科学不同，不能统一到科学主义的大范式中去，只能贯彻以人为本的方针。

5. 现代语言学

洪堡特等人基于英美经验主义论述了历史比较语言学，为现代语言学的诞生奠定了基础。索绪尔基于分析哲学等理论建构了结构主义语言学，实现了语言的内指论转向，认为语言的本质在于"共时性、系统性、形式性"。他率先批判了语言工具论，认为语言使思想出场，使人出场，语言本身就是思想，这与语言哲学家的观点一致。

6. 批判心理主义

西方哲学的认识论转向使得哲学与心理学的关系日益密切，这在康德（先验唯心论）和黑格尔（Hegel，1770—1831）（绝对理念）的客观唯心论中体现得淋漓尽致。学界还盛行狄尔泰（Dilthey，1833—1911）的解释心理学、布伦塔诺（Brentano，1838—1917）的意动心理学、冯特（Wundt，1832—1920）的实验心理学、弗洛伊德（Freud，1856—1939）的精神分析心理学，这使得很多哲学家更关注心理研究，倾向于将"意义"视为心理现象。而语言哲学家认为意义要到"现实世界"才能获得理解。

1.2.4 七条途径

如何学好语言哲学？方法是多元的，适合自己的方法就是好方法。我们拟作如下建议：厘清七条主线（七个主要议题）。

1. 谱系梳理

仔细解读图 1-1，不仅能厘清西方哲学的发展简史，而且还能看清语言哲学的来龙去脉，此处不再赘述，参见王寅（2014）。

2. 语言分析

哲学是研究"存在与思维"关系的学问。什么是语言哲学？它是通过语言分析解决哲学中"存在与思维"关系的学科。我们现以著名的语哲学家，如弗莱格、罗素、维特根斯坦、塔尔斯基（Tarski，1902—1983）、奎因（Quine，1908—2000）等为原型，简析他们分析了哪些语句、如何切入哲学中的这对关系，详见 1.3 小节。

3. 意义定义

学者们基于不同的认识，运用不同的方法，追问了"意义"的定义。国内外很多语言哲学的教材和专著中都有一定的论述。王寅（2014）所著《语言哲学研究——21 世纪中国后语言哲学沉思录》（上下卷）用六个章节的篇幅进行了较为详细的论述，较全地收集了全世界多路学者对意义所作出的 20 多种定义，既有哲学家的观点，也有语言学家的贡献，也有我们的发展。

4. 指称之争

"meaning"（意义，语义）是语言哲学与语言学共同关注的中心议题，语言哲学家所作出的论述尤为丰富和深刻，远远领先于语言学界的思考，这也是钱冠连大力倡导语言学界必须学习语言哲学的初衷。我们认为，他不仅对外语界做出了重要贡献，也对汉语界指明了一个"补课内容"；不仅使中国的学者开阔了眼界，也为世界语言学界指明了未来的努力方向。

王寅（2014）在《语言哲学研究——21 世纪中国后语言哲学沉思录》的第 1 章"意义理论大观园：批判与发展"中依据各种意义理论出现的先后时间和逻辑关系，简析了 20 多种语义观的优缺点及其解决方案，梳理了一条"意义研究的传承和发展"主线，对读者掌握语言哲学，学好语义学大有裨益。

不管语义理论如何发展，也不管"指称论"（referentialism，the referential theory）有多少问题，它是我们研究意义时永远绕不过的一座山，也是人们通过语言认识世界的必经之路。拉肯（Lycan，1999）所撰写的《语言哲学入门》（*Philosophy of Language: A Contemporary Introduction*）一书就是从指称论的四大缺点开篇的，他指出指称论主要有以下四点不足：

① "空指名称"（empty name）没有实际所指；
② 空指称的否定问题引出对"排中律"的挑战；
③ 难以解释一个物体为何有多个名称的现象；
④ 对"隐晦性信念句"无法做出合理的解释。

然后，拉肯围绕如何解决指称论这些难题，循序渐进地展开了语言哲学研究的画卷，分别论述了：

① 弗莱格（语义三角）；
② 罗素等（摹状论）；

③ 维特根斯坦（图画论、摹状语簇）；

④ 克里普克（Kripke，1940—2022）（可能世界语义学、历史因果论）

等人的解决方案，详见王寅（2014）。

我们基于语言哲学和语言学的跨学科研究思路，提出了"命名转喻观"（metonymy theory of naming）来总结他们的观点，很多学者认为这一观点更具解释力。

罗素、维氏、塞尔等将研究重点放在命名活动的初始阶段，分析了起名字时的理性思维和理据性，认为专名既有外延，也有内涵，其意义等于扩展的摹状语。而斯特劳森（Strawson，1950）、马尔库斯（2008）、林斯基（Linsky，1963）等更强调了专名的指称性，认为它们没有内涵。

我们认为，所谓的"Russell-Strawson dispute"（罗素–斯特劳森争论），实际上都是基于"部分代整体"的转喻观展开辩论的，这两派都在研究对象的"命名"和"意义"，只是研究的角度不同罢了。以罗素为代表的一派主要基于"语义学"研究了专名，认为它们有内涵，重点考察的是命名最初阶段的起名理据；而以斯特劳森为代表的另一方主要基于"语用学"研究专名，认为其功能主要是辨识所指对象，重点考察了名称自确立后的使用过程，如图 1–2 所示：

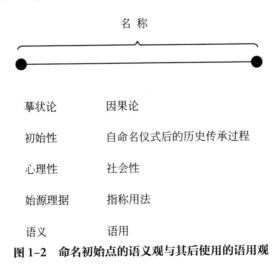

名 称

摹状论	因果论
初始性	自命名仪式后的历史传承过程
心理性	社会性
始源理据	指称用法
语义	语用

图 1–2　命名初始点的语义观与其后使用的语用观

　　体认哲学和体认语言学认为，人类的思维具有隐喻性，因为我们永远不可能识得世界真面貌，也识不得世界的绝对本质，我们永远走在"以部分代整体"的转语性旅途之中。在命名时，人们不可能将一个事物的全部特征都纳入某一名称之中，我们既办不到，也不需要如此办。语义体认观强调了人类概念和语言都来自对现实世界的"互动体验"和"认知加工"：前者多含客观因素；后者多含主观因素。命名转喻观也是循此思路而建构的。

　　从图 1-2 可见，上述两派是从不同角度论述了对象的命名过程，以及之后传承使用的情况，可用认知语言学和体认语言学中的"转喻"作出合理解释。而且，名称的"内涵"和"外延"之间还存在互相转化的关系：

① 普通名词可能会用作专有名词，如"南京长江大桥"中的"南""京""长""江""大""桥"原本都是普通词汇，我们是通过其组合成分的内涵来理解这个词语的所指对象。将"南"和"京"组合后，其所指相对于"北京"来说是在南方；将"长"和"江"组合后来专指长江，还含有"长"之义；将"大"和"桥"组合起来指"大桥"，在特定地区就有了专指性。现将这六个字组成一个专有名词，50 多年前就指那个我国自主设计和建造的横跨长江的第一座大桥。此后，我国在南京又建了"二桥、三桥、四桥"，"南京长江大桥"又从专有名词变成了普通名词，我们要分别称呼它们为"南京长江大桥一桥"等。

② 专有名词也可转作普通名词，如"他真是一个活雷锋"中的"雷锋"原是一个专名，指"做好事不留名"的榜样，后将这类人就用"雷锋"来转指。专名转用成普通名词后，还带上了形容词的属性，可被"很、太、非常、越发"等修饰，如"很德国、很日本、很上海、很广东、很张艺谋、很杨子荣、很阿庆嫂、非常葛朗台、太林黛玉、越发阿 Q"等，此时这些专名已经丧失了指称义，凸显了内涵义或摹状义。

这就是王寅（2014）提出的"命名转喻观"。

1. 分析与综合

"分析"与"综合"之分最初源自莱布尼茨区分的"推理真理"与"事实真理",后来休谟提出了"分析真理"与"综合真理"之别。康德将人类的知识分为"分析命题"与"综合命题":前者指在任何情况下都真,具有先天性、普遍性、永真性,不提供新知识的命题;后者指只在某些场合下才真,能提供新知识的命题。

逻实论者受康德影响,认为人类知识可分为两大类:一切命题要么是分析的,要么是综合的。而形而上学中很多命题既不具有分析性,也不具有综合性;既不真,也不假,只是"不真不假"的伪命题,无意义可言。

奎因(Quine,1951)率先批判了"分析与综合"之分,指出了学界所论述的"分析"之误,据此提出了"整体论"(holism)以作修补。还有学者将"分析与综合"问题划归为毕因论(本体论)范畴,将"先验与后验"问题划归为认识论范畴,且基于这两对概念进一步提出了它们的交叉情况,认为有些真理属于"先验偶然",另一些真理属于"后验必然",以此来否定康德和逻实论者的观点,这可谓哲学研究中的一大进步。

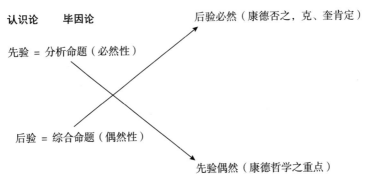

图 1-3　先验/后验、分析/综合之交叉

2. 四十要点

钱冠连(2008a)纵观西方语言哲学家的论述,提炼出 40 个经典课题,它们基本上代表了西方 20 世纪语言哲学全貌(王寅,2014)。

3. 中国后语哲：传承与超越

西方哲学四次转向之间存在一种逻辑关系：第一次转向的毕因论，旨在追问世界的本质；第二次转向的认识论认为，在厘清"认识"之前，追问本质是一种本末倒置的做法，哲学家应该首先研究人类认识的来源和本质。在这个过程中，哲学家发现自然语言本身具有一定甚至较大的模糊性，不对其加以澄清，就不能寻得世界之本质，故而出现语言论转向，聚焦研究语言的意义和表达等问题。

时代在进步，人类在前进，时至 20 世纪中叶，哲学家发现传统理论问题太多，他们沿着逻实论者批判形而上学的思路，更强调要摧毁哲学基础论和人类中心主义，强调"多元论、非理性、非客观主义"等新观。王寅（2019b）据此指出，西方哲学在这个事件节点上出现"后现代转向"，这个时期的哲学家依旧关注语言和语言哲学，如本书第 5 章所论述的"言语行为论在后现代哲学中的发展"。

钱冠连（2015）所创立的"中国后语言哲学"为国内外这一领域的研究开辟了一个新方向，既为振兴中华民族、实现强国梦、平视世界、走向世界学术舞台中央做出了文人应有的贡献，也为世界学术界尽了一份中国人的责任，详见第 2 章 2.2 小节。

1.3　语哲：分析语言解决哲学问题

哲学主要研究存在与思维的关系，而形成于 19 世纪末和 20 世纪初的语言哲学主要是通过语言分析解决哲学中的存在与思维关系，这涉及语言的本质、语言与思维、语言与现实之间关系（Baghramian，1998；陈嘉映，2003），还建构了语义学、语用学、句法学。理想语哲学派将莱布尼茨的"形式化语言"付诸实践，旨在用基于现代形式逻辑建立起来的人工语言来取代自然语言。江怡（2009）将语言哲学定义为：运用逻辑分析的技术来澄清概念和命题，并通过对语言意义的分析达到对世界和人类思想的认识。从中我们提炼出三个关键词：

① 基础：数理逻辑；

② 对象：语言；

③ 方法：分析。

从图 1-1 可见，语言哲学主要包括"英美分析哲学"和"欧陆人本哲学"；前者又分为"理想语哲学派"和"日常语哲学派"；后者的创始人为胡塞尔（Husserl，1859—1938）和雅斯贝尔斯（Jaspers，1883—1969），他们可被视为从语言哲学到第四转向（即后现代论转向）的过渡代表。

现依据图 1-1 简述英美分析哲学中的两大学派。

弗莱格、维特根斯坦、罗素、卡尔纳普（Carnap，1891—1970）等人努力建构了"理想语哲学派"，认为语言与世界同构，语义可从与事实相符的一组条件中获得。这就是哲学界的语义学（形式语义学）。

后来，很多语言哲学家认识到这种"同构论""图画论""对应论""真值条件论"之不足，无视意义研究中的人本和语境因素。维特根斯坦（后期）、赖尔（Ryle，1900—1976）、奥斯汀（Austin，1911—1960）、格莱斯（Grice，1913—1988）、斯特劳森、塞尔（Searle，1932— ）等人努力将语言哲学导向了研究"日常语言"的方向，强调在意义理解过程中必须兼顾人本性和语境性，使其走向了与理想语哲学派不同的研究方向，形成了"日常语哲学派"，它又可被称为哲学界的语用学。

上述两大学派构成了英美分析哲学的主要内容，语言学界的语义学和语用学就是在分析哲学家研究的基础上发展而来的。倘若语言学界的国内外同仁不认真学好这两个语言哲学的观点论而奢谈语义学和语用学，难免会找不到源，求不到根，话也说不到点子上，一知半解也就在所难免。

欧陆人本哲学的代表人物有胡塞尔和雅斯贝尔斯等，我们主张将他们视为从西哲语言论转向后现代论的过渡阶段，在他们的引领下，欧洲大陆出现了以"人本性"和"批判性"为主要特征的后现代第一期哲学思潮。

我们依据语哲主旨"分析语言解决哲学问题"来梳理以下几位主要语哲学家，了解他们如何通过分析语言来解决哲学中存在与思维的关系，以加深对语言哲学的理解。

1.3.1　弗莱格

弗莱格是德国著名的数学家、逻辑学家，也是数理逻辑的创始人，被尊为分析哲学的先驱、现代语义学之父，为 20 世纪哲学的语言论转向打下了基础。他认为，世界的规律很难在世界中找到，只有通过分析语言规律才能发现，据此提出了一个重要命题：

> 思想内容没有表达它的方法更为重要。

他认为，可通过逻辑的方法来分析语言，研究哲学，着手创立了数理逻辑，开启了哲学中的语言论转向。这确实是一个具有划时代意义的大胆设想，改变了西哲的发展方向，被学界冠之为一场"哥白尼革命"。

他在 1892 出版的《论涵义和指称》一书中分析了"启明星"（the morning star）和"长庚星"（the evening star）之间的关系，进而发现了两种"同一性"（identity）：

① a = a （先验的绝对等式，分析句）；
② a = b （后天的经验知识，综合句）。

第①式在任何情况下都具同一性，而第②式中的 a 和 b 是两种不同的事物，具有不同的"涵义"（Sense），它们的等同有一定的条件限制，但比第①式提供了更多的信息。例如，"启明星是长庚星"就比"启明星是启明星"或"长庚星是长庚星"传递的信息更多，因为这一句所提的两个对象不同，但可通过名称的涵义使其等同。

在使用这两个术语时，还需兼顾语境 [1]，它们虽是同一个星体，但涉及的是早晨最后隐退的一颗星，还是在晚上最先出现的一颗星？这足以表明词语表达方法的重要性：它能够澄明意义（思想）。据此他建立了著名的"语义三角"（semantic triangle），它应被解读成：从"符号"（symbol）出发，它指向涵义，涵义又指向"指称对象"（referent），

---

[1] 弗莱格据此还提出了"语境原则"，明确指出绝不能孤立地寻问一个词的意义，只有在一个命题的上下文中，在词句的语境中，而不是在孤立的词中，才能找到词的意义。因此，他是学界最早提出"语境论"和"意义整体观"的学者。

即通过名称（词语、符号）引出涵义，由涵义通向对象。这样"意义"（meaning）就包括了"涵义"和"指称"（reference）两项内容，以此可批判传统的指称论（词语意义＝所指对象）。这已成为语义学教学时的必讲内容，同时也印证了前文所述及的重要命题："思想内容没有表达它的方法更为重要。"弗莱格进而指出：语言对于哲学研究具有重要性，形式对于内容具有基础性，通过谈论恰当的语言表达方式就可谈论世界，解决哲学老问题。

弗莱格根据"语义三角"推知，追求"真"就是要努力从"涵义"推进到"指称"，即用现实世界中的"真"来论述语符的涵义，进而提出"真值对应论"（the truth correspondence theory），将语言的意义视为与世界紧密关联的真假值，"语言与世界同构"的重要命题就是这样提出来的。同构就是"有意义"，从而将研究重心从世界的特征变为语言的特征和逻辑的分析方法，为分析哲学奠定了根基。

1.3.2 罗素

罗素为世界著名的数学家、自然科学家、社会活动家、语言哲学家，多才多艺，还很多产。他将经验主义和数理逻辑结合起来，接受并发展了弗莱格、维特根斯坦等人的思想，提出了"逻辑原子论""摹状语理论"。他与弗莱格同样认为，语言与世界同构，理解一个命题就要知道它为"真"时的实况。语句的意义可通过逻辑分析还原为"原子成分"，语义是基于原子成分的逻辑演算而形成并被理解的。他所分析的著名语句为：

[4] Louis 16 was the king of France.

[5] The present King of France is bald.

例 [4] 中的下画线部分真实存在，而例 [5] 中的下画线部分并非真实存在，因为当前法国的国体为共和国，没有国王，因此它是无实在对象的摹状语，可用"量词 [全称量词（∀）和存在量词（∃）] "和"变项"的数理逻辑类分析摹状语，以揭示日常语言常因掩盖现实结构和逻辑形式而产生的错误，发现传统形而上学中"虚假存在"的问题。因此罗素认为，命题的主语必须要有实实在在的指称，否则就会出现形而上学中的假命题。

这种分析方法还解决了传统认识论中追问"人类知识来自何处"的老问题。罗素认为，"原子命题"表示"原子事实"，是通过人类的"亲知"而被直接理解的，可用逻辑联结词将它们连接成"复合命题"（又叫分子命题）。因此，复合命题可化解为简单的原子命题，可通过"逻辑真值表"来判断其"真"和"假"，符合事实的真命题才是可被言说的。维特根斯坦和罗素拟构了"逻辑真值表"，借助五个逻辑联结词来推演复合命题的真假值，即形式逻辑中的"真值表"，从而就可获得真知。

因此，哲学中的存在问题可用数理逻辑分析语言的方法得以确认和解释，可运用形式化的数理逻辑来准确表征语义，以解决哲学问题，这就是罗素反复所说的一句话：

> 哲学的主要任务就是逻辑分析。

弗莱格认为，任何指称单一的表达式都是"专名"（proper name，简称 PN），而罗素发展了他的涵义论，用"摹状语"（description）替代"涵义"来解释名称的意义，明确区分"专名"和"摹状语"，且特别强调了 PN 与摹状语的区分，据此创立了语言哲学分析法的典范——摹状论。

罗素认为，PN 主要具有"命名"和"直接指称"功能，有以下几个特征：常为一个简单符号，指称独一无二的个体，它必须指称实际存在的对象，此时 PN 为完全符号（或饱和符号），可被亲知（即人们能通过 PN 亲身体验到它所指称的个体），据此便可直接理解这个 PN 的意义，所指对象就是它的意义，且在孤立状态下它也有意义。从罗素的摹状论中可见，他对"指称论"持极端立场，学界常说他是指称论之集大成者。

与 PN 的"命名"和"直接指称"功能相反，"摹状语"仅具有描述（归属）功能，人们通过它所表述对象的性质来识别和理解它。它可进一步分为：

① "非限定摹状语"（Indefinite Description，不确指某一特定事体）;

② "限定摹状语"（Definite Description，简称 DD，指称某一特定事体）。

例 [4] 中下画线部分 "Louis 16" 是 PN，独立地具有意义，即本身就有意义，其意义就是其所指称的对象。而表语部分 "the king of France" 为 DD，不具有独立意义。因此罗素认为，PN 也有内涵，其意义为对应的 DD，前者是后者的缩略形式；后者则是前者的扩展形式，这样就能消解 "空名、同一性" 等难题的困惑。他基于此思路设计出一套简洁而又明了的人工语言来解决日常语言的弊端。

进言之，只要说出一个 PN，在现实世界中就应当存在它所指称的对象，若再说 "PN 存在" 则为冗余句。也就是说，不存在的对象就不能用 "专名" 来指称它，也不能用作命题的主词，若出现此类现象就应当用 "奥卡姆剃刀" 来剔除这类空名，这样便可消解过往形而上哲学中诸如 "上帝无所不知" "理性第一" "本质存在" 等伪命题。

据上可知，"饱和摹状语" 有确定指称对象，作用同 PN，不能讨论其是否存在；而 "不饱和摹状语" 没有具体的指称对象，当它用作句子主词时，是受到了句法结构的影响，论说它存在则为矛盾句。这正是语言哲学家要做的工作：分析语句的句法形式如何掩盖其逻辑形式，方便之法是通过将这类 DD 化解为命题的谓词函项，把它从主词的位置上置换掉，以揭示其逻辑是否具有虚假性。如例 [2]，它在句法形式上是一个可以接受的主系表构式，但其深层的逻辑形式却存在问题，可将其化解为三个逻辑式，又叫 "三个量化普遍陈述"（the three quantified general statements），或 "三个量化逻辑形式"（the three quantified logical forms），或 "三件套普遍判断"（the trio of generalizations），这样就可消除没有实际指称的主词：

[6] At least there is one DD;

[7] At most there is one DD;

[8] If anything is DD, then it is PN.

例 [5] 可化解为：

[9] At least there is one king of France;（至少存在一个法国国王;）(p)

[10] At most there is one king of France; (至多存在一个法国国王;)(q)

[11] That king is bald. (那个国王是秃头。)(r)

这样就可将包含由 DD 或空名作主语的句子改写为三个逻辑式，或合写成下一个命题函式：

[12] 有一个体 x，x 是当今法国国王，且 x 是秃头。

此时，空名性 DD 的含义就可被置换到谓词中去表达，以确保"指称论"（用作主词的名称必须具有饱和性，即有确定所指对象）成立，例 [12] 才是例 [5] 的逻辑形式，在这个合取性复合式中，三者都真，复合式才能成真。但例 [9] 和例 [10] 所蕴含的 p 和 q 为假，因此整个语句为假。据此便可推导出"当今法国国王"不存在。这样运用"三个量化普遍陈述"或"一个命题函式"就能揭示出自然语句表层语法结构中的假象，还原出逻辑结构的真面目，从而也保证了指称论的有效性。

可是，为何常人还认为该句有意义呢？是因为在日常语言中，常人仅关注例 [11] 所包含的命题信息 r，而不会从逻辑角度想到例 [6] 和例 [7] 所含的唯一指称性，因此常仅基于例 [11] 做出反应。产生这一问题的关键在于"日常语言的语法形式掩盖了深层的逻辑形式"，这才导致了悖论，哲学家想到了要用"数理逻辑的分析法"来消解它。

摹状论进一步论证了弗莱格的研究思路，正式确定了语言分析在哲学研究中的价值和地位。有了它，就可消解那些现实不存在的形而上学假命题，其错误源自混淆了 PN 和 DD 之间的区别，从而导致哲学中的"存在"出现了问题。通过这样的分析，罗素发现自然语言的语法结构具有较大的模糊性，它常掩盖着不同的深层逻辑结构[1]。没有指称对象的空名可用"化解成谓词"和"逻辑真值表"的方法来揭示和消除，这确实是一个了不起的想法[2]，不仅保全了"指称论"，以确保每个 PN 都有指

---

1 乔姆斯基也从罗素的摹状论中得到很大的启发，他认为同样一个"表层结构"（Surface Structure）可能蕴含着不同的"深层结构"（Deep Structure），似乎转换生成语法的这一重要区分与罗素的观点如出一辙。

2 拉姆塞（Ramsey，1931）、摩尔（Moore，1946）、罗丝（Ross，1998）都认为，罗素的摹状论堪称"哲学的典范"（the Very Paradigm of Philosophical Analysis），艾耶尔、卡尔纳普、赖尔等也持相同评价，为把数理逻辑用于语言哲学研究作出了表率，对其后的分析哲学产生了重大的影响（涂纪亮，1987）。

称对象，且也可消解形而上哲学中的若干伪命题，从而扭转了哲学研究的方向。

1.3.3 维特根斯坦

维特根斯坦出生于奥地利，曾师从弗莱格、罗素，为20世纪西方最重要的哲学家之一。维特根斯坦（2002）将"世界结构"转换为"逻辑结构"，这样一来，"事实"就不存在于现实世界中，而存在于逻辑世界中，逻辑又存在于语言之中，由此命题（用语言表达）的逻辑形式就反映了世界的逻辑结构，进而可简述为"语言与世界同构"，这就是维氏于1922年所提出的"图像论"。

弗莱格首倡一阶数理逻辑，罗素对其加以完善，维氏将其成功地运用到哲学和语言研究中来，写出了不朽的《逻辑哲学论》（*Tractatus Logico-philosophicus*），也主张用数理逻辑来分析语言，进而切入思想层面，以此来解释世界。因此，哲学家的任务就是要澄清语言，通过逻辑分析来医治语言疾病，进一步推动哲学转向语言论方向。

维氏也是通过语言分析来解决哲学难题、建构形式逻辑的，他分析了语言中的"和""或""如果"等连接性词语以及"不""等同"一类的词语，发现现实世界中没有这类对象，它们仅表示纯思想或纯逻辑的关系；于是，便将其引入现代形式逻辑，灌之以"逻辑常项"，可用它们来连接"原子命题"（atomic proposition），以形成"分子命题"，其真值取决于原子命题的真值，从而建立了命题演算逻辑。正由于这类连接词语仅存在于语言之中，因此一切"复合关系"皆因思想和语言建构而出，这与康德的认识论相吻合，复合关系是人的认识能力（即知性）强加在事实上的（汪子嵩等，1972）。

维氏通过分析这几个连接词语，建构了命题演算中的"合取（∧）、析取（∨）、否定（～）、蕴涵（→）、等值（≡）"等。这就是现代形式逻辑中的"真值表"，详见普通逻辑学教材或王寅（2014）。

表 1-2　命题真值表

简单		复合 (一) 合取	(二) 析取		(三) 充分条件	(四) 必要条件	(五) 充要条件
p	q	p∧q	p∨q 相容	p∨q 不相容	p→q 蕴涵	p←q 逆蕴涵	p≡q 等值
1	1	1	1	0	1	1	1
1	0	0	1	1	0	1	0
0	1	0	1	1	1	0	0
0	0	0	0	0	1	1	1

有了这个真值表，我们就可根据"原子命题的真值"和"联结词函项"来决定复合命题的真值，进而论证了"语言与世界同构"或"语言与世界共享同一套逻辑结构"的命题。

维特根斯坦（1996）的后期理论也是通过分析语言意义入手来解决哲学问题的。他在《哲学研究》（*Philosophical Investigations*）中通过分析"五个红苹果""建筑工 A 与助手 B 之间关于'石块'的对话""语言中的 game 范畴"等，建立了著名的"意义用法论"（meaning-in-use theory）、"语言活动论"（language game theory）和"家族相似性"（后由 Rosch 于 20 世纪 70 年代发展为"原型范畴论"），认为词语的意义取决于具体情境，并将其等同于词语用法，且挑战了流行 2 000 多年的亚里士多德经典范畴理论，对哲学转向研究日常语言起到了划时代的作用。例如，维特根斯坦（同上）以两个例句：

[13] Rose is red.

[14] Twice two is four.

来揭示系动词 is 的不同涵义和用法。例 [13] 中 is 表明的是主词所具有的特征，而例 [14] 中的 is 相当于 equal 或"等号"（＝），它们的涵义和用法明显不同，反映的是不同的哲学命题。但这两个命题由于受到语言表达的限制，同用一个 is，从而混淆了哲学的"性质"和"等同"这两类范畴，使得哲学研究变得模糊起来。

维特根斯坦（同上）还花了较多的篇幅讨论"疼痛"问题。他通过分析诸如"疼痛"感觉类词语的不同涵义和用法，不仅否定了私人语言的存在，还揭示了"因误用语言会导致误解，乃至患上哲学疾病"的现象。为能消除这类误解，就必须医治好这种疾病，澄清日常语言的各种涵义和用法，万万不可将它们混为一谈（维特根斯坦，1996）。

1.3.4 塔尔斯基

美籍波兰逻辑学家和数学家塔尔斯基创立了数理逻辑中的模型论，接受了亚里士多德的观点，继承了罗素的数理逻辑理论、摩尔的语言分析方法，进一步发展了命题演算，建立起分析性真语句的语义理论，将"真"的问题归结到语言的表达形式上。

"真"和"真理"都对应英语单词 true 和 truth，但两者有根本区分："真"是就形式方面的考察，不涉及客观内容和检验标准；而"真理"是对客观事物及其规律的正确认识（王路，1996）。塔尔斯基重点分析了下一句话，以其来论述"真"和"意义"：

[15] "Snow is white" is true if and only if snow is white.

可译为：

[16] "雪是白的"是真的，当且仅当雪（事实上）是白的。

对象语言	元语言
提及	使用
内容、意义	事实
内涵	外延

前半句"雪是白的"是真的（即其意义），这是基于现实世界中所下的雪是白色的这一事实，完全符合上文所述"语言与世界同构"的命题，即根据事实来确定词句的意义，这就是所谓的"真值条件论"（the truth conditional theory）：语句的意义在于使其成真的一组条件。塔尔斯基基于例 [12] 和例 [13] 概括出：

[17] S is true if and only if P.（S 代表句子，P 代表使得 S 成真的条件命题）

[18] S is true iff P.

这就是著名的"'T- 约定式'或'T 型等值式'"（T-convention, T-sentence）。整个公式可解释为：只有在 P 条件下，S 才真实，此时 P 则代表 S 的句义。这就是形式主义学者用来定义句义的总公式。

他还据此提出了著名的"语言层次论"，例 [15] 中带引号的前半句和例 [17] 及例 [18] 中的 S 为"对象语言"（object language），指描写世界对象的语句，也是代表 P 的名称，为语句名称的具体"提及"（mention）；例 [15] 和例 [16] 中的后半句以及例 [17] 和例 [18] 中的 P 为"元语言"（meta-language），是研究对象语言时所使用的语言，P 是 S 在元语言中的翻译，或是元语言 P 对 S 所作出的解释性描述。

据此，哲学家就可用"元语言"来建立关于对象语句的真值定义，这可拓展到定义语义学的所有概念（或命题）之中，对"真语句"下定义的过程就是对"真概念"的分析过程。奎因在《真之追求》中依据塔尔斯基的 T- 约定式，将"求真"理解为"求实"，把"真的符合论"理解为一种"去引号的过程"。

塔尔斯基还基于"对象语言"和"元语言"之分解释了"说谎者悖论"，并指出日常语言不可避免地要出现悖论（特别是当出现否定句子本身的情况时），通过建立形式化语言就可化解这一悖论。

1.3.5　奎因

美国著名哲学家和逻辑学家、逻辑实用主义最重要代表奎因（1987、2005）基于"自然化认识论""行为主义""整体论""一阶逻辑"等构建了独特的语言哲学体系，提出并论证了"指称和翻译的不确定性""本体论相对性""经验对理论的不充分决定性""刺激 – 反应语言习得模式"等命题。他认为逻实论有重大缺陷，无法提供充分条件，据此将其与美国所流行的实用主义结合，提出了"逻辑实用主义"，使他成为逻实论在新时期的重要代表。

奎因于 1960 年出版了《词语和对象》（*Word and Object*），从其书名便能看出他的语言哲学观：人们如何用词语 word 指称世界中的 object，哲学家就可从词语的角度来研究存在（包括物理对象和心智对象）问题，这样就将对象的存在问题转换到语言层面来研究（即语义上溯，将"存在什么"改为"言说存在什么"），人们可以用他提出的"自然化认识论、整体化、刺激反应论"等来统一研究哲学和语言等问题。这足以可见他也是沿着"通过分析语言解决哲学问题"这一道路的。

他用自然化认识论和整体论来批判弗莱格区分出的"分析命题与综合命题"这一教条，希冀其能超越"感性论与唯理论"和"唯物主义与唯心主义"之争，认为一切科学知识都能得到"自然的、经验的"解释，哲学中的问题最终解决因自然科学的进步而得以解决，再说什么"先天的、永真的"之类的分析命题毫无意义。

奎因用"整体论"来批判第二教条"还原论"（每一有意义的陈述都可被翻译成一个关于直接经验的陈述）。他认为，哲学与自然科学所构成的知识体系是一个具有连续性和整体性的力场，在这个大系统中，哲学不能凌驾于自然科学之上（批判亚里士多德的第一哲学论），而后者却可统摄前者，可用"实证、定量、累积"的科学主义方法统一阐释认识论。奎因运用整体论批判了逻实论仅对语言进行逻辑分析的思路，我们当跳出局部实证和微观世界，进入更为宏观的世界。否定了还原论，就否定了"真"，也就意味着"意义"不能仅建立在与事实相符合的基础上，而应建立在"实用"上。但他还是接受了科学主义和逻辑分析的方法，但只承认一阶逻辑（又叫一阶谓词演算、标准逻辑），这就是他将美国的实用主义嫁接进来的初衷。

从奎因 1960 年所出版的专著《词语和对象》可见其语言哲学家的立场，他将所论述的外部世界、事实问题、毕因论（本体论）等转向语言的承诺，将哲学问题归结为语言问题，哲学中所争论的存在问题就转向了语言中 being，这就是他的"毕因论承诺"（ontological commitment，又译为本体论承诺）。具体的解决方法就是"语义上溯"（semantic ascent），将"观察"转变为"观察句"，将"哲学理论"视为"语义体系"，哲学中的两大转向"毕因论"和"认识论"都可通过分析观察句和语句体系（特别是 being）获得解释，由此观察句和语句体系又可归结为"语言习得"，这样认识论的中心议题就变成了语言习得问题。

通过语义上溯，厘清"观察句"与人们所使用的"语言架构"之间的关系，最后又落实到自然地"习得语言"上，可用语言学习来解释哲学问题。其结果就是认识论的中心转到语言承诺上，又转到自然语言学习上，认识论就这样具有了"自然化"倾向，由此促发了奎因的"自然化认识论"，以及我们关于世界的理论是如何自然地从"观察"和"语言习得"中产生的。表 1-3 左栏所列述的哲学问题就转变成了右栏的语言问题：

表 1-3　解读语义上溯

	哲学（经验、认识等）层面	（自然的）语言层面
1	观察	观察句
2	存在	语言
3	内涵	外延
4	哲学理论	语言系统 / 语义系统
5	认识论	语言习得

奎因接受了弗莱格的函数理论和一阶逻辑，建立了 $y = kx$ 这个毕因论承诺的"语义学公式"（semantic formula）。该公式的亮点在于 k[1]（也可被视为量词，包括全称量词和存在量词），它为某物 x 建立了一个值域范围，此时，某物 x 在 k 的范围内存在，y 值为真。这个 kx 就叫"被约束的变项"，它承载着毕因论承诺，可表述为：

　　　To be is to be the value of bound variables.（存在就是成为被约束变项的值。）

一言以蔽之，"存在"就意味着处于一个约束变项的范围内，成为约束变项的值 y。据此可知，"存在"没有固定不变的标准，不能用是否与现实世界相符作为判断标准，这就否定了逻实论"语言与世界同构"的原则，需要"具体情况具体分析"，一切都以方便为转移，从而将逻

1　k 也可隐喻性地被视为"某一领域、世界、理论、论述"，或一个"话语系统"。

实论修补为"逻辑实用主义",以"方便"和"有用"作为判断标准,这就有了他的那句名言:

> 物理对象与诸神是同处一个地位的神话。

　　这就意味着接受了一个语言表述系统,也就接受了一个世界。在神话世界中,就存在若干神祇;在《西游记》的世界里,就存在孙悟空、猪八戒等,它们就像物理世界中实存的诸物一样。后来,克里普克基于此建构了"可能世界理论"(theory of possible worlds),超越了对现实世界逻辑的束缚,冲出了真值条件的羁绊,各自怎么方便就怎么叙述,终于实现了上表的转换:哲学中的"观察"可归结为语言中的"观察句","哲学中的存在"可归结为"语言中的存在","内涵"可归结为"外延","哲学理论"可归结为"语义系统","认识论"也就归结为"语言习得"。换句话说,使用某语言来阐述某理论,也就承诺了某一毕因论的存在,传统形而上学未能认识这一点而引起众多纷争。据此,我们在谈论"存在"问题时,应当探究人们究竟是在什么意义上、处于哪个语义系统来谈论"存在",将一切"存在"问题还原为关于语言的问题,通过语言分析来解释,就可避免很多无谓的争论。

第 2 章
内外兼治的体认语义学

2.1　引言

　　语言哲学旨在通过"语言分析"来解决哲学难题,"分析语言的意义"是其核心内容之一,同时它也是语言学界"语义学"的入门基础。

　　要给"意义"下定义就像给"语言"下定义一样,反映着人类不同的认知过程,基于不同的世界观、认识论和方法论,必然会出现林林总总、蔚为大观的语义理论大家族,从而形成了语言哲学和语言学界的语义学这两门学科的基础内容(Baghramian,1998;王寅,2001)。到目前为止,哲学界和语言学界就意义的定义提出约 20 种理论,我们拟将其大致分为两大阵营——外指论和内指论,它们各有所长,也各有所短,我们依据其间的承继性逻辑关系进行了较为全面的梳理,指出其主要不足之处,且还基于将认知语言学本土化为体认语言学的思路,拟将"认知语义学"(Cognitive Semantics)修补为"体认语义学"(Embodied-cognitive Semantics),强调将"外指"和"内指"整合起来,可望大大提高语义理论的解释力。

　　现将这 20 种意义理论简述如下。

2.2 外在论

2.2.1 指称论

指称论为语义理论的最初定义，认为语言符号指称一个对象，它就是语符的意义。幼儿开始认识世界时就得依靠"指称"（用手指某物）的方法与世界中的对象发生关系，钱冠连（2014）指出，每个人命中注定就是一个哲学家坯子。但指称论也存在缺陷：

① 名称属于概念范畴，对象属于实体范畴，两者不可混为一谈，我国古人因此而兴起的"名实之辨"便是最好的说明。

② 空名问题：很多词语在客观外界中找不到具体的所指对象；形容词、副词、虚词等也无所具体指称。

③ 不能解释一名多指、多名一物；孤立地、静止地、机械地分析词义，未能考虑到人本因素，无法解释指称的动态变化。

2.2.2 观念论

外物可在人们心智中镜像般形成对应的观念，语符的意义就是它所代表的观念。洛克最早论述了这一观点，后来很多学者也接受了这一说法，我国很多著作和教材也持这一观点。问题在于：

① 何为"观念"？用一个空泛的抽象体去界定另一个抽象实体，无意义。

② 一个词语可在不同人的心智中引出不同的观念，很难确定以哪个为准。

③ "观念"充其量只解释了部分意义，人们常凭语言意义来交流和做事。

2.2.3　涵义论

弗莱格为修补指称论和观念论之不足提出了"语义三角",认为意义包含"sense"(涵义,外界的镜像反映)和"referent"(指称物),语符通过涵义(内涵)指向事物(外延)。涵义论之不足有:

① 它规定"涵义"为外物在人们头脑中的镜像反映,为社团所共享,独立于个人心智,陷入了客观主义哲学的泥潭。

② 有一些词不是通过涵义理解的。例如,具体的"水"和"电"是何"涵义"?抽象的"时间"和"意义"又如何定义?

③ 涵义论受西方哲学中的"唯理论""客观主义"所影响,同源于柏拉图的"现实是理念的影子"和笛卡尔的"我思故我在"。

2.2.4　证实论

孔德于 19 世纪在社会学研究中提出了"实证主义"(positivism),学界后来据此提出了"科学主义",主张将文科和理科统一在一个理论框架中研究,即都应以"事实"为准绳。据此,一个命题的意义就在于证实其为真的方法。其缺点在于:

① 过分强调外部世界和经验的重要性,很多语句无法实证,如全称命题等。

② 证实论仅能解释部分陈述句,对疑问句、祈使句、感叹句基本无效。

③ 无法解释隐喻句、信念句,不能回答"证实"与"句义"哪个在先。

2.2.5　真值论

塔尔斯基沿以上思路提出了"真值条件论",认为一个句子的意义就是一组能使其成真的条件。问题包括：

① 具有同值的词句，其意义不一定就相同，如 Dad 和 Father 指称相同，但其意义不完全相同。

② 该观点也不能解释用同一个词句来谈论不同的对象，或一词多义、歧义句、一词有两反义等。

③ 对隐喻表达、祈使句、感叹句、疑问句等无能为力。意义与条件孰先孰后？且条件难以列全。

2.2.6 功用论

维特根斯坦（1996）后期注重语言哲学研究中的人本因素，使用环境，首开语用学之先河，认为一个词的意义就是它在语言中的使用，提出了 meaning-in-use 的语义观，随后的（系统）功能学派也持这一观点。不足之处有：

① 先知其"义"而后晓其"用"，据用法解释意义，似有本末倒置之嫌。

② 不知"义"而晓其"用"，有时不知道某个语符的意义却能正确使用。

③ 知其"义"而不一定就晓其"用"，前者属于语义学，后者属于语用学。

2.2.7 行为论

行为主义心理学依据时下流行的逻辑实证主义，主张用"刺激–反应"（Stimulus-Response，简称 S-R）论来解释意义，语符的意义在于听到它后所能做出的行为反应。其不足之处如下：

① 有刺激不一定就有反应，还可伪装；无言语刺激也可有反应，如场景。

② 相同的刺激不一定产生同样的反应；不同的刺激也可产生相同
　　的反应。
③ 人和兽都有"刺激－反应"的本能，若依据此原则行事，岂非
　　人兽不分？

2.2.8　语境论

功用论和行为论都涉及要关注实际场景中的语句，它们都与"语境论"密切相关，认为语义取决于社会情境，语境就是意义，还可包括选择、语篇、衔接等。不足之处主要有：

① 语符的意义与用于其中的交际场景分属两个不同范畴，不可
　　混淆。
② 意义可以分出很多小类，必须区分出"概括意义"和"情景
　　意义"。
③ 词语在具体使用之前有稳定的概括义，否则我们就不能编出
　　词典。

2.3　内在论

自弗莱格于 1892 年二分意义为"涵义"和"所指物"，意义研究就有了两个方向：一个是上文论述的依据外界的所指物解释意义的"外延论"；另一个就是从人们的心智内部来解释意义，它主要包括如下几个观点：

2.3.1　意向论

欧陆哲学家基于人本主义提出了意向论语义观，主张从"人的意识具有意向性"的角度来解释意义，认为表达式的意义来源于意识所指向的对象。格赖斯区别了"自然意义"（与人的意图没关系）与"非自然意

义"（取决于发话人的意向）。该观点不足之处如下：

① "意向"与"观念"一样也是抽象的，用一个难以确定的概念去解释另一个概念，于事无补。

② 片面夸大发话者的心理因素，忽视了受话人的感受，而且也不是发话人的所有语句都一定有意向。

③ 会话含义来自人与人之间的合作互动，若遵守合作原则，就可获得"一般会话含意"；若不遵守，只能推理出"特殊会话含意"，此说前后矛盾。若依据前者，不合作了，何来的意义？

2.3.2 关系论

索绪尔基于"关门打语言"的策略开启了语言研究的内指论转向，认为意义来自于语言内部符号间的关系，包括符内关系（能指与所指）和符间关系（横组合与纵聚合）。存在问题有：

① 关门打语言的研究方向就值得商榷，语言植根于社会，因人而生，将这两者排除出去，大有误导之嫌。

② 仅凭关系解释意义大有不妥，一个语义场中有许多概念，时常是列不全的，此时该如何确定意义？

③ 何谓"能指"与"所指"，索氏对此也语焉不详，此时奢谈其间的任意性关系，又怎能够说清楚？

2.3.3 成分论

在索绪尔关门打语言的统摄下，结构主义语义学发展出"成分分析法"（Componential Anlysis，简称 CA），主张排除社会和人本因素，用"语义的特征成分"（即义素）来描写意义，如 man 可被分析为 [+HUMAN]、[+ADULT]、[+MALE] 三个义素。乔姆斯基学派中的"分解主义意义观"也是基于 CA 建立起来的。CA 的不足之处主要有以下三点：

① 关门法深受质疑，成分论也就难以立足，且其适用面大受限制，仅适用于亲属类词语，绝大部分词语都难以使用 CA。
② 此法太理想化了，缺乏可操作性；语言中究竟有多少义素，数量实在难以确定，既为一笔糊涂账，又何以能据此立论？
③ 这也是基于客观主义提出的一种语义观，完全不考虑社会和人本因素，企图用形式主义方法来论述语义，此路不通。

2.3.4　替代论

结构主义语义学家基于纵聚合性的同义和替代关系，还提出了"语义替代论"，认为在保持语句原义的前提下，若能用一个词语来替代另外一个词语，它们就具有同义关系。其不足之处在于：

① 依旧未能摆脱客观主义理论的泥潭，"替代""同义"等说法更是模糊不清。
② 此观点的适用范围太窄，因为语言系统中基本不存在什么绝对同义词语。
③ 有很多反例，如"我们打败了美国队"的意义等于"我们打赢了美国队"，其间的差别仅在于"败"和"赢"，难道说这两个词同义？

2.3.5　解释派意义观

乔姆斯基（Chomsky，1957）早期仅聚焦句法而无视语义，后接受了其他学者的建议，开始考虑语义，但仍坚持"句法第一，语义第二"的解释派意义观，认为语义仅是句法的一部分，其存在是为句法服务的。问题主要有：

① 语言必然有形式和意义之分，只强调一者而无视另一者，不妥。
② 句法与意义，哪一个更重要？更多的学者认为后者更为重要。
③ 学界认为形式是为内容服务的，而不是相反，乔氏一说有误。

2.3.6　生成派意义观

雷科夫等人与他的老师乔姆斯基针锋相对,提出了与其相反的观点"意义第一,句法第二",语言中所有句子都是由意义(即思想)生成而来,然后通过结构规则转换为表层结构,再通过音位规则转换为语音表达。据此,具有生成性的是意义,而不是句法。这一观点更为学界所接受,也符合常人的直觉,但也有值得商榷之处:

① 雷科夫等学者依旧在乔氏的"转换生成理论"中论述意义观。
② 在论述语句意义生成时,时而还依赖乔姆斯基的"句法框架"。
③ 采用义素分析法论述句义的组合过程,仍带有客观主义痕迹。

2.3.7　菲尔墨的格语法和框架语义学

菲尔墨(Fillmore)基于泰斯尼埃尔(Tesniere)的"配价理论",以动词为中心,提出了"格语法"(case grammar),聚焦研究动词的"语义格",开启了研究句法和语义接口问题的全新思路。他后来又提出了"框架语义学"(frame semantics),认为人们要用百科全书一样的知识框架来理解词语意义。问题包括:

① 未能摆脱流行多年的语言分析中的"动词中心主义"老窠臼。
② 究竟需用多少个语义格才能穷尽人类的语言表达,尚无定论。
③ 蔡菲(Chafe)指出,所有这些语义格并不是处于同一个层次。

2.3.8　现象学意义观

胡塞尔基于现象学(其现象指外界事物在心智中形成的纯粹意识)提出了现象学意义观,认为意义就是意识的意向性,在发话人的意向性活动中显现自身,与真值没有关系。据此,语符的意义不是由指称物决定的,而是取决于纯粹意识,通过意向性活动就可获得意义。不足之处主要有:

① 纯粹意识具有先验性，胡塞尔认为它是先前存在的、给定的，是直觉地被赋予的，且将其定位于"绝对真理、内在本质"，依旧有形而上学特征。
② 胡塞尔是欧陆人本哲学的重要代表人物，为此后的欧洲哲学沿此方向发展奠定了重要的基础，矛盾的是他的论述依旧烙上了客观主义的印记。
③ 该解释方案说的较为玄奥，难以为常人所理解，大有"简单问题复杂化"之嫌；根据外物不一定能形成相同的纯粹意识，又怎能保证相同指向？

2.3.9　存在主义意义观

胡氏的学生海德格尔（Heidegger，1889—1976）沿其人本主义思路提出了"存在主义意义观"，认为意义首先是一种存在方式，人的存在方式决定了对象的意义，任何存在着的东西都存在于词语之中。其不足之处在于：

① 海氏沿着现象学意义观走得更远，过于强调人的不同存在方式决定了词语的意义；同一对象基于人的不同需要就会有不同意义。
② 他提出的"解释学循环论"认为，意义存在于解释的无限循环之中，会因人而异，何以确保意义的连贯性和交际有效性？
③ 他的"语言是存在的家园"，带有"语言至上论"，语言成为主体，与"人本主义"产生矛盾，使得语言和人的关系不明确。

2.3.10　解释学意义观

海氏的学生伽达默尔（Gadamer，1900—2002）沿着欧陆人本哲学提出了"解释学意义观"，认为人的理解和解释就是存在的基本方式，理解具有普遍性、历史性、语言性、经验性、人本性和创造性等特征。其值得商榷处在于：

① 伽氏过分强调意义的解释性，大有否定意义的客观性之嫌。
② 上述对"理解"提出的六点论述，仍带有形而上哲学痕迹。
③ 若坚守"解释学"与"人本观"，不同人的解释必有差异。

2.3.11　解构主义意义观

法国哲学家德里达（Derrida，1930—2004）沿着欧陆人本哲学逐步走向了极端，其"解构主义意义观"不像索绪尔所想象的那样意义是稳定不变、含义明确的，而是强调其主观性，会因人、因地、因时而"延异"（différance）。读者在阅读过程中会不断解开原作品的结构，再重新组合被解构的碎片，从而使得文本获得新的意义，人赋予文本以意义，在此之前文本只是一堆乱七八糟符号的组合，毫无意义可言。"100个人读《哈姆雷特》就有 100 个哈姆雷特"就是对这一观点的最好注解。欧陆人本主义意义观发展到这一步，其缺点就暴露无遗了：

① 过分强调了人的主观性，否定了符号本身有意义，大有不妥。
② 解构主义意义观必然导致解释的任意性，人们何以达成共识？
③ 结构与解构既对立，又统一，没必要偏向一端而否定另一端。

2.3.12　认知语言学的意义观

雷科夫和约翰逊、蓝纳格、泰勒（Taylor）等倡导的认知语言学最初包括两大板块——认知语义学和认知语言学，提出了与过往语言学理论不同的观点。王寅（2001）曾将其归纳为：经验观、概念观、百科观、原型观、意象图式观、隐喻观、突显观、像似观、认知模型与激活理论等。但问题在于：

① 认知语义学的学科名称不妥，只讲"认知"，未能体现体验观。
② 将意义视为心智中产物，不免会使认知语义学带上较强的主观色彩。

③ 百科观和原型观是对的，但百科到何程度，择哪个原型，似无定论。

2.4　内外兼治的体认语义学

以上所涉及的 20 种意义观，都有各自存在的理由，也都有不足之处。胡壮麟先生（2012）曾指出：

> 真理有时不在某一理论之"内"，而是在不同理论之"间"。

这完全符合我国传统的中庸之道，也与"概念整合论"相切合。同样，意义理论也不应局限于一家之说，应奉行"兼收并蓄"的策略，如此才会对意义的定义和理解有更全面和深入的理解。

我们将 20 种意义观分为两大类——外指论和内指论，就认知语义学的名称而言，它明显可被划归为后者，这与他们所强调的"Meaning is in the mind."的口号完全吻合。雷科夫和约翰逊虽提到了"心智的体验性""意义的经验论"，但这一基本原则未能在学科名称中得到体现，大有"以'认知'盖'体验'"之嫌，犯有"一叶障目，不见泰山"之过。我们基于将"认知语言学"修补为"体认语言学"的思路，拟将雷科夫等创立的"认知语义学"修补为"体认语义学"，且强调了如下几个主要观点：

2.4.1　从三元走向线性

语义研究从指称论的二元观（名称与对象）走向了弗莱格的三元观，但其语义三角未能逃脱客观主义的泥潭，因他将 sense 确定为"镜像的、纯客观的意义"，这就决定了该观点的局限性。这位被称为"现代语义理论之父"的先哲被雷科夫等人（Lakoff & Johnson，1999）视为现代客观主义理论的始作俑者，实际上带了一个"糟糕"的头。

语言因人而生，为人而创，当循刘勰所说的"惟人参之"之道，贯彻人本精神来论述意义，客观主义的外指论显然不妥。据此，我们修补了弗莱格的语义三角，先将表示客观意义的 sense 修改为"客主兼治的认知"，再将其从顶点下拉至底线中间，彻底阻断符号与"外部"的关系，如图 2-1 所示：

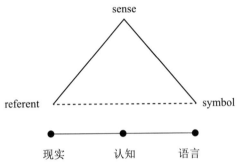

图 2-1　体认语义观为语言哲学之延续

据此，语符既不是客观世界的镜像反映，也不是头脑中固有的或纯粹主观的，前半句批判了客观主义的外在论，后半句批判了唯心主义和主观主义的内在论。语言只能是人们基于对外部世界进行"互动体验"（体）和"认知加工"（认）的产物，前面括号中的四个字可用"体"来表示，后面括号中的四个字可用"认"来表示，这就是我们所说的体认语言学（包括体认语义学），语言及其意义既要反映外界，也是"人化的语言、惟人参之"的结果。据此，我们拟将体认语言学的核心公式总结为：

现实 —— 认知 —— 语言

据此我们还提出了体认象似性，右端的"语言"像似于中间的"认知方式"（体现了语言是思维和认知的结果），中间的"认知"像似于左端的"现实"（体现了物质是精神的基础这一唯物观）；语言在认知的作用下某种程度上像似于现实（体现了辩证法的原则）。也只有从这个角度出发，我们才能对语言哲学中所争论的"一物多名"现象作出更为合理的认知解释。

2.4.2　一物多名之体认新解

按照指称论的观点，the morning star 和 the evening star 同指一颗星球（Venus，金星），它们就该意义相同，如图 2-2 所示。

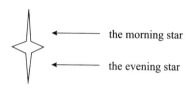

图 2-2　晨星与昏星同指金星

但它们不仅在字面上不同，在用法上也不能互换，如一个叫"启明星"，而另一个叫"长庚星"，虽同指一星，但内涵意义不同，指称论对其无能为力。例如，我们不能说：

[1] *We saw the morning star in the evening.

[2] *We saw the evening star in the morning.

弗莱格用语义三角图为其做出解释，认为语符是通过不同的涵义（内涵）指向外物（外延）。他还据此得出了两种不同的等式：a = a 和 a = b，前者是分析命题，后者是综合命题。这一区分后来遭到了奎因（Quine，1951）的尖锐批判（王寅，2014）。

正如上文所言，忽视人本观的客观主义意义论必然要带上胎里疾，全世界各民族划分范畴和命名的方法不尽相同，这正是翻译的难点之所在。按照后现代主义思潮和体认哲学，若不考虑人本因素，很多问题就不能得到合理的解释。我们根据体认语言学（包括体认语义学）的核心原则划出了图 2-3：

例如，同样一个对象"妻子"在世界各地有不同的称呼，皆因中间的"认知"所致，各民族基于自己对"妻子"的理解，运用转喻机制用语符将其表达出来：

① 幼里披底斯：Oikurema（做家务的人）；

② 希腊雅典：婢女的头领（大致同上）；

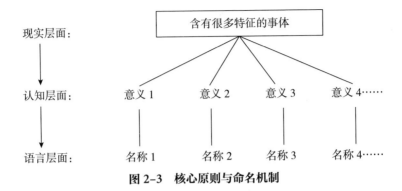

图 2-3 核心原则与命名机制

③ 中国云南：穿针婆（做针线活的人）；
④ 部分地区：内人（料理家庭内务的人）；
⑤ 山西浮山：娘家地名＋家，如郊里家、庄里家、衢里家等（家人）；
⑥ 我国古代：贱内、拙荆、糟糠（贬低妇女）；
⑦ 我国当代：当家的、半边天、领导（尊重妇女）；
⑧ 我国当代：爱人（感情深厚）；
……

英语中的 wife 一词在汉语中竟有 40 多种译法：

[3] 妻子	老婆	太太	夫人	老伴	爱人
内人	媳妇	那口子	拙荆	贤内助	对象
孩他妈	孩他娘	内子	婆娘	糟糠	娃他娘
崽他娘	山妻	贱内	贱荆	女人	马子
主妇	女主人	财政部长	纪检委	浑人	娘子
屋里的	另一半	女管家	浑家	发妻	堂客
婆姨	领导	烧火婆	黄脸婆		

据此，王寅（2009b）提出了"命名转喻观"：认为一个外界对象会有很多属性，人们只能择其一来为它们命名，而不可能将所有属性都囊括在一个名称中，这就是认知语言学和体认语言学中所说的"以部分代整体"的转喻体认机制。要想将某事物的全部属性纳入一个名称之中，人类是永远办不到的，也不必如此，可行之法只能依赖转语机制。

2.4.3　从内外分治走向内外合治

从前文分析可见，语义研究近百年主要沿着两大方向发展：外部（如图 2-1 语义三角的底线所示，语符与所指对象之间的关系）和内部（语义三角右边线所示，语符与 sense 之间的关系）。

洛克（1959）曾指出，知识和观念分为两类：外部经验（即感觉）和内部经验（即心智活动）。普特南（Putnam）曾持"外部实在论"（externalist realism，又叫科学实在论），强调外部的客观现实对语言描述具有因果关系，这显然与弗莱格的客观主义意义论和维特根斯坦的图画论密切相关。后来他放弃了早期的观点，先后提出"内部实在论"（internalism）和"自然实在论"（natural realism），认为既要考虑外部现实的客观因素，也要兼顾到人的主观因素。我们所提出的体认语言学（包括体认语义学）接受了这一观点，认为语义首先取决于外部世界和社会语境（体），还要受制于人本因素和主观认识（认），两者的结合才能较好地解决意义理论问题。外部世界中的事物只有经过人的认知加工，经历内化过程（概念化）才能被认知，然后再经过外化（词汇化和语法化）的过程，这就是本书所说的"先由外到内，再由内到外，客主兼治"的路径。语言如此，语义也是如此，别无他路。词语和词义形成必然要经过从"体"到"认"的过程。

由国家语言资源监测与研究中心、商务印书馆、人民网、腾讯公司联合主办的"汉语盘点 2021"公布如下十大流行语：

[4] 建党百年　　2020 东京奥运会　中国航天　　双碳
　　北交所　　　疫苗接种　　　　双减　　　　"清朗"行动
　　疫苗援助　　《生物多样性公约》

它们还公布了 2021 年度的十大新词语：

[5] 七一勋章　　双碳　　　　　　双减　　　　保障性租赁住房
　　祝融号　　　减污降碳　　　　动态清零　　德尔塔
　　破防　　　　跨周期调节

它们还发布了 2021 年度十大网络用语：

[6] 觉醒年代　　双减　　　破防　　　元宇宙
　　绝绝子　　　躺平　　　强国有我　　伤害性不高
　　侮辱性极强　我看不懂，但我大受震撼

　　这些词语都是时代的产物，离不开我们通过"体验"对这些事物或事件进行理解。社会语言学界常说的"词语是社会的晴雨表"很有道理，只是这句话里没能突显"人本因素"，据此我们拟将此句修补为"词语是社会的体温表"。

　　《新华字典》[1] 所收录的新词语，也见证了社会的变化和时代的发展，常被称为"一部鲜活的史记"。当 2004 年我国互联网迎来大发展之时，同年出版的第 10 版《新华字典》紧跟这一新潮，很快就收录了：

[7] 光纤、光盘、互联网

等时代热词。2011 年出第 11 版时，又收录了：

[8] 雷人、晒工资、房奴

等网感十足的新词。这些词语不仅体现了当时人们的生活状态和精神面貌，也在一定程度上反映了社会文化环境的变化。2020 年的第 12 版收录了：

[9] 初心、点赞、二维码

等 100 多个新词，这些都可用"体认"作出最合理的解释。

　　词语释义也可遵循体认路径，如我国社会科学院语言研究所《新华字典》编辑组的贾老师负责给"焗油"一词释义，为此他去理发店两趟给头发焗油，第一次焗油后写出释义，然后又去焗了一次油加以验证。这种"体认性释义法"保证了释义的精准：

　　　　在头发上抹染发或护发用品后，用特制的机具放出蒸汽加热，待冷却后用清水洗干净。

---

1 截至 2015 年，该字典已印刷 5 亿多册，被吉尼斯认定为世界上最受欢迎的"字典"和"最畅销的书"。

将"焗油"的每个步骤解释得清清楚楚，达到了"一字不多，一字不少"的水准。

不仅新词语的产生和释义离不开"体认"，就是词义和用法的变化也是如此，我们当下所说的"阴"由名词变为动词的用法就是一个很好的例证：

[10]　——你最近怎么样？
　　　　——我还"阴"着呢。

倘若没有当下的疫情，没有频繁的核酸检测，人们也不会有这样的说法。

我们知道，汉语中的词序主要依据事件发生的时序组织起来。经验告诉我们，人可发出一个动作，将其施加在某对象上，这在语义逻辑上就形成了"施—动—受"顺序，它决定了句法上的"主—谓—宾"顺序。若这个被力所作用的对象发生了变化，在宾语之后就用"补足语"来表达这个变化。这就是我们近年来所论述的"顺序象似性"（戴浩一，1990、1991），汉语主要依据时间顺序来组句，先发生的事先说，后发生的事后说，这便是体认语言学所论述的"体"；为了使语句表达多样化，行文不至于呆板，汉句词序也出现了大量例外，这可基于人的主观感知顺序和突显原则作出合理解释。词序也可违反时序，其后必有说话人的认知动因，可将其归因于人的主观能动性，即体认语言学所说的"认"。

我们认为，指称论将词语直接对应于事物，得出了"语义＝对象"等式是错误的，反映的是客观主义哲学立场，彰显的是单向性关系。弗莱格的语义三角中出现了"语符、涵义、所指物"三者关系，但这里的涵义指外物在心智中的镜像反映，对其认识不可有增，也不可有减，必须照搬原样，同样遵循着"语义＝对象"的等式，试问这可能吗？语义三角虽增加了元数，但未能摆脱指称论的窠臼，依旧遵循着客观主义的单向观，语符通过客观性涵义指向对象，也忽视了人的主观性。

外指论仅反映了体认语言学核心原则的"右端的语言"与"左端的现实"之间的直接关系，弗莱格的语义三角用虚线表示这两者，虽想减弱其间的关系，但其客观主义立场丝毫未有改变，这就是我们主张将其归为外指论的初衷。我们认为，这两者之间就连"虚线"也不该存在，一切语言表达必定是"人化的语言"（马克思语），"惟人参之"（刘勰语）的结果。

内指论逆转了这一研究方向，主张从人的心智内部来解释意义，很多学者不顾外部世界在我们认知过程中所起到的基础性作用，且还有人基于柏拉图和笛卡尔的天赋论，将意义视为心智的先天性功能。他们只关注体认语言学核心原则"从认知到语言"后半截过程，排除了左边的"从现实到认知"的基础环节，大为不妥。

体认语言学强调客主兼治，认为意义既有外部世界的基础性作用，也有人的主观性认识，两者相互依存，辩证统一，不可缺一。这样一来，意义研究好像走了一个圈子，又重新回到了考虑外部世界的作用上。我们认为，这不是一个简单的重复，当为一个螺旋式上升（列宁语）。

2.4.4 从客观主义走向客主兼治

外指论为语言和意义提供了客观依据，内指论更多地偏向认知主体的内部心智，体认语言学强调内外结合，我们顺理成章地就能得出"客主兼治观"，这也完全符合马列主义辩证唯物论，人类在与现实世界互动体验的基础上形成了认知世界，体认语言学据此原理建构了核心原则，用它来解释语言之成因，认为语言和意义具有客主二性，这为语言起源问题又提供了一个中国式的解释方案。

语义体认观认为，外在论过分强调了外部世界的客观性，内在论又过于聚焦心智的主观性，两者都有偏颇，前文20种语义理论皆有不妥，它们常以一个极端去掩盖另一个极端，足不可取。语义体认观则有机地整合了这两大类意义观，既强调语义的客观性体验基础，也突出了语言的主观性认知。

我们还以"主观与客观"关系为主线，梳理了西方哲学2 000多年的发展简史，哲学家在毕因论转向阶段主要关心"客主"关系，客体镜像般地映射入人们的心智之中。在认识论转向阶段，哲学家翻转了上述关系，将其变为"主客"关系，认为人是用自己心智中的主观范畴来认识客观世界的。在语言论转向阶段，早期的理想语哲学派依据毕因论的

"客主"关系，强调"语言与客体的同构性"，后期的日常语哲学派始而关注"语言与主体（包括语境、人本）之间的关系"。后现代哲学家哈贝马斯（Habermas, 1929—　）还提出了"主体间性"(intersubjectivity)，关注"主主"关系（主体与主体之间的关系），大有忽略基础性的客观因素之嫌。王寅（2009c）认为，他们的认识都有偏颇，因此提出了更为综合的"主客主多重互动理解模型"，认为两个主体在面对同一客体时，既能产生共识，也可能因各自的主观因素而有不同的认识。因此，语言和意义既含有客观，也含有主观，必是两者互动的结果。这很好地体现了我们所论述的"客主兼治论"。

SOS 更强调"多重关系"的互动性，如 OS（毕因论之重点）、SO（认识论之重点）、SS（部分后现代哲学家之重点）；若兼顾语言哲学家的观点，将语言要素考虑进来，它们还与语言形成几种互动关系，使得 SOS 带上了多元性和动态性。这一本土化的理解模型确实可以"救救我们"（这是英语缩略词的原义），免受客观主义、主观主义、天赋论等的误导，也可救我们跳出形而上学的泥潭。

2.4.5　从认知教学法走向体认教学法

外语界曾自豪过，没有任何一个学科的教学方法多于语言，我们常说到的有：语法翻译法、直接教学法、结构句型教学法、听说教学法、沉默教学法、功能教学法、认知教学法等，其间还有若干具体的教学技巧。

"认知教学法"大约起源于 20 世纪 50 年代，但那时还很肤浅。60 年代，美国著名的心理学家卡鲁尔（Carroll）针对听说法重实践、轻理论，重口语、轻书面语，重机械训练、轻灵活运用等缺陷提出了"认知 – 符号学习理论"，主张在外语教学中要发挥学生的智力作用，重视对语言规则的理解，培养实际而又全面的语言能力（王德春等，1995）。时至 70 年代，美国的查斯顿（Chastain）主张把认知心理学的原理应用于外语教学，也提出了认知教学法，但其新意不多，因此这种教学法又常被称为"修正的传统教学法"（桂诗春，2000）。数年前，斯凯汉

（Skehan，1998）还提出了新的认知教学法。

21世纪初，很多认知语言学家就尝试将该理论应用于语言教学，如德国的 Mouton de Gruyter 出版公司于 2001 年就出版了由普茨（Pütz）、尼迈尔（Niemeier）、德尔文（Dirven）主编的 *Applied Cognitive Linguistics I: Theory and Language Acquisition* 和 *Applied Cognitive Linguistics II: Language Pedagogy*。此后，该出版社还出版了"Applications of Cognitive Linguistics"系列丛书，现已出至第 50 卷。

我们基于体认语义学提出了"体认教学法"，强调从"生活经验"和"心智认识"这两个维度来论述语言成因，且将其贯彻到语言教学的全部活动之中。我们基于核心原则解释了语言的成因，实际上它就为语言教学提供了一个很好的思路，不仅要知道语言表达之实然，还要知道其之所以然，就可使学术有一种得解放的感觉。一句话，21世纪外语教师的为师之道就是"苦己心智，劳己筋骨，以运用体认语言学来解放学生为己任"。

如下对语言的体认分析也可用于教学之中：

① 语言中大量表示"生气"的词语，完全是人类对生理现象进行体认的结果（王寅，2001）。

② 用温度表示情感的若干词语，产生自概念隐喻"AFFECTION IS WARMTH"，这是幼儿在妈妈怀抱中既可感受到"温暖"，也享受到"爱"而并发的。

③ 语言中若干情态动词大多源自对物理力量的体认（Sweetser，1990），如 may 从表示"物理力量"（physical force）转移到"心理力量"（mental force）。

④ 表示空间方位的介词原来是人类认识和理解若干抽象概念的基础，据此雷科夫（Lakoff，1987）提出了"形式化空间假设"（Spatialization of Form Hypothesis，简称 SFH）。

⑤ 名词的性、数、格等词法现象，与生活中对名词的体验认知密切相关，如欧洲先民常采用"以己身看外界"的拟人化方法，赋予无生命之物以阳性或阴性之别；生活中对事物需要计数，名词就有了"数"的词法概念；名词常与其他人或物产生若干关系，这就有了名词的主格、宾格、所有格等词法现象。

⑥ 动词的时、体、态、式的变化也直接来源于生活经验中的对应情况，如实际生活中的时间变化导致了屈折语中动词的时态变化，动作的主动性和受动性影响了语句的主动态和被动态等。

⑦ 若干器官量词是基于"近取诸身"和"人是万物的尺度"的认知产物，如汉英语中常用"头"（head）、"手"（hand）、"脚"（foot）等来计量。

⑧ "可数与不可数名词""延续与终止动词"来源于人类对实体"有界性"（boundarization）的认识，有界物体常为可数名词，无界物体常为不可数名词；延续性动词常表示无界动作，终止性动词常表示有界动作。

⑨ 语言中的基本句型是基于生活中基本事件类型或交际需要建构而成的，如生活中有"施事者发出动作，作用到一对象"，它是形成"主谓宾构式"的体认基础；生活中有"施事者向某人传递对象"决定了语言中的双宾构式等。

⑩ 语调的升降也与我们的生活经验密切相关，如升调表示疑问，这或许是受到了"人向上站立，因重心高而摇晃或不稳"的影响；降调表示肯定，这或许是受到了"人下蹲，因重心低而显稳重"的影响（Lakoff & Johnson，1980）。李世中于 1987 年 4 月 14 日在《光明日报》上撰文，也从体认角度论述了汉语四个声调与词语意义之间的理据性关系。

还可用体认法来教学英语"进行体"，如先让同学 A 站起来，老师指着他说：

[11] He is standing over there.

可让学生模仿说几遍。再运用体认语言学的分析法讲解：is 不完全是助动词，它可表示"存在状态"；可将 standing 分析为 in stand，然后将介词 in 后移变成屈折后缀而写成 standing。

再指着坐在旁边的女同学 B 说：

[12] She is not standing now.

然后让全班同学站起来，启发大家说出：

[13] We are standing now.

再让大家坐下，启发说出：

[14] We are not standing now.

还可安排同座位同学两两合作，让其中一位做一个动作，让另一位用进行体来描写他／她。

又如，教 other 时，也可用一堆书（5—6 本），示范如下：

① 先拿两本书出来，可操练 one 和 the other（它们尽显于两者）。
② 一堆书中拿一本说："This is mine." 指其他的书说："The others are Tom's."
③ 重复上述动作，练习不用冠词的 others，仅指"剩下的非全部"。
④ 在一堆书中拿出一本说："This is an English book." 再从中拿出一本说："Another is a Chinese book." 再拿一本出来说："Still another is a history book." 练习 another 的意思为"剩下中的另一个"，相当于 an other。

然后，可让同学自己找出五本作业本、五支铅笔、五个书包等，两两进行同桌练习。我们发现，这种体认教学法的效果十分好。

这种教学法类似于传统的"直观教学法"，但赋予其新的内涵，在讲解过程中用到体认语言学的新知识，这在传统教材里还没有普及。我们即将出版《英语体认语法》和《汉语体认语法》，试用这一教学法来教授语法，必将大有裨益。

2.5 推荐四则体认练习

2.5.1 描写太阳、地球、月亮三者的比较关系

分别从"距离、重量、大小、体积、光亮"等，可练习几十句，如图 2-4 所示：

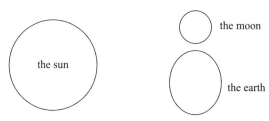

图 2-4　基于"太阳、地球、月球"的比较级练习

2.5.2　三角形的边与角关系

分别用形容词的比较级和最高级从三角形三条边和三个角的关系来描写，如图 2-5 所示：

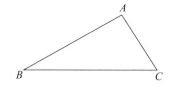

图 2-5　基于"三角形"的比较级练习

2.5.3　读表造句

表 2-1　基于"汽车"的比较级练习

	Car A	Car B
Price	£1,000	£1,300
Engine size	1,000 cc	1,500 cc
Fuel consumption	7 lit / 100 km	9 lit / 100 km
Length	4.2 m	4.6 m
Height	1.7 m	1.6 m
Maxium Speed	130 kph	145 kph

[15] Car B has a higher price than Car A.

[16] Car A has a lower price than Car B.

2.5.4　看图说话

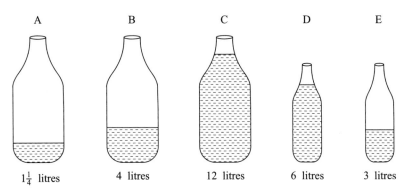

图 2-6　基于"瓶装水"的比较级练习

[17] 写出 D 和 E 的关系

Bottle D contains twice as much water as Bottle E.

[18] 写出 E 和 D 的关系

Bottle E contains half as much water as Bottle D.

1) C and E   2) E and C

3) A and D   4) E and A

5) B and C   6) C and B

7) B and D   8) D and B

9) A and C   10) C and A

第 3 章
国内语言哲学的崛起

3.1 形势分析

　　语言哲学，顾名思义，属于哲学，20 世纪的国内外语言学界对其几乎未有涉足。我国的语言学界（主要是外语界）于 20 世纪末认识到这一缺陷，开始认真学习西方语言哲学，并有意识地将其运用于语言研究和教学实践之中。21 世纪初，一批有识之士开始组织相关活动，为弥补这一缺陷做出了努力。经过一段时间的学习，越来越多的学者认识到语哲对于语言研究的重要性，在钱冠连先生的带领下于 2008 年成立了中西语言哲学专委会，会员过千，先后培训了高校年轻教师和研究生 3 000 多人次，在很多高校的研究生中开出了语言哲学这门课，有力地推动了我国语言哲学的发展。

3.1.1 新时代的大发展

　　哲学史告诉我们，哲学从一开始就同语言研究交织在一起，同时语言学史也告诉我们，语言学在发展的每一个进程都直接受到当时哲学思潮的影响（王寅，2014）。"人、思想、语言、行为"交织为一个整体，因此语言的表达方式代表着人的哲学运思方式。哲学家顺着这一思路，可望通过语言分析来揭示哲学中的大道理。同时，哲学理论也为语言学研究提供了坚实的理论基础。

中国的语言哲学研究在 20 世纪还主要局限于哲学界，时至 21 世纪发生了较大变化，国内外语界越来越多的学者认识到语言哲学对于语言学研究的价值，开始自觉投入到这一领域之中，这从下面的调查数据可见一斑：

表 3-1　国内语言哲学研究论文统计数据

文献统计年代	20 世纪				21 世纪		合计
	60 年代	70 年代	80 年代	90 年代	第 1 个 10 年	第 2 个 10 年	
含"语言哲学"的篇目数	1	0	23	82	452	673	1231
以"语言哲学"为主题的篇目数	3	0	40	151	1085	1717	2996

从表 3-1 可见，以"语言哲学"为篇目或主题的论著由少到多，尤其是到了 21 世纪，呈大幅度增长趋势。在 20 世纪 60—70 年代，偶有零星论述，20 年内还不足 5 篇。80 年代处于苏醒阶段，90 年代可被称为发展年代。时至 21 世纪，随着外语界的加入，整个形势发生了较大变化，论文数量大增，取得了令人振奋的成果。例如，以"语言哲学"为主题的篇目，就比前 10 年增加了 7 倍，是过去 40 年的 5 倍，21 世纪的第二个十年又增加了近一倍。

21 世纪以来，以"语言哲学"为题的专著（不包括译著）不断出版，竟有十几本之多，如：

① 刘宓庆（2001）的《翻译学的语言哲学基础》；

② 陈嘉映（2003）的《语言哲学》；

③ 王健平（2003）的《语言哲学》；

④ 成晓光（2006）的《西方语言哲学教程》；

⑤ 黄振定（2007）《翻译学的语言哲学基础》；

⑥ 江怡（2009）的《分析哲学教程》；

⑦ 赵国栋（2011）的《语言哲学背景下命题与模态的语言学研究》；

⑧ 王寅（2014）的《语言哲学研究——21 世纪中国后语言哲学沉思录》；

⑨ 董尚文（2015）的《阿奎那语言哲学研究》；

⑩ 王跃平（2016）的《语言哲学论稿》；

⑪ 钱冠连（2019）的《后语言哲学论稿》等。

3.1.2　外语界的觉醒

我国外语界的语言哲学研究基本状况如何？我们拟将我国近 30 年来的语哲史大致分为三个阶段：

① 20 世纪 90 年代的引进介绍；

② 21 世纪初的消化吸收；

③ 中国后语哲的登场。

20 年前，外语界同行们认识到在英汉对比时尚需解决语言学与哲学的"两张皮"[1]问题，很多学者在这方面做出了可贵的努力，取得了不少喜人的成果，如许国璋（1988、1991）、钱冠连（1989、1995、1996、1999a、1999b、2000a、2000b、2001a、2001b、2001c、2002a、2002b、2002c、2003a、2003b、2005、2007a、2007b）在外语界首开西方语言哲学之中国先河，顺应了语言研究的潮流，踏紧了与时俱进的节奏，引领了学科发展的方向。在他们的指引下不乏后来者，王寅（1987a、1987b、1987c、1988a、1988b、1988c、1993、2001、2003a、2003b、2004、2005a、2005b、2005c、2005d、2006a、2006b、2007a、2007b、2007c、2007d、2008a、2008b、2008c、2008d、2009a、2009b、2010）、黄斌（1999）、李洪儒（2001、2006a、2006b）、

1　此为吕叔湘的用语，指外语与汉语长期以来老死不相往来的局面。其实，它也存在于语言学与哲学这两门学科之间。可见，现代教育的门类分得过细也有明显不足之处。我们认为，文史哲语应打通！

隋然（2003）、韩红（2005）、刘利民（2006、2007）、王爱华（2006、2007）、杜世洪（2010a、2010b、2011、2012）等积极响应，不断传来节外生新枝的好消息。钱冠连曾在 2005 年首都师范大学召开的首届中西语言哲学研讨会上说"需要十年就可看出今天奋斗的价值"，但是我们更为乐观，或许不需要这么久。

中西语言哲学专委会每两年召开一次学术年会（几乎每届都邀请著名的国内外学者参加），会刊为《语言哲学研究》。从 2005 年起，每年夏季举办"夏日语言哲学书院"，现已举办 16 期。每届年会和夏哲院上都邀请哲学界名家作报告。国内许多外语类核心报刊（如《外语学刊》《西安外国语大学学报》）开辟了语言哲学专栏，或不断择文发表，有力地推动了我国的语哲研究。外语界学者还积极参加哲学界举办的各类会议，特别是 2011 年 8 月在北京师范大学哲学与社会学院主办的"语言与价值国际哲学研讨会"上有 14 名外语界老师参加，且有 4 人作了大会主题发言，掀开了中国语言哲学研究的新篇章。

吉林大学著名哲学家孙利天在 2011 年暑期语言哲学书院上也喊出了一句响亮的口号：

中国真的需要一场分析哲学运动。

我们衷心期盼中国相关学者能继续努力，奋发图强，为这场分析哲学运动的到来出谋划策。

体验哲学和体认哲学为我们提供了新视野，中国后语哲也在召唤我们向前迈步，认知语言学和体认语言学更为我们提供了新理论。必须尽快让自己的身心也进入前沿阵地，进入中国后语哲阵地，掌握"分析"的方法，不断拓展和更新自己的研究领域，实现与时俱进、持续发展之大略，完成我们这一代人应尽的使命。

言"只争朝夕"似有急功近利之嫌；说"畏难不前"似缺奋发努力之劲；道"离我较远"却是消极颓废之调，皆不可取。唯当记取罗宾斯（Robins，1967）之名言"哲学是语言学的摇篮"，以身效仿钱冠连（2005）在此摇篮里打滚的做法，尽快投入解决哲学与语言学"两张皮"（李洪儒，2006）的潮流之中，当会有效实现语言学研究的一个新增长点（王寅，2008b）。

仔细审视图 1-2，最右边用竖线标明了百余年来语言学所基于的哲学理论，这也证明了罗宾斯的那句名言。

也就是说，20 世纪的三场语言学革命都对应于那个时期的主流哲学流派，这也证明了哲学在语言学研究中的基础地位，乃至整个文科和科学的理论基础，难怪哲学要冠以如下称号（王寅，2014）：

> 哲学王
>
> 母体学科
>
> 一切科学的女王
>
> 哲学家就是科学家

这不得不让我们反思，在全世界范围内语言文学方向的研究生（包括硕士和博士）的课程设置和培养方案中，似乎对西方哲学（包括语言哲学）重视很不够，我国著名语言学家、语言哲学家钱冠连先生早就说过，中国的中文系与外语系学生没经过哲学的前期训练（故言"学术空缺"）就上阵搞语言学，那不肤浅才怪呢！他（王寅，2014）还指出：

> 凭着大学四年的中文系与外语系的语言功底，在完全没有西方哲学训练（没有逻辑学、数学、符号学等）的背景下就研究起语言学来。可能有人反驳说，现代汉语专业中不是也开逻辑课吗？事实上，这一点点知识不可能代替专门的逻辑训练。而且，在逻辑学课程中，师生的兴趣不在其哲学渊源与哲学需要，只讲逻辑是思考的规律与需要，那么这样对逻辑的理解，就有点隔靴搔痒了（见本书中的数理逻辑部分）。有一部分人凭自己的好学精神自修了中国古代哲学，这是有眼光的，可是不学西方哲学，那基本上就难以与现代语言学沾边了。一句话，中国语言学家看家本领中的哲学意识基本空缺。

这真的该引起国内外语言学界的高度重视了。

3.2 中国后语言哲学

3.2.1 从语言哲学的定义说起

什么是哲学？我国教科书上一般将其定义为：研究"存在与思维"的关系。沿这个思路可将语言哲学定义为：通过语言分析解决哲学的"存在与思维"的关系。这就是巴赫兰密尔（Baghramian, 1998）的观点：

…the recasting of age-old philosophical questions in linguistic terms.（……从语言学角度重铸哲学千年老问题。）

这里的"重铸"包含"破"和"立"双重意义："破"在于消解传统哲学中形而上学的老问题，主要指那些没有意义的伪命题（如命题的主词没有明确实指）；"立"在于建立如何消解的方法，如罗素和维特根斯坦的摹状论，主要运用逻辑演算的方法来分解概念，揭示概念之间的永真性必然关系，努力将该说的问题说清楚。因此，我们可将语言哲学的定义进一步描写为：

通过现代逻辑分析语言以消解形而上哲学的老问题，重新解释"存在与思维"的关系。

此定义意在强调以下几点：

① 形式化逻辑演算；
② 揭示必然性永真；
③ 用定义确定其真；
④ 语言分析识世界；
⑤ 发现解决新问题。

据此，我们可将语言哲学（特别是前期）更为详细地描述为：通过现代形式逻辑（又叫数理逻辑、数理语言、逻辑语言、形式语言、人工语言、形式语义学等）来揭示自然语言所蕴含的概念结构和逻辑形式，通过与世界同构来解读语句的意义，拒斥形而上学中的假命题，从而踏上了通过语言分析认识世界的征途。

为保证获得必然性的绝对真理，分析哲学家遵循了形式主义的基本原理——整体等于部分之和，他们基于"同构观"提出了诸如：

① 真值对应论
② 真值条件论

等语义理论。基于此，哲学中所研究的"存在"都是语言中的存在，人们可通过语言来了解世界，语言中蕴藏着人类无穷的奥秘，语言是存在的家园。

但我们也看到，这种依据同构观和逻辑实证主义所建立的语义理论，说到底还是一种"追求永真"的形而上学，依旧排除人本因素，否定多元化，以另外一种形式来演绎"基础论"（fundamentalism）和"中心主义"（centralism），因此学界常将分析哲学的这一研究思路视为一种以新面貌来重新演绎古老的形而上学，正如有些哲学家以嘲笑的口吻说"分析哲学从前门赶走了形而上学，又从后门将其引了进来"。中国学者吸收了分析哲学的研究思路和方法，主张对其加以修补，在钱冠连先生的引导下，一批中国学者团结奋斗，创建了"中国后语言哲学"，使得语言哲学在 21 世纪重放光彩。

3.2.2　中国后语哲出场

当前，国内外有很多学者认为，西方语哲已经进入低潮，渐趋式微，很多人发出了"语言哲学路在何方"的疑问。在此关键时刻，中国学者走出了"等米下锅、与西方接轨"的困惑，主动出击，走上了"西方之灯不亮时，当应点亮东方这盏灯"的科研方向，为"重塑大国形象，振兴中华民族"做出了贡献。

中西语言哲学专委会很多成员在此原则的指导下，提出了具有国产特征的理论和观点，现简列如下，以飨读者，具体可参阅他们的论文：

钱冠连：中国后语哲，语言家园论；
王铭玉：语言符号学；

黄　斌：语言层次论；

李洪儒：西语哲本土化；

刘利民：先秦语哲；

杜世洪：论说谎；

王爱华：论明达语言；

黄会健：怀特海与庄子；

包通法：后语哲与象思维；

刘玉梅：后现代教育观；

霍永寿：禅宗新解；

赵永峰：后语哲与社会认知语言学；

……

特别是钱冠连先生（2007a）在《西语哲在中国：一种可能的发展之路》一文中提出的中国后语言哲学，在中国学界产生了深远影响。他在文中分析了语言哲学在西方和中国的近况，认为西方的分析哲学大势已去。在此情形下，中国学者抓住了机遇，设想出一条在中国的可能发展之路，适时地提出了"中国后语言哲学"，将其定位于：充分挖掘与利用西语哲资源中的营养和智慧，从它的老题目中挖掘出新方向，不必回到堆积如山的哲学老题中去纠缠，而要关注如何将语言问题和现实外部世界、人的行为、社会交际与日常生活息息相关起来。他还从中概括出如下三个要点：

① 认真学习有关论著，吸取西语哲营养。

② 不炒作它的老问题，而当节外生新枝。

③ 努力提出以新问题为中心的特色理论。

钱先生在文中还强调指出，这个"新枝"当落实到与当代语言研究相关的所有领域内，以改变全球语言学界的面貌。四川外国语大学体认团队还将中国后语哲与马列主义辩证唯物论、后现代主义思潮、雷约的"体验哲学"（Embodied Philosophy，简称 EP），以及"认知语言学"（Cognitive Linguistics，简称 CL）和"体认语言学"（Embodied-cognitive Linguistics，简称 ECL）相结合，提出了一系列新观点，它们当可被视为西语哲的"新枝"。

3.2.3　四项原则

我们根据自己的理解，现将钱先生"中国后语哲"的上述观点提炼为以下四项原则：

1. 创新性

当代科研的核心原则为"继承创新"，要将其落脚在现实之中，就应努力学习西方语言哲学，要读懂、读透，更要领会其分析问题和解决问题的思路和方法；既不可照搬硬套，也不可老生常谈，切不可穿新鞋、走老路；不必局限于反复解释老话题，应将研究的重点置于"节外生新枝"上，该原则可被概括为"创新性"。

2. 分析性

怎样才能"节外生新枝"呢？我们可以尝试从日常生活中寻找具体的语言问题，从"词语分析"这一头找入口，从"世界与人"（即存在与思维）哲学大道理的另一头找出口，一定要在理论上有所升华，这就与上文我们所论述的语言哲学的定义（通过语言分析解决哲学问题）完全吻合，这一思路可被称为"分析性"原则。

3. 多样性

我们接受了后现代的"多元化"观点，主张为"盲人摸象"和"窥斑见豹"这两个成语的贬义用法平反，提出了"象豹观"，认为我们难以或不可能识得一个事体的全部真面貌，人类只能走在转喻性探索真理的路途之中（王寅，2019c）。

据此，中国后语哲倡导选题与风格的多样化，多路学者（哲学界、语言学界、逻辑学界、心理学界、人工智能学界等）联手合作，八仙过海、各显其能，为营造一个"百花齐放、百家争鸣"的新局面而奋斗。这便是"多样性"原则的含义。

4. 合璧性

目前，我国对待全球文明的态度是"洋为中用、中西合璧"，既要学习西方学者的先进思想，但也不可崇洋媚外，必须重视我国先哲的有关论述，将"西学"与"国学"紧密结合起来，以便开发出汉语语境下的语哲研究新方向，努力实现西语哲的本土化。

此外，我们还应注意将理论与实践结合起来，站在理论前沿，解决具体问题，特别是中国的问题。这一原则可被称为"合璧性"。

3.2.4　四原则的递进关系

1. 创新为基础

第一条原则是基础，必须先静下心来好好念书，不可浮夸，要读得进去，理解得深透，且在阅读中找到空白，才能确立创新的出发点。创新必须奉行多元化的策略。但是，这个多元化必须要有根底，切不可天马行空。在熟悉西方哲学史的基础上，阅读一定数量的经典原著，据此便能发现适合自己的切入点。万万不可书还没念（包括没念完、没念懂）就急于上阵，否则会导致话说不到点子上，文章写得也不得要领。当遵"坐得板凳冷，求得功夫真"之箴言。

所谓"科研创新"，就在于想他人之未想，言他人之未言，纠他人所误言，领他人未走之路。这样的成果才能有一定的读者群，才可传世，这就是钱先生所说的"节外生新枝"的含义。

我们也注意到，这些年来，国内外有不少人囿于解释名人名著，惯于写些读后感式的脚注，让人看来总有"似曾相识"之感。还有人说"能理解就不错了"，这只能导致"为他人作嫁衣裳"，置"开新枝、结新果"的教诲为耳旁风。学界还常闻"理论太难""前沿艰辛""创新不易"等传言，且以此为借口而裹足不前，迷恋于"用旧船票上新客船"的老套，这同"与时俱进、勇攀高峰"的时代精神相差甚远。

2. 分析为方法

第二条原则是基于第一条提出的，讲研究进路和具体方法，以及如何在继承的基础上进一步做好自己的语哲研究。我们的建议是：先选好某一具体的语言现象或表达，然后通过分析其用法和规律来揭示其后的哲学道理，这样就可将"形而下"的现象上升到"形而上"的理论层面。

我们认为，当今认知语言学中的前沿理论"构式语法"（Construction Grammar，简称 CxG）就是循此沟辙行进的，它与乔姆斯基转换生成语法的研究思路完全相反，坚决批判乔氏的"普遍语法"（Universal Grammar，简称 UG），专注于语言中的特殊或怪异的表达式，然后分析其后的认知机制，旨在通过特殊现象"反溯"其后的一般规律，走了一条与乔氏 UG 完全相反的研究进路。

特别需要注意上文所用"反溯"一词，我们一定要在具体表达式中找到抽象的规律，走上哲学的形而上层面来分析语言现象。据此，CxG 就被视为认知语言学与中国后语哲相结合的产物，这一方面可为中国后语哲生出一个新枝；另一方面也为 CxG 的发展提供了重要的理论依据。

昔日的研究多满足于经验式总结，整理读书和教学的心得体会，这自有可取之处。但若不能将理论升华，而是停留在经验说教的层次，也是大为不妥的。这样的文章在二三十年前还有一定的市场，语言学研究已今非昔比，这张老船票显然上不了 21 世纪的新客船了。

我们还发现部分国外学者的另一种怪象，他们专注于语料收集，然后用自然科学的方法来进行所谓的"数理统计"，文章中充斥表格、数字、公式，很难见到理论建树，心安理得地停留在"形而下"层面，真有点"怪"。这一风潮还刮到国内，似乎成为应用语言学的常规套路。国内外早有卓识远见者批评了这一怪相，认为它误导了全世界语言学的研究方向，理当引起我们反思，万万不可为一时乱象所迷惑，贻误学界，愧对人生。

没有理论指导的实践是盲目的实践，胡壮麟和钱冠连两位先生也反复告诫我们"不能错把方法当理论"。我们还需温习中学语文老师的教海，一篇政论文当有"论点"和"论据"，而且前者远比后者重要。人们不禁要问，专注于论据而忘却了论点的论文，还算是论文吗？

"条条大路通罗马""多元化"是对的，但不可错把方法当理论，混淆了"论点"和"论据"的关系。可行之法当为：密切关注 21 世纪的语言学（包括认知语言学和体认语言学）和语言哲学的最新理论和观点，迅速进入前沿阵地，结合语言研究，创建自己的理论模型，着力汉外语言对比，透析其背后的体认方式，从理论上作出合理解释，这才能称得上有所开拓，与时俱进。

3. 多元为进路

有了创新理念，掌握了分析方法，接下来就要落实"多元化"，中国后语哲大力倡导"选题与风格的多元化"，这里的"多"还包括"多界化"，即进行跨学科联手，长短互补，携手共进，攻克难关。这就是前文所论述的第三条原则。

共产党人早就倡导"百花齐放、百家争鸣"，后现代哲学所强调的"多元化"与这一思路完全吻合。要能做到眼观六路、耳听八方，多读几本书，多通几门课，才能开阔视野，找到新课题、好课题。特别是我国当下在文科界大力倡导"新文科"人才培养模式，旨在"打通文史哲"，只有在这个基础上"专"了，才有可能出好成果、大成果。

因此，外语界的同行应当加强与汉语、哲学（含语言哲学）、逻辑学、心理学、认知科学等领域学者的合作交流，以便能在新时代更好地解决语言哲学新问题，促进语言理论的进步。近年来，中西语言哲学专委会经过多年的奋斗，已在某些方面初见成效，例如：

① 外语界所举办的各种语言哲学科研活动（如年会、夏哲院、高层论坛、专题讨论等）一直坚持邀请哲学界名家的加盟，尽量获得他们的最新研究成果。

② 钱先生所指导的语言哲学方向博士生答辩时，坚持邀请哲学界名家作答辩委员会主席或委员，如陈嘉映、江怡、张志林、徐开来等都曾应邀到场。

③ 积极主动地参与哲学界的有关活动。钱先生与李洪儒于 2009 年

　　4 月应邀参加了分析哲学界在浙江大学举办的年会，且作了大会发言。钱冠连、王寅、林允清、刘利民等于 2011 年 8 月还参加了由北京师范大学哲学与社会学院主办的"语言与价值国际哲学研讨会"，且作了大会主题发言。参加这次会议的外语界同行还有黄会健、王爱华、杜世洪、袁友芹、王栋、姚振军、熊学军、孙秀丽、李娟、张晓梅等人。这也表明外语界与哲学界的跨学科交流已进入一个新时期。

④ 黑龙江大学所主办的《外语学刊》为我国外语界的核心期刊，在显著位置设有"语言哲学栏目"，被评为教育部外语类期刊的特色栏目，该刊多年来一直刊登外语界、哲学界、逻辑学界、社会学界、认知科学界等多路名家学者的稿件。

⑤ 2009 年 12 月在四川外国语大学举办的第三届中西语言哲学国际研讨会就是由外语界与哲学界（中国现代外国哲学学会分析哲学专业委员会）联合举办的，有来自 90 多所高等院校和科研机构的 195 名代表 [其中有 5 名国外学者（有 2 人因故未到），还有旁听代表 70 多名] 参加了此次会议。大会主题经双方多次商量定为"加强跨学科合作，开辟我国语言哲学研究新局面"，大会有 5 位主旨发言人，其中有 3 位来自哲学界，又一次开创了两界学者共聚一堂、畅谈沟通的新局面，充分体现了"跨学科交流"和"相互尊重、平等对话、百家争鸣、共同发展"的原则，取得了十分完满的效果。

4. 古今打通

　　"多元化"这三个字内涵十分丰富。正如前文所言，它既有视野、思路、风格上的"多"，也有"多科跨界"的"多"。不仅如此，它还包括"时间"和"空间"上的"多"，即不仅要在"空间上"进行跨学科联手，还要在"时间上"进行跨时代沟通，既要解决"中外合璧"的问题，也要解决"古今分离"的尴尬局面，这便是中国后语哲第四条原则之精要。

　　打破"时空"界限似乎已经是老生常谈的问题了，强调"中西合璧"和"通古知今"的科研方向已经提出许多年头了，但把口号落实到行动上来又是另外一回事。由于种种原因，学界能真正做到这一点的人却是少之又少。这就要求外语界的同仁在阅读西方学者论著（包括语言学和语言哲学）时，千万不能仅将视野专注于此，还要研究我国先哲的相关观点，特别是语言学和语言哲学方面的论述，努力开创西方语言哲学"本土化"和"合璧式"研究的新局面。

我们坚信，中西语言哲学专委会所坚守的这一基本理念和行动准则，一定能有力地推动全世界的语言学界（包括其他学界）科研和教学的新局面，为使我国能尽早实现立民族之林的中国梦做出应有的贡献。

3.3　结语

从上分析可见，中国后语哲的四条原则之间存在严密的逻辑关系，本身就体现了一条循序渐进的科学发展之路。俗语"吃饱了撑的"在这里形容做科研似乎很有道理，先静下心来看书，看懂、读透，用前沿理论武装自己，才有可能发现问题，找到创新的出发点，这就是我们所说的"在谱"。

"问题意识"不是一句空话，其内涵十分丰富。在此基础上，我们就能"节外生新枝"；再就我们的专业选好语言问题作为入口，努力将其上升到理论层面，同时兼顾他界和古代的相关理论和研究成果，便能将自己融入与时俱进的时代浪潮之中。

"研究生"要研究什么，并不是人人都清楚，中国后语哲一直认为，"研究生"是研究理论的学生，这是毋庸置疑的，千万不能跟在老外后面跑，错把方法当理论，犯下误导学界的过失。从上分析可知，所谓的"研究"，一定要在理论上有所"创新"，坚定不移地走钱先生所倡导的"老树开新花，节外生新枝"之路。多年前，有些研究生认为综述国内外学者的相关成果就可写就毕业论文了，他们认为，走到这一步就实属不易，需要读很多的书，收集大量的资料进行总结概括。但是，中国后语哲认为这称不上是"真正的研究"，充其量才做了论文的"文献回顾"这一章的内容。只有在继承国内外前沿成果（包括语言哲学、语言学）

的基础上，才能结出自己的"新果"，也才能算得上是"研究生论文"。

　　有人一谈到"创新"，便生畏难情绪，其实也无须担心。只要坐得板凳冷，耐得寂寞苦；静而啃书，坐而论道，学其要领，得其精髓，坚持数年，必见成效，方可在知识殿堂里享得读书之乐趣，赢得同行之尊重。修行到了这个层次，就能出创新成果，只要坚守中国后语哲上述的四个原则，就能实现俗语所说的"水到自然成""车到山前必有路"的目标。

第 4 章
哲学与语言学互为摇篮 [1]

4.1 反思语言与语言哲学"两张皮"

不少学者认为,"语言"与"语言哲学"分属两个不同的学科:前者为语言学界的同仁所关注,研究语言本身的过往历史和发展规律,解释语言系统的本质、结构、体系、功能、应用等,它一般包括语音学、音位学、词汇学、语法学、语义学、篇章学等。从不同的角度,以不同的观点和方法来研究语言,就形成了不同的语言学分科(王寅,1993)。后者主要为哲学界同仁所关注,它是西方哲学第三转向的成果,意图通过语言分析来解决哲学难题。

可见,语言学和语言哲学研究语言的目的和方法有所不同,但不管怎么说它们都在研究语言,其间必有相通之处。正如英国著名语言学家罗宾斯(Robins,1967:103)所说:

> Philosophy, in its widest sense, had been the cradle of linguistics.(从最广义的角度来说,语言学是哲学的摇篮。)

沿着这句话我们自然就能得出结论:不熟悉或不学好哲学,何以能学好语言学?这就是钱冠连的一句名言:中国的中文系与外语系学生没经过哲学的前期训练(故言"学术空缺")就上阵搞语言学,那不肤浅

---

1 本章所讲哲学包括传统哲学、语言哲学、后现代哲学。笔者在行文时还用"(语言)哲学"的形式,意为"哲学和语言哲学"。

才怪呢！这就让那些公开说"语言学不需要学习哲学"的人无容身之地了，若再参考当下"新文科"大力倡导文史哲打通的科研思路，他们似乎该醒悟了。

近来，我们通过研究认知语言学和体认语言学发现，语言学家不仅以当时流行的主流哲学理论为基础创立了不同学派的理论，而且当下流行的这两个语言学科还帮助哲学界解决了他们未能解决的问题，因此我们提出了"语言学与哲学互为摇篮"的命题。

有了这样的背景知识，我们就能很好地回答下一个问题了：语言学界的同行为何还要花时间和精力来学习西方语言哲学呢？

在我国语言文学专业的教学大纲中，西方哲学、语言哲学一直是空缺，学习外语专业的学生主要培养"听、说、读、写、译"外语基本功，确实让学生们非常忙碌，他们还要读那么多的文学作品，看了一大堆中外文专业书，做一名大学老师够用了。但是，当我们面对"跨学科"发展的现实形势时，进入"与时俱进"的新时代，就感觉到有点坐不住了。在 20 世纪与 21 世纪的转折点上，中国学者钱冠连先生站在学科发展的高度，适时地提出了语言学界同仁要学习西方哲学，确实为我们打开了一扇新窗口。

其实，我们每个人稍加反思就会发现，人人都离不开"哲学运思"，我们在中学、大学里学了那么多的哲学，对于我们人格的培养、思考的深度、能力的提升、素质的养成，都起到了潜移默化的重要作用。在波普尔（Popper, 1986）看来，实际上人人 —— 无论是男人，还是女人 —— 都是哲学家，因为人人都拥有从理智环境中或传统文化中接受下来的哲学观，都对诸如人生、生死、世界、立场等一类的问题持有某种态度，都面临着一些迫切需要解决的哲学问题（陈波，1998）。

钱冠连（2014）早就指出，所谓人生就是语言人生，人自幼就开启了他的语言人生，命中注定要与世界中的事物发生关系，在通过大人指称的过程中认识了外部世界，命中注定就是一个哲学家坯子。绝大多数人终身都不知道，他们的指称活动与指称性的提问与回答都写进了西方哲学书中。在 21 世纪的今天，我们不能再心甘情愿地被范畴化为这个"绝大多数人"之中了。

　　反思一下我们所学习的语言理论，都与哲学息息相关，罗宾斯（Robins，1967）所著的《语言学简史》（*A Short History of Linguistics*），就是以西方哲学的发展线索来梳理对应时期的语言学研究简史的。试问，若不学好哲学，能看明白这本书吗？雷柯夫和约翰逊于 1980 年出版的《我们赖以生存的隐喻》（*Metaphors We Live by*）被称为认知语言学的经典著作之一，其中有一半内容涉及哲学问题，因为约翰逊本人就是哲学家，雷柯夫也很熟悉哲学。若不弄懂西方哲学，怎能懂得这本书之精髓？更不可能知晓其历史价值在哪！甚至就连该书第 195 页（"西哲简史回顾"）中的这段话 [1] 都不可能读懂，怎能当好语言学家，又谈何语言的认知研究？我想，谁也不愿意被划分到钱先生所说"那不肤浅才怪"的范畴之中。

　　我国语言学界长期以来缺少学派意识，更无自己的理论体系，难以在世界学术舞台进行平等对话，这已成为很多有识之士的一块心病。中西语言学研究会经多年思考，建议将"中国后语言哲学"作为我国语言学界的本土理论加以打造，以期经过一段时间的努力，将国内相关成果整合为有我国特色的语言理论，可望尽快去掉这块心病。有部分学者不免会问，语言研究为何一定要与哲学纠缠在一起？这可用罗宾斯（Robins，1967）的一句名言作答——"哲学是语言学的摇篮"。我们继而认为，是哲学的，定能为语言研究所用；是语言的，必然关涉哲学理论，这两个学科唇齿相依，同生共长，它们具有"互为摇篮"的紧密关系。王天翼等曾论述的"认知语言学对西方哲学的贡献"，本章再次分析概念整合论对哲学和逻辑学的推进作用。"互为摇篮"观也可被视为中国后语言哲学和第二次哲学启蒙的内容之一。

　　我们进入 21 世纪已经有 20 个年头了，不能再讲授些过时知识（传

1　The myth of objectivism has dominated Western culture, and in particular Western philosophy, from the Presocratics to the present day. The view that we have access to absolute and unconditional truths about the world is the cornerstone of the Western philosophical tradition. The myth of objectivity has flourished in both the rationalist and empiricist traditions, which in this respect differ only in their accounts of how we arrive at such absolute truths. （从前苏格拉底时代至今，客观主义神话一直统治着西方文化，尤其是西方哲学。我们可以获取关于世界的绝对和无条件真理的观点是西方哲学传统的基石。客观主义神话在理性主义和经验主义传统中都很流行，它们在此问题上的唯一区别是对我们如何获得这样的绝对真理做了不同解释。）（Lakoff & Johnson，1980：195）

统经典除外）了，倘若我们的知识更新不及时，又缺少哲学修养，更无与时俱进的志向，就无法站在学术的前沿，又何谈适应新形势发展的需求？我们就会被时代所抛弃，这就是当前学界所说的"academic reengineering"（学术再工程化）。

4.2　语言学界急需哲学素养

4.2.1　理论思辨与实据考证

　　人文社科研究主要包括两大路径——"理论思辨"和"实据考证"，西方语言学家既以前者见长，也善于后者；而我国在这方面的研究一直以后者为主。正如钱冠连（2002b、2004[1]）所指出：从吴承仕、黄侃、钱玄同、林语堂、王力、陆宗达，到周祖谟、朱德熙、裘锡圭，所写论文精彩纷呈，却让人看不到学派与流派的任何提示。他们缺乏学派意识，或学派态势不明朗，有些人甚至陶醉于个案分析，偶尔套用一下国外的理论（如用乔姆斯基或认知语言学的理论框架），如此下去，我国的语言学界何以能到世界舞台上对话？钱冠连认为可为吕叔湘语法研究这个学派起个名，称之为"实据派"，可理论探索又该留给谁去做呢？

　　钱冠连（2007a、2007b）后来分别在《中国外语》和《外语学刊》上撰文，认为我国外语界"学派意识"也不容乐观，主要以引进、介绍、套用为主，甘当"搬运工"。虽偶有创新火花，但不成气候，至于建立什么学派更不在运思范围之内。如此说来，我国的语言理论创新研究，实在令人堪忧！基于这一基本认识，我们认为，作为一个学术团体，就应当有自己的理论旗帜，经过团队合作，集思广益，使其逐步成

1　钱冠连教授于2004年在《汉语学报》（第二期）上以"以学派意识看汉语研究"为题的论文中指出如下一个事实：所谓的学术成熟、发达与繁荣，其标志就在于"学派纷呈、理论争鸣"。若无此现象，又何以具备向国外同行学派挑战的能力呢？该文于2005年被《中国学术年鉴·人文社会科学版2004》大篇幅转载；后来，其核心段落"提倡形成语言学的中国学派"又被教育部蓝皮书，即《中国高校哲学社会科学发展报告2005》引用，并强调指出：核心段落里的思想"很值得重视，可以作为语言学界发展方向的一种向导"。

长为一个国产品牌，就像我国的"高铁"亦已开出国门，"大飞机"投入市场运行，有朝一日本土理论也能走向国际学术舞台中央。

令人欣慰的是，中西语言哲学专委会这些年来一直强调理论建构，主张将"中国后语言哲学"（钱冠连，2008b、2015）视为其理论旗帜，共同建设，精心打造，使其逐步成形。可学界仍有不少同仁想不通：做语言学的，为何要学哲学？对于跨学科或超学科研究认识不足，动力不强，更对第二次哲学启蒙认识不清。

4.2.2　语言学与哲学互补

语言学界（包括外语界和汉语界）曾为我们为何要学习语言哲学争论了几十年。我们已在很多场合作出了解释。我们历来认为，语言学和哲学是交织在一起的，国内外学者多有论述，如陈嘉映（2003）、江怡（2009）、王寅（2014）等。而且，语言学界的语义学和语用学这两个学科原本就来自语言哲学的两个核心分支：早期的理想语哲学派和后期的日常语哲学派。若没有语哲修养，何以能求其源，得其根，学得透，教得好？这两个学科岂不成了无源之水、无本之木，似乎用"空中楼阁"来喻比这一现象，倒也恰如其分。这便是我们在语言学界大力倡导学习语言哲学的主要动因之一，以弥补昔日课程设置和教学内容之不足，适应"与时俱进"的国策要求。

1. 从 be 说起

古希腊哲学家就已开始关注语言，巴门尼德、苏格拉底、柏拉图、亚里士多德等虽被冠以哲学家，但他们的哲学研究常常是以语言分析为基础的，这实际上也为语言研究奠定了基础。例如，巴门尼德通过分析西方语言的"主系表"结构，认为"系词"（be）才是世界的本质所在，据此建构了毕因论。亚里士多德通过分析语言中的十大词类建构了世界的十大范畴，透过 S-P 模板（即主词 subject 和谓词 predicate）建构了：

全称肯定（SAP，所有的 S 都是 P）；

全称否定（SEP，所有的 S 都不是 P）；

特称肯定（SIP，有的 S 是 P）；

特称否定（SOP，有的 S 不是 P）。

从而划出了逻辑对当表（金岳霖，1979；王寅，2014）。就连"logic"（逻辑学）这个单词也是"说"（log，logue）出来的。这与我国古代哲学家老子所论述的"道"（说、道路、道理……）有异曲同工之妙。这比起外语界的语法书所论述的 be 视野要宽广得多，见解要深远得多。

另外，苏格拉底和亚里士多德提出的"语言工具论"至今还有一定的市场。苏格拉底与柏拉图、亚里士多德所争论的"自然派与习惯派、本质论与约定派、唯实论与唯名论"一直延续至今，当今认知语言学和体认语言学所坚守的"象似性"与结构主义和转换生成学派所坚守的"任意说"之争，便是他们的延续。

哲学家对语言情有独钟的故事似乎可以一直列举下去（详见王寅，2014）。直至 19 世纪末和 20 世纪初西方哲学出现了第三转向，语言哲学开始登场，哲学家直接将"语言"视为他们的研究对象，为语言学界输送了大量的崭新观点。例如，传统的语言工具论已被颠覆，语言的客体地位受到空前挑战，将其升华到哲学的主体性高度；语言图画论、语言与世界同构，真值对应论、真值条件论纷纷亮相；语言的表达方式比其本身的内容更为重要。正是得益于这个阶段语言哲学家的研究成果，语言学界出现了"语义学"和"语用学"。

2. 语义学和语用学之哲学溯源

再以"语义学"和"语用学"这两门语言学界都熟知的学科为例，国内外语言学界的很多著作和教材都未能深入"语言哲学"的源泉中充分吸取养分，论述很不到位，留下颇多遗憾，只知其一而不知其二。语哲中英美分析哲学所论述的"理想语哲学派"和"日常语哲学派"实际上就是哲学界的"语义学"和"语用学"，国外某些语言学家借用这两个学派的观点建构了语言学界的"语义学"和"语用学"，国外也有很多学者，如莱昂斯（Lyons）、利奇（Leech）、莱文森（Levinson）等人的观点求不到根，溯不到源，留下了很多缺憾。国内语言学界不少从事这两门学科研究的人，倘若沿着国外这些人的沟辙行进，也会犯同样的错，会误导不少人。这就是对哲学麻木和冷漠造成的（季国清，1999）。

这教训就是将"语言学"与"语言哲学"分开造成的。站在世纪交替的十字路口，我们应尽快打通"语言学"与"西方哲学"（包括语言哲学）之间的通道，迅速解决两界相分离的"两张皮"问题，早日实现两界或多界的合流，让"跨学科研究"不再成为一个口号，而应变成一个切实的行动，便于学者相互取长补短。我们认为，这必将成为 21 世纪语言学研究的一个新的发展动力，有学者还主张将其视为"之首"，也不为过。难怪有远见的学者面对当今形势发出了如下呼喊：尽快超越纯语言研究的局限，迈向多元思索的新时代。这就是胡壮麟（2012：813）所说的：

真理有时不在某一理论之"内"，而是在不同理论之"间"。

这论断实在精辟。

4.2.3　语言学当须进入后现代

特别是理想语哲学派创立的人工语言、形式语义学，更是为计算机软件的设计开拓了一个广阔前景。深受分析哲学的影响，语言学界出现了索绪尔和乔姆斯基这两位语言学大师，使得现代语言学作为一个独立学科登上历史舞台（参见图 1-1 右侧竖线）。这一研究思路一直延续至 20 世纪 50—60 年代的第四转向"后现代时期"，此时，一大批后现代哲学家更是将"语言"捧到了至高无上的地位，将语言视为"人类的家园""知识的储备库"，甚至"生产力"。这对于从事语言研究和教学的人员来说，无疑是一阵冲锋号，激励着我们为其而奋斗终生，深知我们站到了时代的最前沿，肩负着时代的最重任。

我们知道，语言文学专业主要包括文学、翻译学、语言学三大板块，前两个学科早已进入后现代哲学前沿阵地。文学创作和文学批评中的后现代哲学，乃至后后现代早已成为"旧闻"，反叛传统、扭曲变形、破坏一切、抵制理性、讽刺习俗、崇尚虚无、穿越时空、拼贴混搭、张扬个性、鼓吹虚无等大行其道，一股"反文学艺术、反传统文化、消解结构"的风气大行其道，被批臭了的"为艺术而艺术"死灰复燃。在此思潮的影响下，"无选择技法、无中心意义、无完整结构、叙事呈发散性、题材奇异怪诞、结构支离破碎"等编织出一片光怪陆离的文学新视野[1]。

因为文学作品需要翻译，译论很快步入后现代，德里达、韦努蒂（Venuti，1953— ）、米勒（Miller，1928— ）等解构主义译论亦已为国内外译界所广泛接受。而语言学界依旧是以索绪尔和乔姆斯基的客观主义、唯心论语言理论为主导，落后于文学和译学的理论研究数十年，这便是事实。参看季国清于1999年撰写的论文《语言研究的后现代化迫在眉睫》便可知晓一二，此时此景，同仁们难道没有一种坐立不安的"紧迫感"？！

而且，只有从哲学或者语言哲学角度，才能看清楚过往语言学理论的发展简史，罗宾斯（Robins，1967）所著的《语言学简史》一书，主要依据哲学的历史脉络来论述语言学发展史。我们近来深刻认识到，现代语言学之父索绪尔所发动的一场哥白尼革命，遵循西方学术研究的惯用传统，实施了"关门打语言"的研究策略，将语言视为一种凌驾于人之上的超验系统，这显然是一种基于先验论的语言观。乔姆斯基紧步其后尘，不仅认为语言是自治（关门）的，而且句法也是自治的，沿着索

---

1 就拿"穿越"和"模仿"来说吧，近年来，从中央电视台到地方电视台的很多娱乐作品中出现了太多此类节目，一时间，"混搭、反串、拼缀、嫁接"盛行于世，移花接木、东拼西凑、真伪难辨的把戏随时可见，到处都有，倒也落得个几分新鲜。例如，潘金莲与现代女性对话，尝试用现代自由爱情观来为潘女士喊冤；2012年的春晚小品《今天的幸福》中，未来的孩子穿越回到生前，与怀孕的妈妈和初婚的爸爸同台演出，一家人闹出了很多笑话，倒也热闹。再如搞笑的"中国达人秀"，最佳作品常为"拼凑类"演出：
（1）将魔术嫁接到梦境上，制造梦幻效果；（2）踩着中国传统高跷，跳着西方的街舞；
（3）跳西方的街舞，吼着中国的河南梆子；（4）模仿美国杰克逊，唱着中国的流行曲；
（5）混搭东北的二人转、街舞和爵士音乐；（6）现代激光技术应用于舞台电玩和舞蹈；
（7）残疾人在轮椅上与常人合作跳双人舞；（8）集相声、弹唱、小品表演形式于一身；
（9）混糅杂技、舞蹈、魔术于一个节目中；（10）拼凑多种类型的舞蹈；
（11）融合铜人表演和机械表演，结合街舞；
（12）更换原版戏剧片段中的台词说"房价"……
这真是八仙过海，各显神通，花样百出，编出一个个"令人捧腹，乐不可支"的、彰显着后现代艺术特征的混搭节目。

氏的关门观设计出"关门打句法"的形式化分析思路，且认为语言和句法具有先天性，这显然是一种基于天赋说的语言观。由此可见，语言学界的这两位特号大腕的哲学观显然是属于唯心主义阵营，基于其上的语言学理论，在唯物主义学者眼中，也就会另有论断。

站在 21 世纪历史转折节点上，我们基于后现代哲学和体验哲学的 CL 和 ECL，看穿了结构主义和转换生成语法的唯心论哲学基础之谬，大力倡导唯物主义的语言观，针锋相对地提出了语言的体认观（旧称体验观），并认为：

> 语言既不具有先验性，也不具有天赋性，当循"物质决定精神"的唯物史观来认识，语言是人们在对客观世界进行互动体验（体）和认知加工（认）的基础上形成的。

无论是语音、词汇，还是词法、句法和语篇，莫不如此，都可凭"体、认"做出统一解释（王寅，2015），这便是我们论证了多年的 ECL 核心原则"现实—认知—语言"。现笔者依据该原则来对比 20 世纪的三场语言学革命：

第一场语言学革命：索绪尔　　语言（先验论）
第二场语言学革命：乔姆斯基　心智—语言（天赋论）
第三场语言学革命：CL/ECL　　现实—认知—语言（体认性）

索氏首先对"语言交际能力和活动"切下四刀："语言与言语、内部与外部、共时与历时、形式与实体"，舍后者而留前者，紧紧关闭了语言之门，仅关注语言系统本身的内部结构，从而"革"了历史比较语言学（聚焦被索氏切掉的四者）的"命"。乔氏则认为语言学不能仅描写语言的内部系统，而应揭示"语言如何形成"的认知机制，将语言研究拓展到"心智"层面（与"认知"有关，但内涵不同）。乔姆斯基（Chomsky，1957，1965）认为，语言来自人们头脑中先天就有的"普遍语法"（UG）或"语言习得机制"（LAD），幼儿通过少量刺激，便可在先天性 UG 的统摄下基于有限要素和规则生成无限语句。从中足以可见这两位大师的唯心主义哲学立场。而 CL 彻底摆脱了他们的唯心论立场，主张从唯物史观的角度"开门论语言"，认为它既来自生活，又高于生活，是"感性 + 理性、客观 + 主观"的集成品，终于让唯物主义立场重归语言学界，也彰显出后现代哲学中的人本观。倘若缺乏这一哲学理论基础，又何以能知晓 20 世纪三场语言学革命的真谛？怎能看清体验哲学、CL 和 ECL 的历史意义和人文价值？

似乎，语言学界为何迫切需要学习（语言）哲学的例证可一直列下去。自不待言，语言文学的三个主要分支方向——"语言学、文学、翻译学"，其实都在共用一套哲学理论，这就决定了这三个方向的互通性，也说明了哲学的重要性。笔者此处还想引用王治河（2011：13）的一句话来概而言之：

> 如果一个时代出了问题，一定是那个时代的哲学出了问题。

大家都认可，哲学理论不仅对于人文社科研究具有重大的指导意义，而且还担负着指导时代发展和文明进步的重任。这不禁使我们想起西方哲学家为何要奉哲学为"一切科学的科学"（the Science of All Sciences）了，为何要将哲学视为凌驾于一切科学之上的"女王"，从而出现了"哲学王"（King Philosophy）或"哲学女王"（Queen Philosophy）的称号。质言之，一部哲学的历史就是一部形而上学的历史，一部形而上学的历史就是一部"追求真理、寻找本质、建构基础、确立中心"的"哲学王"历史。柏拉图在《理想国》（The Republic，又译《共和国》）中就曾指出：应当由哲学家来当国王，治理国家。我们虽然不完全赞同柏拉图的这一观点，但其强调哲学的重要性却是值得记取的。此时此刻，下一个命题油然而生：对于语言研究来说，不管怎么强调学习哲学都不为过！

概言之，是哲学的，定能为语言研究所用；是语言的，必然关涉哲学问题。罗宾斯（Robins，1967）曾指出哲学是语言学的摇篮，这句话近来在我国外语界引用率非常高。我们通过认真思考，发现语言学也对哲学研究做出了很多贡献，这两个学科当表述为"互为摇篮"更为合适，这或许也可被视为中国人的语哲观，当属于中国后语哲的范畴。

总体来说，经过这些年的讨论，外语界学人基本达成共识，研究语言理论必须要有坚实的哲学基本功，这是一个无须再争的事实。走出纯语言研究的老套路，学会哲学家的分析方法必将给语言学研究带来新思维，开出新天地，结出新果实。至于仍有少数人不想在此领域下大功夫，就请看看外语界许老和钱老的例子吧。许国璋教授生前大力倡导学习语言哲学，撰写了多篇这方面的论文，可谓一代大师的先见之明。钱冠连教授身体力行，50 多岁后开始钻研语言哲学，60 多岁正式提出"中国后语言哲学"，为外语界树立了一面学术旗帜。近来，他还将其与美国中美后现代发展研究院主任王治河教授（2011）提出的世界学术大潮——第二次哲学启蒙运动紧密结合起来，从后现代哲学角度论述中华民族对全人类所应做出的贡献。

哲学界季国清教授（1999）早就发表题为"语言研究的后现代化迫在眉睫"的论文，他情深意切地指出：外语界和汉语界的语言学同仁不仅要学习（语言）哲学，而且还要研修后现代哲学，对我们提出了更高的要求。这篇论文已发表 20 多年，"和者"当不该再寡了。

共产党人提出的"与时俱进"既是一个宏观纲领，也是我们每个人的行动计划。我国著名哲学家、中国社会科学院哲学研究所研究员程志民（2005：378）在《后现代哲学思潮概论》一书的最终结语为：

　　中国的现代化就是后现代化。

王治河（2007、2011）认为国人已准备好迎接世界学术大潮——第二次哲学启蒙运动。

他们言简意赅的两句话寓意深刻，值得深思，回味无穷。我国的国情不同于西方，经历了百余年的半殖民地半封建时期后直接进入 20 世纪后半叶，我国于 1978 年开始改革开放，提出实现四个现代化的战略目标时，西方已完成现代化进程，步入后现代时期，此时引进的实际上是被西方称之为"后现代"的科技和思想。程志民教授的这句话意在强调我们的人文研究当把视线转向西方当下的后现代思潮，这就是王治河所说的"哲学的第二次启蒙运动"，而不能再沉湎于几十年前的旧话题，炒夹生饭、嚼他人馒头的科研思路可以被摒弃了。正是在这一意义上，程志民将"现代化"等同于"后现代化"。

王治河接着说的后现代化需要第二次启蒙，确实具有国际战略眼光，时不待我，催人奋进，令人振奋。于是，我们对"只争朝夕、迎头赶上"就有了别样的感受，更有深刻的领悟；"赶超前沿"也就不再是遥不可及之事，而是在奋进思辨之中。

可以说，哲学（包括传统哲学、语言哲学、后现代哲学）必将为国内外语言学研究指明一个新方向，增添另一段风景线，也是对过往语言研究的一次升华，特别是当前我们主张将人文主义与科学主义结合起来，它必将为语言研究带来新增长点（王寅，2014；姚振军，2014）。正如邢福义（2015）所指出：

> 我们不能没有哲学意识。多了解点语言哲学，多思考些语言哲学问题，这对个人素质的提高和整个学科档次的上升，都会大有好处的。

剩下的问题就是如何加强我们的哲学修养，尽快在我国语言学界普及这一观点，为迎接我国语言研究事业大发展奠定扎实基础。中西语言哲学专委会自 2005 年起每年举办一期中西语言哲学夏日书院，被同行们称为国内学界的一个品牌。在 2014 年举办的第五届年会上，与会者（包括哲学界、逻辑学界、符号学界、汉语界、外语界等，共有 200 多名代表参加）说得最多的一句话就是"学了语言哲学后，思考问题想不深入都不可能了"。的确，很多人头上戴的是 PhD 的帽子，如不学习 Ph，真是愧对这"顶戴花翎"。从哲学家那里获得深邃的智慧，必将有利于提高语言分析能力，这是显而易见之事。

4.3　哲学与语言学互为摇篮

4.3.1　哲学与语言学的五段情缘

正如上文所述，哲学与语言学这两个学科同生共长，互为摇篮，因为二者在根源上本就同为一家。王寅（2014）曾以"两学科的五段情缘"为主线，划表概述了哲学对语言学的影响，现摘录于此，以飨读者。

表 4-1　哲学与语言学的五段情缘

西方哲学的转向	语言学流派	对语言研究的影响	
古希腊： 毕因论转向	语文学	1. 天赋论 3. 语法论 5. 二元论 7. 词源学	2. 一体论 4. 工具论 6. 自然论与约定论 8. 修辞学
中世纪： 神学毕因论		1. 语言是天赋的 3. 唯名与唯实论 5. 普遍思辨语法 7. 助范畴词研究	2. 上帝创造语言 4. 殊相与共相论 6. 自然兼约定论
近代： 认识论转向	历史比较	1. 语言具有模糊性 3. 普遍性唯理语法 5. 机械论语言定律 7. 语言决定世界观	2. 天赋说与模仿说 4. 实证到历史比较 6. 分析与综合之分
20 世纪： 语言论转向	结构 TG 语义语用	1. 索氏：结构、描写、二元、关门；语言使思想出场 2. 乔氏：天赋、普遍、自治、模块、形式 3. 语言学语义学（形式主义） 4. 语言学语用学 5. 语用学、实用主义 → 社会 / 功能语言学 6. 用法论、行为论、刺激反应意义观	
当代： 后现代转向	认知语言学 （含构式语法）和体认语言学	1. 以唯物论和人本精神研究语言 2. 语言具有体认性 3. 语言没有统一的本质 4. 基于用法模型的取向	

　　表 4-1 左栏为西方哲学的四个转向，中间一栏为对应的语言学流派，右栏是各时期语言研究受哲学思潮影响所提出的主要观点。笔者再列述如下 18 点主要条目，以说明哲学家如何基于语言分析而提出相关的哲学理论，以及这两个学科互为摇篮的实据，供读者进一步思考和研究：

　　① 亚里士多德通过词性确立了世界十大范畴。

② 亚氏还基于句型"S is P"建立了形式逻辑。

③ 巴门尼德分析 on(t)-(be) 发现了世界本质。

④ 分析世界本质时也在追问语言的本质：语法。

⑤ 古希腊：论辩语言符号的自然论与约定论。

⑥ 哲学家们同时也关注词源学、修辞学。

⑦ 中世纪提出了语言天赋论与普遍思辨语法。

⑧ 围绕语言和哲学中的唯名论与唯实论之争。

⑨ 学者们依据自然规律探索机械论语言定律。

⑩ 语言学和哲学共论分析与综合之别。

⑪ 从社会学中的实证主义到历史比较语言学。

⑫ 洪堡特等哲学家提出了"语言决定世界观"。

⑬ 索绪尔和乔姆斯基应用二分法实施关门观。

⑭ 语言学中的语义学、语用学皆出自语哲。

⑮ 没有语言论的毕因论和认识论则是无效的。

⑯ 哲学的问题归根结底是语言分析的问题。

⑰ 中国后语哲：语言研究不能离开哲学理论。

⑱ 前沿的 CL 和 ECL 也在不断拓展哲学视野。

　　19 世纪末与 20 世纪初的语言哲学直接将哲学本体导向了语言分析，意图通过它解决哲学的千年难题。正如维特根斯坦所言：哲学问题归根结底是语言分析问题，即可通过语言分析（如语言图画论、用法论等）来解决哲学难题。被公认为语言学大师的索绪尔、乔姆斯基也为该议题做出了重要贡献。

4.3.2　语言学帮助哲学解决难题

　　特别是第 18 条，被全世界学者公认为语言学前沿的 CL 和 ECL，虽说是以"体验哲学和后现代哲学"为理论基础发展而出的，但它提出的很多新观点和分析方法也进一步丰富了哲学研究，有效地帮助了哲学家解释若干未解之题，例如（详见王天翼、王寅，2015）：

① 隐喻认知论（消解哲学与文学的对立，填补了两者的鸿沟，为后现代哲学否定绝对真理提供了坚实的理论基础）。

② 图式范畴论（认知语言学中的图式范畴论进一步发展了经典范畴论和原型范畴论，对哲学中的范畴研究做出了贡献）。

③ 识解观（原用来解释人们为何面对相同场景会有不同的表述，现可扩展用来解释人的主观性来自哪里，为哲学家分析主观性提供了一个可操作的理论框架）。

④ SOS 理解模型（融合了"客主、主客、语客、语主"等多重关系于一体，对于人类的思维和语言等更有解释力）。

⑤ 事件域认知模型（可将 ECM 视为一个记忆单位，且可有效地解释思维和语言的内部层次性结构；同时，也是对"命题由'名 + 动'构成"的一次应用和发展）。

⑥ 概念整合论（人类之所以为最高等动物，是因为具有创造力，但哲学家并未提供解释创造力来自何处的答案；概念整合论强调双域整合的结果可产生"新创结构"，它可体现为创造力）。

⑦ 剖析认知过程（认知语言学家基于心理学、哲学和逻辑学基本原理分析了"认知过程"，它可被视为解释"物质如何决定精神"的一种尝试）。

CL 和 ECL 一方面基于马列主义辩证唯物论、后现代哲学（包括体验哲学、中国后语哲、第二次启蒙运动等）提出了若干语言新观；另一方面，这些新观点反过来又为哲学界中的部分未解之题做出了尝试性解释，这就是本章所论述的"哲学与语言学互为摇篮"的观点。

4.4　再析概念整合论对哲学的贡献

王天翼、王寅（2015）在题为"认知语言学对西方哲学的贡献"一文中简要论述了概念整合论可用以解释人类创造力的问题，但未能述及该理论在哲学研究中的其他解释力，现做如下补充：

4.4.1 概念新解

我们知道，"概念"是思维的基本单位，也是逻辑学的基本出发点，在我们的词典和教科书中它常被定义为：抽象概括出所感之物的共性，是反映客观事物本质属性的思维形式。这仅道出了概念的体验性特征。可我们知道，它除了来自客观世界之外，还可能产自我们的心智本身，如在"理论研究、艺术创作、科技发明"等过程中，人们会不断提出新概念，由此便可催生出新理论。

因此，除"概念的客观反映论"之外，人类心智本身还能自我涌现出新概念，即在人的主观认知过程中，也会不断形成新概念，发生新思维，产生新思想。那么，源自心智的概念是如何建构自身的？概念是如何变化的？传统哲学似乎未曾述及，而认知语言学的概念整合论（Fauconnier，1985，1994，1997）可为其做出较好的解释。当两个不同概念作为输入空间映射到融合空间后，在新创结构中就可"冒出"不同于原来两个概念的新概念。也就是说，这个新概念不是源自原来的输入概念，即不是直接来自客观外界，而是人们在心智中通过整合运作之后而新涌现出来的。当然，作为输入空间的两个原概念，最终可能会被追溯到直接经验。

4.4.2 可能世界

克里普克（2005）在《命名和必然性》（*Naming and Necessity*）一书中首先提出了"可能世界"理论，用以解释现实世界之外的其他存在，为内涵逻辑提供了重要的分析方案。从书名可知，克氏认为专名的命名应考虑到必然性，即一个专名应在所有的"可能世界"（现实世界也为一种"可能世界"）中都有固定的专向指称，而摹状语不一定具有这种特性（王寅，2014）。该理论扩大了人们对世界存在的认识，从真实世界走向心智世界，它主要属于概念性。该理论在逻辑学研究中的意义在于：将外延逻辑拓展到内涵逻辑，为人们认识想象世界提供了有效的分析方案。

福柯尼尔（Fauconnier，1944—2021）将"心智空间"（mental space）定义为：人们为达到当下思考和理解的目的而临时建构的"小概念包"（small conceptual package），它具有"结构性、互通性、无限性、临时性、变化性、选择性、整合性"等特征，可用来取代克氏的"可能世界"。因为它与"可能世界"一样，仅存在于人们的心智之中，从而具有内涵性，而无外延性，即心智空间属于内涵范畴，为纯粹概念，它在现实世界中没有具体的指称对象。心智空间也是人类进行概念运作或思维过程的一个重要媒介，是产生意义的加工厂。

克氏虽提出了"可能世界"，但未能深刻揭示其内部的运作机制，它是如何生成的、变化的和发展的。概念整合论正是在这一点上显现出优势，通过两事物、两信息或两概念的碰撞，在融合空间中发生"Duang"，从中便涌现出了新生概念。例如，氢气和氧气按照一定比例混合并可形成一种与原来两气体完全不同的物质"水"；再打个比方，两物相碰会出现火花，产生了"质"的变化，因为这火花并不存在于原来的任一事物中，而只是在碰撞后才呈现出来的。这样便可有效地解决"可能世界论"留下的上述疑问，进一步完善了内涵逻辑。因此，概念整合论也对（语言）哲学和内涵逻辑（包括模态逻辑等）提供了一点新思路。

现我们将"外延逻辑到内涵逻辑"的研究简图梳理如下：

① 早期的理想语哲学派是以批判传统形而上学为主旨的，主要关注外延逻辑，倡导用"语言与世界同构"的"图画论"这把尺子来衡量语言意义，即只有在客观世界中找到对应物或对应结构的语句才有意义，否则就可视其为形而上学的假命题或伪命题，从而确定了"世界是检验真理的标准"。这对于消解诸如"上帝爱每个人""客观世界存在客观真理""阶级斗争不以人们的意志为转移"等一类的形而上学伪命题，提供了有效的批判武器。

② 用同构论解释语句的意义，虽可消解形而上学的假命题，但难以解决下面的问题，即语哲学界常讨论的"实质蕴涵悖论"（the paradox of material implication），现用下面两个例子加以说明：

- 所有的美国女总统
- 所有会编程序的狗

人们根据经验可知，美国目前没有女总统，狗也不能编写计算机程序，即它们的真值都是"0"。既然两者的真值都是"0"，按照数理逻辑的原理，这两个表达式的意义就该相等，可谁也不会认为它们同义，甚至是毫无关系的两个表达式。有些逻辑学家主张用"相干性"来解决这类问题，但很多人认为"相干性"本身就是一个"漫无边际"的概念，无法界定。

③ 若用世界中的存在物及其关系来定义词句的意义，会不可避免地产生另一问题，诸如"鬼""神""独角兽""孙悟空""无理数"等并不实存的事物和概念，难以在现实世界找到其实存对象，此时外延逻辑更显捉襟见肘。学者们为能有效解决这一难题提出了多种解决方案，如奎因（2005）的"语义上行"，认为一切存在都是语言中的存在，于是就可将哲学中的存在问题转换为语言层面的问题，可避开哲学难题的纠缠而专注于语言分析，免于陷入那些空洞、无谓、永无结论的争吵中而不能自拔，便可摆脱形而上学的困境。这便是语言哲学的要旨：通过对语言的逻辑分析来解决哲学难题。他还提出了著名的语义学公式：$y = kx$，即"存在就是成为被约束变项的值。"（To be is to be the value of bound variables.）据此可知，存在于语言中的一切都可被视为存在，如"孙悟空"存在于吴承恩的《西游记》中；"无理数"存在于代数这一学科之中。这便是奎因（王寅，2014：175）的那句名言：物理对象与诸神是同处一个地位的神话。

④ 奎因的学生克里普克根据他老师的 $y = kx$ 语义学公式发展出"可能世界论"，为建构内涵逻辑奠定了理论基础。C. I. 路易斯（C. I. Lewis）等据此又发展出了"模态逻辑"（modal logic），进一步丰富了内涵逻辑的研究内容。

⑤ 沿此思路可见，福柯尼尔的"心智空间"和"概念整合"比起"可能世界"更有操作性，为解释可能世界内部的运作机制提供了一种解释方案，也为内涵逻辑的研究提供了一个全新思路。同

时，这也有力地证明了 CL 之 "灯" 也在一定程度上照亮了哲学和逻辑学的研究之路。

4.4.3　自然语言模糊之因

理想语哲学派虽发现了自然语言缺乏精确性，但未能详细解释它为何会有模糊性。概念整合论也在这一方面提供了较好的解释力，即人们在心智空间对概念进行映射和整合加工的过程中，会不断使得概念发生各种变化，不断产生新义，从而也可使同一个词有了若干不同的意义。从上文对 "心智空间" 的解释可见，它是为达到当下思考而建构的，具有一定的临时性，这更造成了同一概念在不同场合会有不同理解的情况，概念不清和语言模糊便由此而生。更有甚者，处于不同时空的不同主体，即使输入了两个完全相同的 "心智空间"，也会涌现出不同的新创结构，冒出不同的新义。

4.4.4　无意识性

自从弗洛伊德开始研究 "无意识性"，这一概念便受到众多后现代哲学家的青睐，莱科夫和约翰逊（Lakoff & Johnson，1980）更是将 "思维的无意识性" 视为体验哲学三原则之一。福柯尼尔也认为，人类的概念整合具有 "无意识性"，人们常会有意识或无意识地将两个事物或概念进行对比和整合，从而不断产生新思维，这也为弗洛伊德的 "无意识性" 提供了一种理论根据。例如，人们的隐喻能力，是概念整合运作的结果，不必刻意为之，常在不经意间产生各类隐喻思维和表达。

钱冠连提出 "中国后语哲"，为消除我国语言学界无自己理论体系的尴尬局面提供了一个可行的方案，值得我们认真思考，并努力为之添砖加瓦，不断探析其中的语言学和哲学的新老问题。我们当为迎接全球人文学术大潮的第二次哲学启蒙，彰显中国学者的风采做出应有的贡献。

本章所述的"哲学与语言学互为摇篮"也是中国后语哲中的一个新观点，我们认为：是哲学的，定能为语言研究所用；是语言的，必然关涉哲学理论，这两个学科具有同生共长的关系。我们意在提醒学界同仁既要学好罗宾斯（Robins，1967）的《语言学简史》这本书，了解哲学对于建构语言学理论的重要性；也要认识到马列主义的辩证唯物论、语言哲学、后现代哲学（包括体验哲学、中国后语哲）催生了 CL 和 ECL 的诞生，并为其提供了丰富的学术养分。同时，我们也可反向思维，CL 和 ECL 也在某种程度上帮助了哲学家和逻辑学家完善了他们的研究，为某些未述观点补充了理论解释，提供了新思路。本章还补充了王天翼、王寅（2015）的论述，进一步阐释了"心智空间"和"概念整合"对于哲学和逻辑学研究的促进作用。

4.5 结语

要想对"语言"有更高层次的认识，对语言研究作出更深刻的思考，对语言学理论有所贡献，语言哲学是一个永远绕不过去的关口。若将其称为"瓶颈"，阻碍语言学理论向纵深发展，并非每位学者都认可这种观点，但是更多的语言学者都深刻体会到，通过这个"关隘"之后，将会见到一片更为宽阔的蓝天，观察现象和分析问题的视角将会有所不同。这就意味着，从哲学层面来思考语言必将会使分析更深入，见解更升华，运思更锐利，这就是钱冠连所说的"思考问题想不深刻都不可能了"。

常言道，风物长宜放眼量，我们为何不借用语言哲学家的研究成果来扩展我们的视野呢？为何不用语言哲学理论来武装语言学者的头脑呢？语言和哲学本来就是一家亲，你中有我，我中有你，两者在漫长的历史中原本就是交织在一起的（王寅，2014），这也是我们近来提出"语言学与哲学互为摇篮"的原因。语言理论中有哲学观点，哲学流派中蕴涵着语言理论，在当今大力倡导跨学科研究的时代，我们更要与时俱进，静下心来认真研读这方面的著作，当会获得居高临下的感觉。或许，这就是近年来国内不少院校为研究生（包括硕士和博士）开设语言哲学这门课程的原因。不言而喻，这一治本举措必将为我国语言学研究的深入提供巨大动能，为 21 世纪语言学的灿烂明天奠定基础。

第 5 章
主客主多重互动理解模式

5.1　概述

　　西方哲学（包括理想语哲学派）在研究认识和理解时主要遵循"单向思维"，即从"感性到理性"或"从理性到感性"，经过 2 000 多年后，才有学者提出"双向思维"，即"主客互动"；也有学者提出"主主互动"，我们认为这些理解模型均存在一定的问题。我们根据马列主义的辩证唯物论、后现代哲学的多元论、雷约的体验哲学和钱先生的中国后语哲，提出了"主客主多重互动理解模式"（subject-object-subject multi-action understanding model，简称 SOS），可望弥补流行于西哲中的"单向"和"双向"留下的问题。该模型重点强调了交际双方所共同面对的客观因素，故而将 O 置于两个 S 中间，这正是因为全人类面对的是相同（或大致相同）的客观世界，且身体构造及其各部位的功能相同，人类必定要享有部分共识。该模型将传统"互动论"（interacionism）修补为"多重互动论"（multi-actionism），因为在语言交际过程中必定会涉及"人与人、人与客、人与言"等多重互动关系。

5.2　认识和理解：哲学的永恒主题

　　人类文明在不断体验环境和改造世界中进步，在此过程中，"认识"

和"理解"遍及人类和世界的一切关系之中，它们与人类共存亡；只要有人类的活动，就有它们的身影。根据海德格尔的存在主义哲学和伽达默尔的解释学，凡是认识的，必当是理解的；凡是理解，也必定涉及解释，因此理解和解释才是人类生存的最基本方式，我们在本质上是由理解和解释构成的。思维和认识又离不开语言，而且语言又是人类达到互相理解的最重要的手段，因此理解必定离不开语言。这就是解释学中所论述的"理解具有普遍性和语言性"，这也是一种语言哲学观：通过语言达至理解。

理解的语言性，可通过《圣经》中有关"通天塔"（Babel）的寓言故事得到佐证。上帝意图通过打乱语言而破坏人类的互相理解，阻止人类实现"人定胜天"的梦想，而且上帝还取得了暂时的成功，使得通天塔始终未能建成。这一方面说明语言对于理解的必要性，以及理解对于人类的重要性；但是另一方面，我们也发现，这一长期以来人们乐于传诵的故事存在严重问题：上帝错了，错误主要有三：

① 人类必定要为能相互理解而不懈努力。上帝以为打乱语言就可阻止人类的沟通，但却忽视了人类必定要以互相理解为生存方式，这样才能形成一个人类社会。从短时间来说，说同一种语言的人突然失去了共同语，会导致沟通上的麻烦；但从长远角度来说，理解既然是人类生存的基本方式，那么人类必将要以达至理解为目的，想方设法克服沟通中的种种障碍，这为人类本质所使然。

② 语言具有体验普遍性。根据马列主义的辩证唯物论和雷约的体验哲学可知，语言具有体验性，语言是人类自身与客观外界进行感知互动，并在此基础上形成特定认知方式而产生的，这就是体认语言学的核心原则"现实—认知—语言"。据此，我们就能推导出以下结论：全人类居住在同一个地球上，生存在同一片蓝天下，呼吸着相同的空气，沐浴着相同的阳光，这就注定全人类必定要享有部分普遍性认知方式和思维规律，各民族语言也必定具有部分普遍性，这就是我们所说的体验性普遍观。其实这一观点在荀子的《正名篇》中早有述及：

凡同类同情者，其天官之意物也同。

冯友兰（1976）也指出：

吾人同为人类，有相同的感官，故对于外物有相同之知识。

③ 语言具有较大程度互译性。正如第②点所述，语言具有体验普遍性，不同语言之间就必然能在较大程度上被互相理解。长期以来，人类为能克服语言障碍做出了不懈的努力，取得了可喜的成就，终于能站在联合国平台上进行对话。而且，人类还将继续努力下去，不断打破上帝曾设下的这一语言障碍，通过各种形式的翻译（包括机器翻译）来实现全球化环境下不同语言社团间的相互理解，这也是上帝所始料不及的。

5.3　理解模型：对传统观点的反思

哲学的核心内容是认识和理解人与自然之间的关系。自古希腊始，哲学家们就不断追问：

- What is the world?
- What is the man?

以及基于其所演绎出的各种其他问题。对这些问题的解答必然涉及哲学中的常规议题——感性与理性、存在与思维、客观与主观、自然与人等之间的关系，这已成为西方 2 000 多年哲学史中长期争论不休、永不衰败的话题，人们围绕它也提出了很多不同的认识模式或理解方式，如传统哲学的单向观、现代哲学所主张的主客互动观、后现代哲学所倡导的主主互动观等，现将他们的主要观点依据"方向性"做如下简要梳理：

① 单向运思模式：从感性到理性（即从客观到主观、存在到思维，这是西哲毕因论时期的基本观点，早期的英美分析哲学也持这一观点），或者从理性到感性（即从主观到客观、思维到存在，这是西哲认识论时期的基本观点）。这种单向运思模式直接影响人们对语言的理解和翻译理论的建构，分别出现了强调作者（作

者中心论、作者的独白）和文本（文本中心论、文本的独白）
的倾向。

② 主客互动模式：皮亚杰（Piaget，1896—1980）沿着施莱尔马赫
（Schleiermacher，1768—1843）、狄尔泰、杜威（Dewey，1859—
1852）、梅洛-庞蒂（Merleau-Ponty，1908—1961）等阐述的互
动思想，在批判单向模式的基础上正式提出"主客互动"（the
interaction between subject and object）模式，意在强调主体与客
体之间的互动关系。

③ 主主互动模式：后现代哲学家认为，在主客互动过程中，人的
主体性地位还没有得到应有的重视，且不能解释人与人之间是
如何得以有效沟通的，因而提出了"主体间性"，这种过分强
调人与人之间的互动，而全然忽视客观世界的基础性也是不
妥的。

现将西方哲学按照主客方向性的研究简史列出，如表 5-1 所示：

表 5-1　哲学研究中的方向性

时期	自然	人	
传统（古希腊—20 世纪 40 年代）	感性	理性	单向运思模式
	存在	思维	
	客观	主观	
现代	互动		主客双向模式
后现代	主体间性		主主双向模式

5.3.1　单向运思模式

从古希腊到 20 世纪中叶，西方哲学主要以"形而上学"为中心议
题，意图透过现象看本质，为此就得舍弃人的主观因素，常依据"从客
到主"的单向运思模式。这种传统认识论模式认为，客观世界存在一个
绝对真理，人们应当不遗余力地将其搜寻出来，最可靠的方法就是实

现主客二元分离，排除一切个人主观因素[1]。具体过程又被诠释为两种模式。其一为独立客体向着主体的单向运动，过分强调客观外界对于人的经验和认识所具有的决定性作用，否定人的主观能动性或理性的重要性，这就引出了"镜像原则"，即客观外界在人们心智中呈镜像对应关系。从亚里士多德的感觉认识论、个体决定共相说，一直到近现代的经验论，以及理想语哲学派所倡导的"逻实论、同构论"等，都依据这一认识模式。

另一模式被诠释为主体向着独立客体的单向运动，过分强调理性思维的作用，排斥感性经验或否定个人价值。由于理性常被视为人区分于动物的主要参照标准，且又难以从经验角度做出客观描述，自然就引出了"天赋说""先验说"和"超验说"。从苏格拉底和柏拉图的理念说、共相决定个体说，一直到笛卡尔的唯心论的唯理论、黑格尔的绝对理念、乔姆斯基的天赋论哲学观等，都沿袭了这一认识模式。

众多哲学家沿着这两种认识论取向演绎出了各种各样的哲学观点和流派，从而形成了客观主义哲学理论的大家族。

5.3.2　主客双向模式

到了现代哲学，学者们发现这种单向运思模式存在很多缺陷，开启了双向思考的研究进路。瑞士学者皮亚杰基于前人的互动思想在"建构主义"（constructivism）的理论框架中正式提出"主客互动论"，得到了很多学者的响应。他说：

1　古代哲人认为，为能看清世界，获得真理，必须将自身从我们所研究的对象中分离出来，这就是西方哲学的一个根基"二元论"。我国北宋著名文学家苏轼于 1084 年创作的《题西林壁》中的诗句——"不识庐山真面目，只缘身在此山中"也印证了这一观点。但我们又要追问，我们能够从世界中分离出来吗？我们不在庐山看庐山，又该在哪里看？在庐山脚下，依旧看不清；在南京，距离又太远。因此，二元论只是一个理想化的模式，在现实世界中是永远实现不了的。正如康德所说，人永远只能戴着"有色眼镜"看世界。按照认知语言学家兰姆（Lamb）的观点，人犹如近视眼，没有眼镜就看不清世界，但若要了解什么是眼镜时，把眼镜从眼前拿下来，我们又看不清眼镜了，也看不出眼镜的工作原理。也就是说，自然界只能是马克思所说的"人化的自然界"。

以致如传统经验主义所假定的那样，主体是受教于在他以外之物的，或者相反，是否如各式各样的先验主义或天赋观所坚持的那样，主体一开始就具有一些内部生成的结构，并把这些结构强加于客体……然而心理发生学分析的初步结果，似乎是与上述这些假设相矛盾的。一方面，认识既不是起因于一个有自我意识的主体，也不是起因于业已形成的（从主体的角度来看）、会把自己烙印在主体之上的客体；认识起因于主客体之间的相互作用（笔者按：即我们所说的"互动"），这种作用发生在主体和客体之间的中途，因而同时既包含着主体，又包含着客体……（皮亚杰，1981：21）

从这段文字我们不难看出两点：

① 皮亚杰的"互动论"是针对传统的经验论和唯理论（先验论、天赋观）以及感性论和理性论提出的。

② "互动"主要指"主体"与"客体"之间的相互作用，两者之间无所偏重，谈不上哪个更基础。

皮亚杰主要基于发生认识论阐述了他的互动论，这是一种主客互动的理解模式。有了"互动"概念，就可将传统哲学中的"单向运思模式"扩展为"双向互动模式"，强调了人在认知自然世界过程中可发挥的主观能动性作用，因为我们的心智不可能像镜子一样来反映客观外界，其间必有人的参与，必然会掺杂人们的价值观和主观能动性，这就可解释不同的人为什么会就同一问题产生认识上的差异、思维上的分歧、语言上的不同。

5.3.3　主主双向模式

到了（后）现代，胡塞尔、伽达默尔等人觉得人本性在主客互动论中还没有得到应有的强调，故而提出了"主体间性"，用它来解释为何人们可达至"相互理解"的现象。哈贝马斯在其交往行动理论中更是强调主体间性，并针对"真值对应论"提出了著名的"共识真理观"（the consensus theory of truth）。

　　所谓传统的真值对应论，是指客观世界独立于人，一个语句的真值就取决于它的表述是否与客观世界相对应，人们必须排除主观因素，应镜像般地反映客观世界，这样才能获得客观真理，这显然属于传统形而上学的范畴。哈贝马斯严厉批判了这一观点，认为任何对客观世界的了解必须涉及主体的演绎，语句的真假值取决于主体在相关社群规范制约下所能达成的共识。

　　注意，在表 5-1 中，我们将"主体间性"靠右列在"人"这一栏下，以彰显我们上文的阐释。

　　上述三种认识论和理解模式都各有道理，但也都存在一定的缺陷，为此我们基于马列主义的辩证唯物论、后现代哲学观，以及体验哲学等进一步提出了 SOS，可望弥补"单向"和"双向"留下的问题。

5.4　SOS 理解模型：强调多元互动

　　依据马列主义的辩证唯物论，并结合雷约的体验哲学，我们建构了"体认哲学"，拟构如下两条原则：

　　① "体验性普遍观"（embodied universalism）；
　　② "体验性概念化"（embodied conceptualism）。

　　我们认为人类的范畴、概念、思维和语言之所以具有一定的普遍性，是因为我们面对一个相同（或基本相同）的客观外界，且人又具有相同的身体结构，各器官有相同的功能，这才是形成人类部分共识的基础，这一观点与乔姆斯基所倡导的"先天性普遍观"相反。

　　但人类"识解"（construe，construal）世界的方法不全然一致，这就导致了范畴概念和语言表达上必有差异，因此人类的理解必定具有"概念化"的性质，但是蓝纳格（Langacker，1991）又过分强调其主观性和动态性等特征，而忽视了概念化的经验基础和相对确定性，我们拟将其修补为"体验性概念化"，以弥补其不足。

　　在"单向观"的观照下，人们往往采取以偏概全的思路，要么像经验论者那样，过分强调从感性到理性（或从存在到思维，从自然到人）的方式；要么像唯理论者那样，过分强调从理性到感性（或从思维到存在，从人到自然）的方式，这两种认识论都以一个方面而掩盖了另一个方面，从一个极端走向了另一个极端。雷科夫和约翰逊（Lakoff & Johnson，1980，1999）把西方哲学研究中的感性主义和理性主义都归结为"客观主义"，这是因为二者都认为客观地存在一个独立于人的外部世界，且其背后还存在一个绝对真理（或终极真理、本质），我们就应当不遗余力地将其寻找出来，但两种认识论在寻找真理的方式上却存在着根本性的差别。

对于经验论者来说，经验是人们一切知识或观念的唯一来源，我们关于世界的全部知识来自我们的感知，完全是由感觉能力所建构的。说到经验，理当包含人的因素，因为它是人的认识、人之所为，但经验论者并没有真正研究"人是什么"，而且还强调追求绝对真理时当排除人的主观因素，从而将研究目标导向了科技理性（或叫工具理性、科学主义）的进路。

对于唯理论者来说，只有先天具有的推理能力才能向我们提供关于真实世界的知识。谈及理性，唯人有之，也理当包含人的因素，唯理论者虽触及这一问题，却又过分强调排除人的感观经验，消解"个人偏见"和"价值污染"，竭力抛弃传统观念的干扰，建立了所谓的"笛卡尔范式"（Cartesian paradigm）来论述理性。

雷科夫和约翰逊在他们的论著中严厉批判了客观主义哲学理论，针锋相对地提出了"非客观主义"（non-objectivism），其中之一为"体验哲学"。现将他们对 2 000 多年哲学主流观点的反思进行概述，如图 5-1 所示。

人们不禁要问，世界有无"绝对真理"？仅凭经验论和唯理论那样的研究方法能否获得它，能建立起可靠的阿基米德支点吗？

我们先说自然科学，因为人们一般认为自然科学论述的内容当属客观真理，可是回顾一下人类科学史我们就会发现，所谓的"绝对真理"，有时仅是一个美好遐想而已，它随着人类认识范围的扩大和加深而在不断变化。在哥白尼之前，人们一直将托勒密（Ptolemaeus，约 90—168）于 2 世纪建立的"地球中心说"视为真理，中世纪的经院哲学又将其与神学教义结合起来，使其成为不可动摇的宗教信念。这一神话终于被伽利略（Galileo，1564—1642）和哥白尼（Kopernik，1473—1543）打破（且付出了一定的代价），世界的本真面目得以恢复。另一例子是牛顿（Newton，1643—1727）于 17 世纪建立的力学三定律，曾被视为物理学的基础，随着爱因斯坦（Einstein，1879—1955）的相对论逐步被人们所接收而被重新认识。还有一个例子也可用以说明这一问题，太阳系曾被公认有九颗行星，但当今许多天文学家联合宣布"第九颗行星已不见踪影"（冥王星不再是行星），提出需重新定义"行星"的议题。自然科学尚且如此，更不用说人文科学了。况且，那些自然科学中的可靠定律，也不是仅通过经验论，或者仅通过唯理论的单向运思所能获取的，大多遵循着"大胆假设，小心求证"的研究方式，这正体现出一种唯理论与经验论两者兼而有之的运思模式。

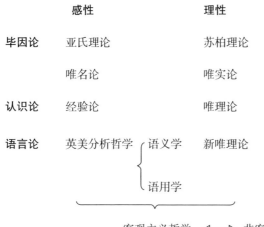

	感性		理性
毕因论	亚氏理论		苏柏理论
	唯名论		唯实论
认识论	经验论		唯理论
语言论	英美分析哲学	语义学	新唯理论
		语用学	

客观主义哲学　⟺　非客观主义（如体验哲学）

图 5-1　体验哲学对单向观的批判

皮亚杰等看出了传统认识论中这两种单向运思模式的问题，并针对它们的误区提出了"双向互动说"，我们认为这是一大进步。但皮亚杰的互动论又过于模式化和简单化，仅论说了主体与客体两要素之间的互动，而忽视了其他相关的重要因素，特别是在语言交际过程中，这一模式更显得捉襟见肘。是作者与读者的互动，还是两者与文本的互动？还是两者与客观世界的互动？它们是如何互动的？这些有待于进一步论述。而且，这一模式也不足以解释翻译的认知过程，其间还要考虑到语句、文本、不同的语音、不同的书写等多重因素之间的互动问题。皮亚杰还有一个失误，他所说的主体与客体这两个要素好像具有同等作用，而我们从唯物论角度来说，客体对于主体的认识当具基础性功能，它们在不同场合会发挥不同的作用。

后现代哲学又过于强调理解中的人本性和主观性，忽视了"主体间性"得以建立的经验基础，又将人类的认识和理解导向了另一个极端，忽视了理解的体验性，类似于"空中楼阁"而已。这一倾向也可从蓝纳格提出的

Meaning is conceptualization.（意义等于概念化。）

可见一斑。蓝纳格（Langacker，1987b：194）曾对这一观点详述如下：

> 意义不是客观地给定的，而是人为地建构出来的，即便是那些描写客观现实的语言表达，其意义也是这样。因此，我们不能通过纯粹描写客观现实来解释意义，而只能通过描写认知性的例行常规（指认知加工），正是它构成了人们对现实和意义的理解。语义分析的主观方面就是人们的概念化，我们所关心的结构，就是一个人通过主动的认知加工强加在他的心智经验之上的结构。

他尝试用"概念化"来解释意义和人类的理解，也算是一种独创，但从其论述可见他过于强调了概念化的动态性、人本性、主观性和识解性，显然是打上了后现代哲学观的烙印。人们难免要发出这样的疑问：主体之间的理解基础是什么？

我们基于辩证唯物论和体验哲学将其修补为"体验性概念化"，顺着这一思路就不难发现，部分后现代哲学家所倡导的"主体间性"，忽视了理解的体验性和客观性，淡化了人们得以相互理解的经验基础。

我们曾在论述认知翻译观时基于体验性普遍观提出了"主客主多重互动"的观点，经过一段时间的思考后认为，这一观点也可用来解释"认识"和"理解"，也同样适用于语言学和文学研究。近来，我们将其发展为 SOS，认为在认识和理解的过程中，不仅有主体和客体，特别是从理解的语言性角度出发，在语言交际或跨语言交际时，相互作用的要

素就不能仅凭两个要素来解释，据此我们提出了"多重互动"的观点：

① 主客互动，人们与客观外界相互作用，是形成部分共识的基础。

② 主主互动，指人们在交际过程中，双方之间的相互作用和共识。

③ 人语互动，交际时必然含人与文本、语音、文字等之间的互动。

④ 客语互动，生成和阅读文本时与客观外界在人作用下的互动。

⑤ 语语互动，人在跨语言理解时当需考虑源语和目标语间的互动。

这样，人们在理解和翻译过程中会涉及上述五重互动关系，其间既有主客互动，又有主主互动，以及它们与语言的互动，更重要的是多者的有机整合。

本节经过对"单向运思、主客互动、主主互动"的反思，强调"主—客—主—语"四个要素之间的多重互动，这比原来的几种理解模式更为全面。

5.5　结语

2 000 多年的西方哲学一直贯穿着经验论和唯理论的争论，雷约的体验哲学将它们归结为"客观主义理论"，且对其进行了严厉的批判。在现代和后现代哲学中亦有学者主张将理解模式从单向转到双向，提出了"主客互动模式"和"主主互动模式"，我们基于马列主义的辩证唯物论，结合体验哲学，提出了"体验性普遍观"和 SOS，将双向模式修改为三项模式，还增添了"多重互动"的观点。据此，我们便可反思传统的单向观，也可批判过激言论：意义不确定论、读者决定论、翻译再创作论、译者自主论等。

我们认为，SOS 主要有以下两方面创新：

① **主客主的体验性**。两主体之间共同面对和体验了一个（基本）相同的客观世界，这才是人类形成部分共识的基础，这就是为何我们要将客体（O）置于两个主体（S）之间的初衷，我们据此就可批判哈贝马斯的主体间性和乔姆斯基的天赋性普遍观。SOS 也是对我们提出的"体验性普遍观"和"体验性概念化"

的一个自然延伸。正是这样的体认基础，才使得操不同语言的民族之间能够互相交流（尽管不能是百分之百，但也能大致得其主旨）。试想一个"外星人"，由于他们的生活环境可能与地球不同，可能存在另外的"可能世界"，他们的身体结构和相应功能也可能与我们存在差异，因此他们与我们的思维就可能难以相同，较难实现相互理解也就在情理之中了。

② **多重互动**。SOS 在体验的基础上又增加了一个"多重互动"，其中的"动"不再限定在传统意义上的"不确定"。我们通过反复思考，有了"多重互动"就可弥补这个"不确定性"，多因素的交叉有利于人们在理解时划定一个范围，且在"主—客—主体验性普遍观"的作用下，在此过程中就可达至某种程度的共识和确定，因此该理解模式就可弥补单讲"互动"的不足，便可保证人们在语言交际过程中较好地相互理解，满足人类交际和理解的需要。

客观外界所含内容较多，除了物理性的世界之外，还可包括社会性和文化性等方面的因素，它们也是各民族所面对生活世界的一部分，再加上人的主观能动性的作用，认识和理解上的差异在所难免，这也是不容否定的事实。但虽有差别，也不至于差别无边，虽说是有 100 个人读《哈姆雷特》，就有 100 个不同的哈姆雷特，这时常成为强调理解差异的箴言。但我们根据 SOS 完全可以认为，虽有 100 个不同的哈姆雷特，但毕竟他们还都是哈姆雷特，因此我们在" One hundred readers will produce one hundred Hamlets"之后又加上了重要的后半句" but they are still Hamlets"，因为不管怎么理解，哈姆雷特还是哈姆雷特，不可能变成李尔王、奥赛罗、罗密欧、麦克白，更不可能是中国的三皇五帝或努尔哈赤。德里达仅是从理论上阐述了理解的不确定性、意义的主观性，并没有认认真真地进行具体调查，用例证加以说明，此乃其缺陷。

因此，我们重点考察了同一首唐诗《枫桥夜泊》的 40 篇英语译文，它们是 40 位译者对同一文本所做出的理解产品。通过考察这 40 篇译文，我们发现虽说这 40 人在择词行句上有一定差异，表达侧重也有所不同，但都意在传达张继的体验和感受，而没人将其随意理解，发挥

性地翻译为《廊桥遗梦》《康桥别了》《蓝桥魂断》等，这也可用以佐证
SOS 理解模式。同时，我们还尝试运用认知语言学中的"识解观"解释
了 40 篇译文的不同之处，首次为翻译的主体性提供了一个理论性的框
架（王寅，2005a、2008a）。

　　因此，人类的认识、意义、理解等只能是同中有异，异中有同；
确定中有不确定，不确定中有确定；模糊中有不模糊，不模糊中有模
糊。这或许就是"理解"本身的一个重要特征。两对立要素相互交织，
你中有我，我中有你，这一现象正可通过 SOS 做出有效解释，也算是
对"单向理解"（作者独白，到文本独白，再到读者独白）、"主客双向理
解""主主双向理解"三种理解模式的反思，对其不足之处进行了修补。

　　我们基于 SOS 主张用"拟构观"（paramorphism）代替分析哲学中
的"同构观"。人们的认知和理解与客观外界不可能是镜像关系，不可
能完全"同构"，只能是"拟构"，其中既有相同或相通的部分，也有
部分会因民族、因语言社团、因人而异的成分。在"拟构"过程中，只
要能够满足双方交际的需要则可，拟得恰如其分便行，拟得满足需要则
可。倘若得不到满足，交际双方必然要采取某种手段加以调整和弥补。

　　否定认识和理解中的差异性是不客观的，但过分强调差异性也是不
符合事实的，SOS 正可克服这两种倾向，倡导一种普遍性与差异性之间
的辩证关系。该模型取自英语"主—客—主"首字母而成，正好与英语
缩略语"救救我们"相吻合。或许，这不期的吻合正可挽救人类免于重
新陷入巴别塔式的理解窘境，不至于使得全人类各奔东西、无法交流，
也是实现"全球化""地球村"的一个基本保证，避免后现代哲学因过
于强调"主体间性""差异性""不确定性"而留下遗憾，也可防止费仕
（Fish，1936—　）等的"读者反应论"、伊泽尔（Iser，1926—2007）等
的"接受理论"等所产生的片面性，他们的过激观点与实际情况不符，
与时代潮流不符，与人类本性不符。

　　当我们站在中国后语哲的理论高度，很好地运用 SOS，便可为我
们的理解和解释确立一个较为正确的认识，以望弥补传统理解模式之不
足，这必将对语言文学研究（包括语义观、翻译观、文学等）有较为重
要的参考价值。

第 6 章
言语行为论在后现代哲学中的新发展

6.1　概述

　　日常语哲学派的重要代表奥斯汀提出了"言语行为论"，颠覆了真值语义论和"身教重于言教"的传统观念；哈贝马斯进一步将其修补为"交往行为论"（communication act theory），把奥氏仅在纯语用层面上论述言语意义的思路提升到社会学层面；福柯（Foucault，1926—1984）和布迪厄（Bourdieu，1930—2002）基于此发现哈氏之不足：前者继续在社会学层面论述"话语权力论"（discourse power theory），后者从政治经济学角度论述"符号资本"。其间，罗蒂（Rorty，1931—2007）还提出了"对话协同论"。他们的研究进一步突出了"语言至上"的社会功能，大大提升了语言（言语、话语）在当今人文社会学科中的地位。正是他们的研究，使得 20 世纪前 60 年的语言哲学在近半个世纪中得以延续，且不断被推向前沿。

6.2　奥斯汀的言语行为论

　　20 世纪上半叶，西方哲学界流行"逻实论"和"科学主义"，主张用证实原则、逻辑推导、形式化方法等来解释语义，且意图将人文学科和自然学科统一在这一理论框架之中。"真值对应论"和"真值条件论"便是其代表，认为存在一个独立于人的客观外界，句义来自其中的词语是否与外界对应，句子与事实吻合；句义取决于使得语句成真的条件。

胡塞尔率先批判这一思潮，开出了"主体间性"和"生活世界"的一剂良药；维特根斯坦（1996）反思了自己前期（1922）提出的"图画论"，指出了两条新路——"游戏论"和"用法论"，严厉批判了指称论语义观，强调句义不在于真值，而在于活动和用法，若能在适当的地方、适当的时间，用适当的表达式，就能理解那个表达式的意义。日常语哲学派重要代表奥斯汀（1962）沿此思路建构了"言语行为论"，塞尔（1969）将其带入美国，加以继承和发展。他们发现，真值论仅适用于部分陈述句，日常语言中大多数语句并无真值可言（Levinson，1983；Jaszczolt，2002），如问候语、祈使句、疑问句、感叹句等；那些伦理学、美学、文学中的陈述句大多也不存在所谓与事实真假相符的确切依据，因此用真值论解释句义局限太大，可谓一叶障目，不见泰山。奥氏和塞氏扭转了语义研究的方向，从词汇、句子等层面拓展到"行为"层面，主张通过"人有所为"来研究语言的意义，话语意义可凭借听到话语刺激后能做出可观察到的反应来确定。也就是说，句义可由其所引出的行为来定义。这样，他们就在"语言"和"用法"、"言语"和"行为"、"动嘴"和"动手"之间画上了等号，从而有力地挑战了"科学主义"，主张让哲学真正回到人间，认真关注日常语言的正常用法，而不必绞尽脑汁去刻意创建什么形式化的人工语言。同时，"言语行为论"也颠覆了流行数千年的"身教重于言教"的传统箴言，言教与身教同样重要，前者甚至比后者更重要。

但是，奥斯汀的言语行为论也遭到了很多后现代哲学家的质疑和批判。

6.3 哈氏的普遍语用学

哈贝马斯（1989、1994、2001）传承和发展了法兰克福第一代学者的主要立场，接受了胡塞尔批判科学主义的立场，创建了一种适合人文社科研究的方法，即"普遍语用学"（universal pragmatics），他基于西方传统理性观，将奥斯汀的"言语行为论"修补为"交往行为论"，结合格莱斯（Grice，1975）的"合作原则"，提出了"共识真理观"，认为人类基于交往理性和行为，通过语言沟通和协商即可实现人际间的合作，建立能体现人际交往关系的语言规范和普遍伦理，这样就能达成理解，获得共识，统一行动，消解社会矛盾。

可见，哈氏把语言研究和哲学、社会、文化等紧密结合起来，将奥斯汀纯语用学的言语意义分析提升到了社会学层面，使得语言哲学出现了一次飞跃。我们完全可以认为，哈贝马斯当可被视为语言哲学家，且吸取了欧陆人本哲学的观点。正如勒赛克勒（Lecercle，2006）将他誉为把英美分析哲学和欧陆人本哲学紧密结合，且取得成功的唯一哲学家。特别是普遍语用学中的两个关键词"主体间性"和"生活世界"都是来自胡氏。由于语言学界对其不很熟悉，特简介如下：

① 主体间性，是德国著名现象学哲学家胡塞尔首先提出的术语，用以批判流行于欧洲哲学中的"逻实论、科学主义、主体中心论"（如笛卡尔的"我思"、康德的"人为自然立法"、黑格尔的"绝对理念"等）。而主体间性坚决反对仅以客观事实、形式化逻辑推导为基础的传统语哲观，拒绝单中心论，强调主体之间的相互沟通和理解，因为人类是生存于这类合作性交往活动之中的一个社会群体。哈氏主张可通过人与人之间的言语行为来建立有效沟通，并以此为出发点来论述现实的"生活世界"，深入探讨交往行为的理论范式，及其社会意义和文化价值。他尝试以这种主体间性来重构形而上学理论（从这里可见，哈氏仍持有部分传统哲学立场），重塑西方理性社会的新形象。

② "生活世界"（lifeworld），也是胡塞尔首倡的术语，维特根斯坦（1996）后期也以此为出发点提出了"活动论"（game theory）[1] 和"用法论"，哈贝马斯沿其思路进一步论述了现实生活中的真实世界，以否定传统形而上学脱离生活的研究思路，同时也反思了理想语哲学派所确立的单一逻实论的基本原则，从而将日常语哲学派的思路带进了后现代时代，且将其推向了新高潮。

1　该术语常被译为"游戏论"，很多中国学人据"游戏"的一般用法而不能准确理解维特根斯坦此术语的含义，因此我们主张将其译为"活动论"，强调语言交际也是一种"活动"，这显然对奥斯汀将语言交际视为"行为"有很大的启示。

但是，哈氏的普遍语用学明显烙上了理想化的印记。我们不禁要问：仅靠"语言沟通"就能建成理想社会吗？这有点类似于乌托邦式的神话；追求普世性理论在实际生活中常常是行不通的。正如罗蒂（1979）所说，力图找到一种在实践生活的普遍语境中都适用的"普遍的纲领性方法是毫无意义的"（瓦蒂莫，2013）。另外，哈氏过分强调"交往"的功能，且还主张用这一概念来取代"劳动"，用"语言"和"互动"这一对术语来代替"生产力"和"生产关系"，这也遭到了很多学者的质疑。

6.4 罗蒂的对话协同论

我们注意到，罗蒂也接受了哈贝马斯的普遍语用学，且做出了一定的发展。他于1979年出版了《哲学和自然之镜》（*Philosophy and the Mirror of Nature*），尝试将流行于欧美的后现代理论与美国本土的实用主义理论紧密结合起来，创立了"新实用主义"，且以其为基础论述了自己的建设性后现代哲学理论，主要包括以下三项内容：

① 新解释学；
② 对话理论；
③ 协同理论。

他接受了尼采"否定形而上学真理观"的立场，认为世界上不存在什么"绝对真理""终极理论"，这一概念是被人"制造"出来的，而绝不是被人"发现"[1]的。所谓"真理"，无非就是新解释学所倡导的"对话"：对前人解释的再解释的再解释，且可无限循环。可见，"对话"就是实现"协同论"的最好方法。一言以蔽之，未来的哲学研究就在于"将对话链一直链接下去"。

罗蒂认为，未来社会的发展和人类的出路在于"通过对话相互沟通"，便可提高"协同性"（solidarity），调停纷争，达成共识，便可建构一个"协同的""和谐的"新兴社会。这显然与哈贝马斯所大力倡导的

---

1 所谓"发现"，是指某物或某事先存在于世，而后才被人发现的。

"交往行为论"和"共识真理观"大有相通之处。但罗蒂的贡献在于，详细界定了"对话"的哲学含义，认为它不同于日常生活中的对话或内心的独白，而主要指"现在与过去、读者与文本、读者与读者"之间的对话，而且这种对话不是"封闭的"和"专制的"，而是"开放的"和"平等的"。

哈氏意图通过言语层面的"对话"活动来调停社会矛盾，似乎期望值过高，离实际较远。我们只能说，对话仅是实现和谐社会的一个方面，它还须由国家机器作为补充。

6.5　福柯的话语权力

6.5.1　话语权力

福柯为法国最重要的后现代哲学家代表之一，以"颠覆主体、批判理性、拒绝真理、攻击总体论、否定历史真实性（认为历史仅是一种话语权力合法化的记录而已）"为己任。福柯（1998、1999、2001）意图基于对语言系统的全新认识以及尼采的"权力意志论"，能从语言学角度解读出"话语"与"权力"之间的有机联系，并以此为突破口来寻求社会学研究之新途径。据此，他将研究方向从思考"生产方式"转向"信息方式"，将"权力意志"带入"话语权力"和"知识意志"的新阶段。

福柯认为，哈氏的普遍语用学仅看到语言交往理性中的普遍性、有效性、真诚性，而忽视了言语行为中的不平等性，交往行动中的非理性。交谈双方是言者在说，听者行事，这本身就意味着前者在"发号施令"。他据此指出，"话语"如同政治或军事威力一样，也是一种"权力"，乃至"暴力"。奥氏的"speech act"和哈氏的"communication act"还不足以体现语言之威力，"话语"在社会运行中体现出的不仅是"交往"，实现的不仅是"和谐"，其后还隐藏着"Speech is power"的机制。福柯进而将"言语是行为"和"交往理性"进一步升华到"说话是施权"这一社会学高度来认识，大大拓展了我们的视野。"语言"被后现代哲学家再度推到了学术研究的风口浪尖,成为哲学家所关注的焦点。

福柯所说的"话语",既不是索氏的"语言系统",也不是索氏的"言语应用",而是指打上了社会、历史、文化烙印的、现实生活中鲜活而又真实的话语,它可能符合语言系统规则,也可能不符合;而且,话语中充满了非理性表达。他还认为,人类的一切知识都被组织在"话语"之中,且只有通过话语才能得到理解,也只有通过话语中的词才能与世界中的事物建立联系,因此我们与世界的关系只能是一种"话语关系"(福柯,2001)。这使我们想到了维特根斯坦(2002)的一句名言:

> 我对语言的界限意味着我对世界的界限。

于是,"话语"在后现代哲学家眼里,就是人类的生存权,同时它也成为人类争夺权力的场所。如我们今天所谈论的"话语权"便是这一观点的最好注解,行政机关中的部分官僚凭借着自己有话语权常显摆出一种"神气活现、盛气凌人"的架势;监狱看守人在其所管辖范围内显露出一种"说了算"的威严;医生和患者之间的关系也都表现在他们所说的话语之中,前者对后者掌握着充分的话语权,有时,再大的官员到了医生面前也会俯首帖耳,唯命是从。若从这一角度来审视"真理",它也是运用话语权力的结果,而人在话语面前仅是一个使用权力的工具而已。这就是人们常说的:谁的权力大,谁的嘴巴就大;谁掌握了话语权,谁说出的话就具有权威性。正如马尔库斯(2008:82)所说:

> 现存政权的语言是代表真理的语言。

据此,我们便可得出如下结论:依靠一个权力系统就可建立一套真理系统;反之亦然。

6.5.2 汉语例证

汉语中若干日常表达也蕴涵着"语言力量、话语权力"的命题:

[1] 一言可以兴邦，一言可以丧邦。

[2] 你们单位谁说了算？

[3] 要的就是这句话。

[4] 今天我要好好说说你！

[5] 一言九鼎

[6] 一言为定

[7] 讨个说法（公道）

[8] 一句话的事。

[9] 言语伤人

[10] 强词夺理

[11] 人言可畏

[12] 语惊四座

[13] 一个唾沫一个钉（坑）

[14] 不会说话，难行天下！

[15] 饭可以乱吃，话不能乱说！

[16] 不听老人言，吃亏在眼前。

[17] 一人一句话会淹死你。

[18] 全凭三寸不烂之舌。

[19] 良言一句三冬暖，恶语伤人六月寒。

[20] 要是你说了不算，在家里还有什么地位？

……

我们平常说的还有：

> 号召、组织、动员、发动、鼓励、鼓动、宣传、启发、开导、招呼、叮嘱、请求、命令、要求、交流、沟通、统一思想（口径）、吹风

等，哪件事不靠语言？又如：

> 说服、说和、说合、说开来、说客、说理、说媒、说破、说亲、说情、说戏、说闲话
> 讲解、讲理、讲道理、不讲道理、讲和、讲价、讲情、讲义气、

> 讲风格、讲道德、三大讲
> 　　谈心、谈话、谈论、谈判、谈何容易、谈天说地、谈吐不凡、
> 谈笑风生、谈笑自若
> 　　告诉、诉苦、上诉、诉讼、诉冤
> 　　喊话、喊冤
> 　　道歉、道别

等，有哪件事情缺得了语言？

笔者曾与同行和研究生就"语言是生产力"命题讨论过多年，上文所论述的奥斯汀的言语行为论，以及哈氏、福柯、布迪厄等的语言观已预设"语言与生产力"的关系了，那种仅将语言视为思想载体或物质外壳，或认为语言仅是表达思想的工具而已，这也太小看语言的功能了，实属缺乏语言哲学论和后现代语言观之表现。当今很多学者认为，人类是凭借语言思维的，若没有语言，不仅思维难以进行，就连思想也无法登场。语言一出，便可影响对方，转变对方，或者产生行动，实施权利。这足以可见，语言就是思想，代表着人的立场、态度、观点；语言就是行为，代表着发话者意欲行事；语言就是生产力，一言可以兴邦。可见，"动嘴皮子"和"动手""施权"具有相同的作用，语言确实代表着"力量"和"权力"，甚至本身就是"力量"和"权力"。

福柯曾喊出"人已死亡"这一骇人听闻、惊心动魄的口号，其实仔细一想不无道理。人死了，死在"话语权力"之中，人在其中就像机器一样，充分利用言语进行重新组装、调试运行。更有甚者，他还出语不逊，认为语言蒙骗成性，不可能再现事实，它仅是自身的表征而已，据此，我们就能很好地理解福柯为何要将尼采（Nietzsche，1844—1900）的"权力意志"发展为"话语权力""知识意志"。

言语不仅是在行事，而且是在施权，话语还可能变成强加于人或事物之上的暴力，诸如：

> 骂、吼、叫喊、指责、训斥、批判、熊人、凶人

等，无一不在彰显语言的威力。又如我们在给事物、地点起名时，无时无刻不在彰显着人之武断，将自己的一孔之见强加于自然之上。当我们

在称呼"家花"和"野花"时，便粗暴地按照自己的标准对"花"进行了人为划分。"花"不管在哪里，它总归还是它，一样的芳香，是人为了自己的方便，将"以人为准"强加于"花"之上，这才有了"家"和"野"之分。再说"害虫"与"益虫"，它们生活在自然界，各安其命，只是在"人类中心主义"的统摄下，以对人有无利害关系而做出的武断性分类。

6.5.3　命名理据

人类在起名时也不一定总有客观依据，常凭"人之认识、方便、想象、美好愿望"来称呼它们，如汉语中的"仙女山、神女峰、四姑娘山"，若走近一看，仅是荒山秃岭，一堆冷冰冰的大石头而已，既不"仙"，也无"女"，更不见"姑娘"的靓影。再如桂林和哈尔滨的：

> 伏波山、叠彩岩、象鼻山、斗鸡山、铜鼓山、龙头山、骆驼山、七星岩、穿山、屏风山、猫儿山、凤凰山、老人山、羊角山、独秀峰……
>
> 太阳岛、月亮湾、石嘴山、威虎山、帽儿山、大青山、石城山、关门山、鸡冠山、骆驼峰、大顶山、二龙山、万佛山、腾龙峡、八里湾……

无一不是按照人的主观认识或愿望来命名的。

又如地球上的"赤道、经纬度、南北极、国际日期变更线"等都是人画上去的，它们原本不存在。至于宇宙间若干没有生命的星球，我们却硬要对它们做拟人化处理，常用线连接成一定的形状，再起个神话般的名字，诸如：

> 牛郎星、织女星、大熊星座、小熊星座、仙女星座、天蝎星座、狮子星座

等，皆是人之所为。这就是刘勰所说的"惟人参之"。另外，诸如"禁忌语、真理"等也都是话语暴力之产物，这真应了康德的名句"人为

自然立法"。就这样，人似乎已经被话语所取代了，这就是福柯所说的"话语的存在越来越明亮地照耀我们的地平线，人类便逐渐地消亡了"（转引自罗蒂，2004：130）。

哈贝马斯从交往理性和行为入手寻求解决社会矛盾的方法，福柯则继续沿其思路揭示话语背后隐藏着的权力，这正应了亚里士多德《形而上学》开篇中的一句名言：

> 求知是人类的本性。

且也与培根的：

> 知识就是力量。

遥相呼应。人一旦有了知识，掌握了话语权，就拥有了力量，成为强者，主宰他人，规划社会，建构历史。但是，福柯似乎夸大了语言背后的权力作用，也不见得每句话背后就一定都与权力关系紧密相连，从而启发了布迪厄从"资本"角度来论述语言。

6.6　布迪厄的文化／符号资本

布迪厄基于奥斯汀和塞尔的言语行为论和福柯的话语权力论，认为言语不仅在于"行事"，也不完全是福柯所强调的"权力"，在当今资本横行的社会中，它实际上也是一种"资本"，这就是他所说的"文化资本"（cultural capital）和"符号资本"（symbolic capital）。他认为，文化教育、语言符号等如同经济资源一样，也是一种推动社会进步、维持个人生计的资本。他故而另辟蹊径，进一步从政治经济学角度论述了语言功能。他指出，人们借助不同的教育途径获得了文化产品和符号产品后，在一定条件下可将其转化为经济资本。这就有了如下"三种资本"（它们之间可相互转化）：

① 经济资本，如货币、财富等；
② 社会资本，如人缘、亲属等；
③ 文化符号资本，如知识、文凭、头衔、名望等。

布氏认为，语言符号也是一种文化财富，也是资本，命名活动将语言层面的话语权威转换为社会认可的力量，使其成为一种不可违抗的社会共识而强加于人们头上，它们便可依据符号资本无意识地竞相卷入争斗之中。于是，我们就须扩大政治经济学中"商品、资本"的范畴才可对这类社会现象做出更全面的解释：无论是物质产品，还是符号产品，它们都是人类生活中的商品和资本。

因此，现代社会既生产物质财富，也生产符号产品，这正应了马克思（马克思、恩格斯，1961）的观点：

> 哲学家生产观念，诗人生产诗。

我们既是社会人（具有交往理性，通过言语交际进行合作）和经济人（进行物质生产和交换以保障生活），又是文化人和符号人（生产文化，产出和消费诸如书报、媒介、戏剧等符号产品）。

马克思在研究了"教育场域"后还指出，语言可产生"温和的暴力"（gentle violence），这与福柯的话语权力和话语暴力大有相通之处，且还在一定程度上深化了福柯的观点，认为语言关系总会体现出符号权力关系，任何言语交际都蕴含着特定言说者之间的权力地位、意识形态和社会关系。因此，我们不能仅限于索绪尔的纯语言研究模式，更要超越奥斯汀的纯语用分析方案，将视野拓宽到后现代哲学家的研究成果上，进入具体的生活世界，从社会学和政治经济学层面来深入挖掘话语所体现出的权力属性和资本特征。因此，布氏从以下三个方面对纯语言学（含纯语用学）进行了社会学和政治经济学的改造：

① 用"合法语言"代替"纯粹语言"。
② 用"符号权力关系"代替"符号互动关系"。
③ 用"符号资本"代替"语言技能"。

我们知道，自苏格拉底以降，语言被视为人类交际的工具，是思想的载体；笛卡尔和孔德都将语言视为"天赐瑰宝"；索绪尔基于关门策略，将语言界定为先验的"符号系统"；奥斯汀和塞尔认定言语便是生活中的行为；哈贝马斯依据普遍交往行为理论将语言定位于"普遍伦理"，是实现和谐社会之关键；福柯发现哈氏的普遍语用学过于理想化，因为言语行为者常在某种程度上实施着"话语权力"，常以言语发号施令，出现了人际交往中的不平等现象，甚至是"话语暴力"。而布迪厄认为他们都错了。他认为，从语言系统内部到话语表达的语用实现过程，必须依赖于对话者的社会地位、意识形态和具体语境。言语之所以是行为，是因为它可以做事，具有力量，可以施权，并不能像奥氏那样仅在纯语用学层面分析"适切条件"（felicity condition），也不能仅通过哈氏的交往理性和行为、普遍语用学来建立普世的语言规范和伦理便可做出合理的解释。语言之所以能做事，是因为它有权力，不是被谁授予的，而只能是来自社会关系，来自人们置身其中的权力场，以及他们在场中所占据的位置（Bourdieu，1991）。一句话，语言是"集体财富"，是一种文化资本或符号资本，它是"社会构成的法则"，须从"符号价值"角度方能探得语言之真谛。

6.7　结语

　　理想语哲学派（包括索绪尔和乔姆斯基）强调语言与世界同构的语义观，专注形式语言，排斥人本因素，倡导逻实论和科学主义；日常语哲学派则反思了这一倾向，将研究对象聚焦于日常言语用法，倡导语用人本观。经过胡塞尔等欧陆人本哲学家的努力，后现代哲学家们沿其思路前行。哈氏将奥氏和塞氏的"语言是行为"修补为"语言是交往行为，是实现和谐社会的必要途径"，从而将纯语用学研究提升到社会学层面；福柯发展了哈氏的社会学分析方法，发现话语背后所隐藏的权力关系。布氏则进一步从社会学和政治经济学角度论述了话语权利的成因及其资本性质：一方面，它只能来自社会实践、生产关系、人类行为，来自人们在社会权力场中的地位；另一方面，它构成了"文化符号资本"，可与经济资本和社会资本互动。

　　综上所述，后现代哲学家大多对语言情有独钟，特别是哈、福、布诸氏，沿着奥塞氏的"言语行为论"进行了深刻的思考，展开了激烈的争论，尝试从语言入手来阐述和解决哲学和社会问题，都对语言研究做出了重要贡献。若按照巴赫兰密尔（Baghramian，1998：xxx）的观点：

语言哲学即通过语言分析重铸哲学千年老题。

将他们归入后语言哲学家，当算名正言顺。

　　国内外有学者认为，西方语言哲学在走下坡，亦已"式微"，我们经过认真学习和深入分析，不同意这一观点。情况恰恰相反，一大批后现代哲学家接过了西方语言哲学的研究传统，继续行走在语言分析之康庄大道上，使得语言哲学呈现出一派"方兴未艾"的大好景象。

第 7 章
基于摹状论分析英语 There-be 存在构式

7.1 引言

中国后语哲一直强调如何基于语言哲学的基本原理来分析具体语言现象，以能揭示语言背后的用法规律。

我们知道，罗素是指称论之集大成者，信守毕因论承诺，反思亚氏的"S–P 模板"，认为在命题主词位置上出现的名词，必须在我们的现实世界中有所指称，此时才能言说其存在。按照此规则，若再说此对象存在，则为冗余句；若用空名作主词，说其存在，此为矛盾句。它们虽都符合 S–P 模板的语法规则，但却掩藏着不同的深层逻辑结构。解决这一问题的可行之法是：通过"量化一般陈述"和"消解主词到谓词"的方法来揭示其逻辑结构，从而开创了通过语言分析解决西方哲学中存在与思维问题的语言论转向。

英语 There-be 存在构式中接 NP 作主语时，一般要求用非限定性 NP，国内英语语法书对此鲜有提及，更未见有理论解释。本节尝试运用罗素的摹状论来解释这一语法现象。

7.2 亚氏的 S-P 逻辑模板和罗素的摹状论

7.2.1 S-P 模板

要理解摹状论，还需从亚里士多德的 10 大范畴和"S-P 逻辑模板"说起。他尝试建立以词性分析为基础的语法，在《解释篇》中首先依据时间性区分出"名词"和"动词"（方书春译，1959），前者相对于时间没有变化，而后者相对于时间有变化。他在此基础上进一步区分出 10 大范畴，第一范畴为"实体"（ousia），又可细分为"第一实体"和"第二实体"，前者是个别的实存之物，能做命题中的主词；后者为事物的"种"和"属"概念（如人、动物等），是建立在第一实体之上的，可兼作主词和谓词。其他九大范畴都是纯形式的、超验的，依存于实体之上，若无实体，它们则不复存在，包括：

数量、性质、关系、空间、时间、位置、状况、活动、遭受

这些只能用作谓词来述说作主词的实体。亚氏指出，一个名词作主词 S 和一个动词作谓词 P 相结合就可形成一个"命题"，由"实体"作命题的主词 S（即句子的主语），其他九大范畴仅作谓词 P，用以说明主词的性质、关系等，从而建构了命题（或句子）的基本结构，即"S-P 模板"。

亚氏进而认为 P 是用来说明 S 的，为 S 服务，他主要关注的是"实体"，"实体"即"本体"，这是最基础的，这与哲学中的"本体论（毕因论）"的研究思路完全吻合（王寅，2014）。他还指出，S 是命题的实体，P 是对事物最普遍、最一般的本质性说明，这样通过命题的"S-P 结构"就把"现实事物"与"普遍知识"联系起来。若在判断中用"S-P"这一表示普遍知识的方法来述说实体，就可使两者具有同一性，这种关于实体的命题就是可靠知识，述说了事物的本质，即为真知或真理。

但是，"S-P 模板"概括性太强，可包含若干不同类型的句型和句义，如：

[1] He has a book.

[2] The book sells well.

[3] <u>Louis 16</u> was the king of France.

[4] The present king of France is bald.

[5] Gold mountain exists.

[6] Gold mountain does not exist.

这些语句尽管都符合 S-P 逻辑模板，语法都是正确的，但它们的意义差异很大，甚至会引出不可接受的语句。

7.2.2　摹状论

罗素（1982、1996；Russell，1914）所创立的"摹状论"，反思了亚氏的 S-P 逻辑模板，同时也是为了"保全指称论，消解空名"，以说明过往形而上学所确立的"只要符合 S-P 就表述了可靠知识，便可获得真理"这一基本理论是靠不住的，如例 [4]—[6]，它们不可被接受，因为所述对象（主词）不是实存之物，这常用来说明西方形而上学常聚焦于论述一些没有实际指称的虚存性空名（如真理、本质、上帝等），从而引出了若干无谓的争论（参见后文例 [15]—[17]），并据此引导了 20 世纪初的哲学研究进入语言论转向。

罗素坚守指称论立场，认为一旦说出一个名称，这个名称所指的对象就该实际"存在"（exist）于现实世界之中，即命题中的主词（句子的主语）必须有对应的实存指称物，这就是所谓的"毕因论承诺"（onotological commitment，又译"本体论承诺"）（奎因，1987；江天骥等，1987）。例如：

[7] <u>金佛山</u>是一座美丽的山。

下画线部分"金佛山"出现在命题的主词部分，它就当有所指称，就是实存的对象。大家知道，金佛山位于重庆之南 80 公里处，为西南地区的风景名胜，正因为它的实存，例 [7] 是一个可以接受的表述。但在自然语句中，人们常用"空名"（诸如独角兽、鬼、神等一类没有实际指称的名称）作句子的主语，如例 [5] 可翻译为"<u>金山</u>存在。"根据罗素的上述观点，当我们说出"金山"时，它就该存在，后面再说它"存在", 这是一个冗余句。人们都知道, 这样的"山"在我们今天的知识范围内是不存在的, 从逻辑实证主义的角度来说, 例 [7] 为真, 例 [5] 为假。

当这类没有实际指称物的"空名"被用作命题的主词时, 虽符合亚里士多德建立的 S-P 模板, 却导致了自然语句不精确, 可见亚氏之模板存在严重问题。按照罗素的观点, 例 [5] 虽语法正确, 但掩盖着不同于例 [7] 的深层逻辑结构。解决的方案就是: 抛弃 S-P 模板, 揭示其深层的逻辑结构, 即将自然语句中的空名主词所表意义化解到谓词上去, 则可保证主语位置只留给实存名词。例 [5] 的深层逻辑结构为:

[8] x 是金, x 是山, 且这样的 x 存在。

我们知道, "既是金, 又是山"这样的实体在现实世界是没有的, 通过合取复合命题的真假值表可知, 此句为假。若语句为假, 其"主词"就不是一个实存的对象, 而是一个"虚存"(subexist)的事物, 不能将其置于主词的位置上。罗素据此思路分析了"当今法国国王是秃头"这一伪命题, 详见第 1 章 1.3.2 小节。

就这样, 罗素将处于主词位置"金山"的内涵意义转移到谓词的位置上, 将其化成"x 是金, x 是山"的述谓形式, 专名(必须饱和, 即实存)就被转述为摹状语(可以不饱和), 从而保全了主词留给实存的人或物。据说, 当罗素想通了这一解决方案时十分高兴, 将刚买到手的烟抛向了天空。他就这样通过语言分析的方法巧妙地解决了哲学中的存在论问题, 充分显示出其大智慧。这种分析方案一直被美誉为"哲学的典范(Ramsey, 1931; Moore, 1946; Ross, 1998), 且得到了很多语哲学家(如艾耶尔、卡尔纳普、赖尔等)的赞许和支持, 对分析哲学(即语言哲学)运动产生了重大的影响(涂纪亮, 1987), 从而将哲学导入语言转向的新时代。

7.2.3 "存在"是量词, 不作谓词

在日常语言表达中, "存在"或"不存在"可以作谓词, exist 为动

词，可充当 S–P 逻辑模板中的 P。但罗素等语哲学家认为，表达式"x 存在"或"x 不存在"都是不可接受的。若说：

[9] 金佛山存在。

则为冗余句，因为当说出"青城山"时，它就已经存在了。若说：

[10] 金佛山不存在。

这又是个矛盾句，因为一旦在主词位置用"金佛山"，它就是实存之物，接着谓词又说它"不存在"，S 与 P 发生矛盾，这就是语言哲学界所说的"迈农悖论"（Meinong paradox）[1]。

现将上述观点小结如表 7–1（S 为主词，P 为谓词）所示：

表 7–1　"存在"不作谓词

S（说出 S，它就该存在）	P
若用专名，本身就存在	再说其存在，冗余
若用空名，本身不存在	再说其存在，矛盾

→ 可行之法：通过两个量化一般陈述将其化为谓词函项，以表明其为"不饱和 DD"。

这就是维特根斯坦（1996）所说的一句话：

　　我将只把那些不会在"X 存在"这样的联结中出现的东西称为"名称"。

即"名称"必须指称实存之物。

"存在"在亚里士多德的 S–P 模板（即表层语法）中可作谓词，但究其所蕴含的深层逻辑结构，可将空名 x 的内涵义化解到谓词中，或将其转换成"量化一般陈述"，可见"存在"或"不存在"不是动词，充其量只能被视为"语法谓语"。语言哲学家认为，"存在"不可作逻辑谓

---

1 柏拉图在《智者篇》中就曾继续论述了《泰阿泰德篇》亦已提出"否定存在"问题。语言是用以表达存在对象的，能被言说的对象应当是实际存在的对象，如果不存在这个对象就不能用语词说出来。这一现象后由奥地利哲学家迈农（Meinong，1853—1920）做出进一步论述，这就有了"迈农悖论"，参见陈嘉映（2003）。

词[1]，它实际上是个"量词"。同样，例 [4] 中的 The，在传统语法中视为定冠词，而罗素等根据上述思路认为这个 The 实际意为"最多有一个，最少有一个"，它不再是传统语法所讲的"定冠词"了，其意义相当于"量词"。

罗素通过数理逻辑的分析方法，解释了有关"存在"和"限摹"的形而上学问题，据此就能保证"毕因论承诺"的有效运行。有了摹状论，便可明确认识到在逻辑语言中不可用"专名"或"限摹"作"存在"的主词了，从而有效地消解了传统形而上学若干"似是而非的"（plausible）、不真不假的命题，如：

[11] 本质存在。

[12] 上帝存在。

[13] 金山存在。

[14] God loves everyone.

[15] There is an absolute truth behind the fact.

[16] The objective world exists independently of our will.

根据罗素等理想语哲学派的观点，语言是与世界同构的，即"真值对应论"和"真值条件论"，与事实相符的语句才有意义，据此哲学中就不该有例 [11]—[13] 这样的命题，因为"本质、上帝、金山"等并不实存，也不能说它们"存在"，研究它们是没有任何意义的。同样，过往形而上学所讨论的例 [13]—[16] 等命题，也是些似是而非，既不能证实，也不能证伪的命题，研究它们没有意义，这就批判了流行了 2 000 多年的传统形而上学。

7.2.4 反思传统逻辑学的排中律

根据罗素的摹状论可知，出现在句子主词位置上的名称应当有所指

---

1 但就"存在"能否作谓词的问题，我们认为这也不是绝对不可能的。皮尔斯（Pears，1967）就曾述及过有三种可用"存在"作谓词而不形成冗余式或矛盾式的情况：跨世界、跨时间、跨幻觉。此处不再赘述。

称，空名不可被用作主词。根据"排中律"（the law of excluded middle）可知：在 p 和 –p 中只能选择一个，若 p 为真，其否定式必为假；若 p 为假，其否定式必为真。从上述例 [9] 和例 [10] 都不对可见，"排中律"存在问题。若将例 [4] 改为否定式，表达为：

[17] The present king of France is not bald.

它与例 [4] 一样也为假，在此流行了 2 000 多年的"排中律"受到了挑战，这又是罗素 DT 中的一大发现。

7.3　There-be 存在构式中不用限定性 NP

7.3.1　概述

雷科夫（Lakoff, 1987）较为详细地分析了 there-be 构式的两大主要用法：

① "指称性"（deictic）；
② "存在性"（existential）。

他举了以下两个例子，并做出了具体解释：

[18] There's Harry with his red hat on. （为指称性用法，there 为地点副词，作状语等成分。）

[19] There was a man shot last night. （为存在性用法，there 为主语，其附加问句为 "wasn't there?"）

在例 [18] 中，开头的 There 为地点副词，其作用为：从当下环境中选出一个位置，它就像 this 和 that 一样，用于指称某对象（人或物）位于某处，言明其与讲话人的相对位置，在言说时可伴随一个指称性的动作；此时的 There 有重音（但不一定是句子的最重音）；不用于否定句；也不可用于从句之中；可换用 here。该句型中可用定指性名词短语（如 Harry 等），也可不用。

而例 [19] 中的 There，它不是表明确定地点的，也不能伴随指称性动作，此时不可重读；可用于否定句；可自由嵌入从句之中；不可换用 here。该句型一般不用定指性名词短语。

我们认为，不妨将这两个表达视为同一句型的两种不同用法，例 [18] 更为基础，例 [19] 可被视为例 [18] 的延伸性用法。在例 [18] 中，There 明显地指称一个空间；而在例 [19] 中，There 仍含此义，因为"存在"必须"定位"，它要存在于某一空间之中（"To be is to be located."），只是此时的空间概念亦已淡化，词义十分模糊。因此，我们不必像雷科夫那样，将 There 视为主语，仍可采用传统语法的分析方法将其析为"引导词"，其后的 a man 为主语，这样就可依据罗素的摹状论来分析该主语为何不能用定指性名词词组了。

7.3.2　There-be 存在构式

本节主要讨论 There-be 的存在性用法，用以描写"某处存在某物"，句中的 be 实际表示的是"存在"之义，其为：

To be is to be perceived.（存在就是被感知。）

中的第一个 be 的用法，它不同于一般的连系动词。请看下一组例句：

[20] There is a book on the desk.

[21] There is a car waiting outside.

[22] There is a place where we always camp.

[23] *There is the book on the desk.

例 [20]—[22] 可接受，而例 [23] 不可接受，因为在 There-be 存在构式后面一般应接"非限定性名词词组"（Indefinite Noun Phrase，简称 INP）作主语，而不用"限定性名词词组"（Definite Noun Phrase，简称 DNP）。尽管在 NP 后面接了修饰性词语（例 [21] 中的 waiting outside）或定语分句（例 [22] 中的 where we always camp），主语前也不用定冠词 the。

这一语法现象在国内流行的英语语法书中鲜有述及，如张道真
（1979）、薄冰（2004）等主编的语法书。章振邦（1983）只是简单提了
一句"名词词组带有特指含义不适用于 there-be 存在构式"，仅附两例：

[24] *There is the money in the box.

[25] *There is our bus, is there?

但未提供任何解释。本文尝试从语言哲学角度，运用罗素的摹状论为其
做出合理的解释。在存在构式：

There-be ＋主语 NP ＋ 介短等

中的"be"意为"存在"，整个构式的意思是"NP 存在于某处"或"某
物在某处"，句首的 There 为引导词，意义较虚，由其后的介词短语来
详述，它们构成一个同位关系。

正如上文所述，"存在"不作谓词，若用"实指性专名"或"饱和
性限摹"作主语，则为冗余句，因为主词和谓词两部分意义重复，不传
递任何有用的新信息。也就是说，对"There-be 存在构式"的基本要求
就是其后的 NP 一般应为非限定性的，才为合理表达，而例 [24]—[25]
中用了诸如 the money、our bus 之类的限定性 NP，违背了前面所述的
基本规则，因此这些语句是不可接受的。

从中可见，英语中"There-be 存在构式"这一用法支撑了罗素的
摹状论。倘若出现了专名，当可被视为"There-be 指称构式"，参见例
[18]；此外，雷科夫（高远、李福印，2007）还举过如下例子：

[26] There is John.

[27] There goes John.

[28] Here comes John.

人们指称某一具体的人或物时，还可能伴随对应的指称性动作。其
实，雷科夫举出这三个例句意在批判乔姆斯基的 TG 理论，因为这三个
句子不能被随意转换为否定句或疑问句：

[29] *There isn't John.

[30] *Is there John?

[31] *There is John, isn't there?

这说明语言表达是基于人类"感知体验"之上产生的,而不是靠什么"转换"而"生成"的。我们可一边用手指着 John,一边说"John 在那儿";若那儿什么也没有,我们能指什么呢?又怎能说得出例 [29] 呢?不在那儿的人或事,又怎么谈得上去否定呢?

同理,当我们用手指着某人或某物,他或它明明已在那儿,这是肯定的,又何来的疑问呢?这就是雷科夫(Lakoff,1987)的一句名言:

> …all generative approaches to grammar are inadequate.(所有对语法采用生成法的研究,都是不充分的。)

7.3.3 There-be 存在构式的语料统计与分析

我们在 BNC 上随机收集到 10 000 条由 There is 引导的句子,其后绝大部分跟的是 a...、something、anything 等,后接"the + NP"的只占极少数。我们统计了其中的 2 000 条,只有 32 条,占 1.6%,这说明 There-be 构式主要表示"存在",而不大用于"指称"。

通过进一步深入调查,这 32 条"the + 名词短语"中的绝大多数用的是抽象名词,如:

[32] the secret story、the ultimate goal、the other way、the possibility、the evidence、the option、the reduction、the issue、the statement、the distinct risk、the question、the danger

这或许可进一步说明,在 There-be 指称构式中,我们可用它来指称一个"抽象概念",可根据柏拉图的实在论观点(抽象概念也是实体)权且将其视为一个较虚的实体,此构式显然不属于"存在性"用法。据上可知,当我们说出这些"the + 抽象名词"一类的限定性名词词组时,它们就应当存在了,而不必要再言说它存在(用 be 表示)了。 也就是说,上述所分析的、当避免冗余表述的规则同样适用于 There-be 存在构式。这样，我们便可用罗素的摹状论来很好地解释这一现象了。

7.4　结语

罗素等在一个多世纪前之所以要提出摹状论，否定"存在"作谓词，有其特定的哲学背景和研究目的。他们意在反思亚氏 S–P 逻辑模板，化解迈农悖论，揭示自然语言之不足（正确的句法形式会掩盖逻辑混乱），且为清除那些空指虚无性、似是而非的哲学命题提供了一种普遍有效的分析方法，从而可消解并摆脱黑格尔形而上哲学之谬误，引发了一场语言论转向。

摹状论以及语言与世界同构等观点，可揭示传统形而上学产生伪命题的根本原因，确立了语言哲学研究的基本方法，使得基于逻辑实证主义的理想语哲学派成为那个时代的主要潮流，进而走上了设计形式化人工语言的道路，以能消解日常语言的模糊性、歧义性和误导性，保证用形式语言来论述哲学问题不会出错，实现了 300 多年前莱布尼茨构建"人类思维字母表"（the alphabet of human thought）的梦想。

我们认为，这一理论对英语中的"There-be 存在构式不用限定性名词短语"具有很好的解释力，或该构式也有力地支撑了罗素的摹状论，即在这类构式中作主语的 NP，一般不用于特指，而只能是泛指，最典型的用法便是描述"某处存在某类或某一不定指对象"。因为罗素的摹状论坚信，当说出一个限定性 NP 时，它已经存在了，再说其存在便是冗余之举，画蛇添足之为。

第8章
经典范畴论和原型范畴论

8.1 引言

从第 1 章图 1–1 可见，西方哲学主要经历了四个转向，其中的第三转向为"语言论转向"，包括两大流派：

① 英美分析哲学；
② 欧陆人本哲学。

前者又可进一步分为：

① 理想语哲学派；
② 人工语哲学派。

维特根斯坦是这两个学派的主要创始人之一，他在前期（1922）出版的著作《逻辑哲学论》中所建立的"图画论"和"逻辑实证主义"，为理想语哲学派（即形式语义学）奠定了理论基础；他在后期（1953）出版的著作《哲学研究》中提出了"用法论"（use theory）和"活动论"（又译"游戏论"），为语言论转向后期的日常语哲学派主要理论来源。

我们认为，维氏在 1953 年出版的著作中所提出的"家族相似性"，颠覆了流行 2 000 多年的亚里士多德所建立的"经典范畴论"，为"后现代哲学"中"反基础论、语言模糊论、意义不确定论、多元论"等的出场在理论上做了铺垫，还催生出"体验哲学、认知语言学、体认语言学"等。

一个学者能引领哲学研究的三个潮流，推动产生出哲学和语言学中的数个分支学科（语义学、语用学、体验哲学、体认哲学、认知语言学、体认语言学），实属罕见，何等之伟大，这需要何等的智慧和勇气，难怪他被学界誉为"最伟大的哲学家之一"。毫无疑问，维氏的上述两本书是语言学界绕不过的两座山。

下面四章将基于维氏后者的语哲观分别论述"经典范畴论"和"原型范畴论"，以及21世纪我国学者的新发展——图式范畴论和动态范畴论。

8.2 亚氏的经典范畴论

"范畴化"（categorization），指为认识对象进行心智分类的过程，其结果为人类提供了认识事物、解释世界的根本途径，哲学家们早就开始关注范畴问题了。

亚里士多德基于其客观主义形而上哲学理论建立了"经典范畴论"（the classical theory of categories），又叫"范畴化的逻辑观"（logical view of categorization）（Ungerer & Schmid，1996），它流行了2 000多年。其间，范畴被视为一组拥有共同"特征"（feature，property）的元素组成的集，或曰范畴是通过一组共同特征而建构起来的，可通过"特征束"（the cluster of features）或"一组充分必要条件"（a set of necessary and sufficient conditions）来定义。该理论主要持有以下几个观点：

① 范畴可用一组"充分必要条件"（necessary and sufficient conditions）来定义和确定。

② 范畴具有二分性，它就像容器一样，一个事物要么在其内，要么在其外，别无他者。

③ 范畴的边界具有明晰性，一个事物要么属于A范畴，要么属于B范畴，泾渭分明，不可混淆。

④ 范畴内各成员的地位都相等，它们隶属于集合的程度相等，即

所有成员都具有同等重要性，没有核心和边缘之分。

经典范畴论虽遭到原型范畴论和后现代理论的批判，但它绝对不是一无是处的，对于现实中的某些范畴还是很具解释力的，特别是自然科学，其概念必须严格、清楚，容不得含糊，对于数学、逻辑、物理、化学等自然科学中许多概念也是可行的，再如 1+1 必须等于 2，否则整个自然科学就要垮塌；数学中所定义的只能被 1 和它自身整除的数叫"素数"，像 2、3、5、11 等，只要具有这个特征的整数都可划归这个范畴，不具有这个特征的，像 4、6、8、9 等除 1 和自身之外还可被其他数整除，因而就不能划归"素数"这个范畴。又如"水"必须是纯净的 H_2O，不允许与其他概念相混淆，符合这个特征的就在该范畴之内，不符合的就不在该范畴之内。对于"人大代表"这个范畴，只有两种可能，"是"或"不是"，界限十分清楚。

21 世纪前的语言学研究也深受经典范畴论的影响，且很多学者都习以为常，毫不怀疑，他们基于此对语言和语言研究进行了一系列二分，得出一些成对的术语，如：

① 形式与意义；
② 名词与动词；
③ 名词短语与动词短语；
④ 黏着形式与自由形式；
⑤ 语义与语用；
⑥ 词法与句法；
⑦ 词典与百科全书；
⑧ 向心结构与离心结构；
⑨ 完整句与非完整句；
⑩ 深层结构与表层结构；
⑪ 词库与句法；
⑫ 语言能力与语言运用；
⑬ 原则与参数；
⑭ 输入与输出；
⑮ 语言潜势与实际表达。

索氏为能明确划定语言学的研究对象，找准其目标，娴熟地运用西方哲学中经典范畴论对"语言交际能力和活动"进行了一系列切分，正是这些切分构成了他语言学理论的研究目标——"关门打语言"，如图 8-1 所示：

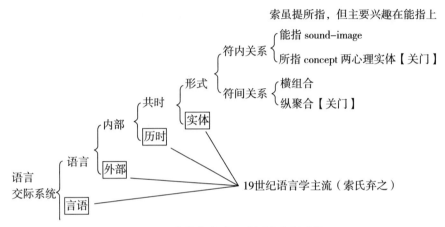

图 8-1　索绪尔六次二分语言交际系统

索氏"六次"循序渐进地二分了语言交际系统，最终将语言之门紧紧关闭，建构了他的结构主义语言学理论。他在前四项二分中仅择前者，而舍后者，大力倡导"内部语言学"和"共时语言学"，认为语言本质在于"内部系统性"，必须从"内部"和"共时"的角度加以研究，才能建立真正的语言学理论，实现了语言"内指论"转向，确立了"关门打语言"的基本策略，革了"历史语言学"的命，这从上图可见，方框中的四项都是历史比较语言学的主要研究对象，被索氏无情地排除在外，从而开创了现代语言学的新时代，使其成为一门真正的科学，这才是索氏"哥白尼革命"意义之所在。

结构主义语言学阵营除上述切分外，还分出了如：

①音位学与语音学；
②语言的句子分析与言语的句子分析；
③语言的语法与言语的语法；
④语言的语言学与言语的语言学。

同时，这也为日后语言学界进一步细分奠定了理论基础，如：

① 理论语言学与应用语言学；

② 宏观语言学与微观语言学；

③ 语义学与语用学；

④ 类型与标例（type-token）；

⑤ 图式与例示（schema-instance）。

音位学、句法学、语义学中的形式主义、语义特征分析（CA）等方法也是建立在亚氏经典范畴论之上的，如一个音素或音位，要么是"元音"（vowel），要么是"辅音"（consonant）；若是元音，要么是高元音，要么是低元音；若是辅音，要么是清辅音，要么是浊辅音；等等。音素和音位的范畴具有二分性、原素性、普遍性、抽象性和先天性。

语法学、语义学紧跟语音学和音位学，也运用了亚氏的经典范畴论，认为其范畴也可用二分特征来描写。例如，语法学根据研究对象二分出"词法"和"句法"；词法学现将词汇先分成"实词"和"虚词"；根据"相对于时间不变和变"分出"名词"和"动词"；根据事物的可数性分出"可数名词"和"不可数名词"；根据动词能否接宾语分出"及物性动词"和"不及物性动词"；根据动词的动静特征分出"动态动词"和"静态动词"；根据动作是否完成分出"完成性动词"和"未完成性动词"；还根据动作延续的长短分出"延续性动词"和"终止性动词"等。

句法学先将句子一分为二，切分出"主语"和"谓语"两大块，然后根据所修饰成分作主语还是谓语分出"定语"和"状语"等。结构主义语义学家还采用二分法建立了"意义的特征理论"（the feature theory of meaning），即我们常说的"成分分析法"（Componential Analysis，简称 CA），如将 boy 和 girl 分析成：

[1] boy [+ HUMAN, + MALE, – ADULT]

　　girl [+ HUMAN, – MALE, – ADULT]

乔姆斯基和海尔（Chomsky & Halle，1968）曾明确表示，表明一个语言项是否属于某个范畴的自然方法就是运用二分法。雷科夫

（Lakoff，1987）曾将经典范畴论所论述的"范畴"隐喻性地比作"抽象性的容器"（abstract container），即范畴就像一个容器，具备范畴定义所描写特征的个体就在这个范畴的里边，不具备的就在外边。到了21世纪，越来越多的语言学家发现，这种语言分析方法有太多的不足，时常是捉襟见肘，因为人文社科中的大部分范畴不具有二分性，而是建立在原型之上的，它们具有家族相似性。

8.3　原型范畴论

　　亚里士多德基于二值逻辑所创立的"经典范畴论"流传了2 000多年，成为形而上学的根基，一直在学界处于主导地位，为后来者奉若神明，从未被质疑。维特根斯坦独具慧眼，于1953年正式提出"家族相似论"，挑战了亚氏的经典范畴论。他认为很多范畴（特别是人文社科）并不能用"是"和"非"作出简单判断，如自然界在"鸟"和"非鸟"之间并不存在一个明显的"界限"，只有"典型"和"非典型"之分。例如，在英国人心中典型的bird就是robin等，在中国人心中典型的鸟就是麻雀、燕子等。至于鸡、鸭、鹅，虽在动物学上属于"鸟范畴"，而常人会有不同的看法。

　　再说"车"范畴，人们一般认为它是有轮子，在路上行驶，是交通工具，但不同时代和不同社群中，其原型样本不同，首先就轮子的数量而言，可分出：

[2] 独轮车、二轮车、三轮车、四轮车……

按大小可分出：

[3] 超大运输车、大卡车、小汽车、微型车……

按用途和种类还可分出：

[4] 自行车、黄包车、人力车、马车、电动车、机动车、摩托车、小汽车、面包车、公共汽车、有轨电车、长途运输车、平板车、

自卸车、翻斗车、救火车、出租车、网约车、共享单车、叉车、专门用途车、履带车、坦克车、装甲车、火车、高速列车⋯⋯

人类自发明了车以后，其原型样本在漫长的历史中不断变化。古代的车多指马车。中华人民共和国成立前，我国广大地区很少见到由机器驱动的汽车，其原型样本应是手推车、人力车；改革开放前，说到车，多指自行车，在那个时代，如果有人说：

[5] 把车借我用一下。

应该指的是自行车，因为那个时代人们还买不起机动车，即使有钱也买不到，要凭计划购买或调拨。随着时代的变迁和科技的发展，生产力得到了较大发展，人民生活水平大有提高，机动车进入寻常百姓家已是司空见惯的事了，车的原型就从自行车变为汽车；以至在此基础上进一步发展出电动汽车、太阳能汽车、无人驾驶汽车等，所有这些都可用"动态范畴论"做出合理解释。

再说"鱼"的范畴，其原型样本是"有鳞片、生活于水中、卵生、有鳍、游动"等，但也可包括两栖动物，如娃娃鱼；也可包括哺乳动物，如鲸鱼；也可没有鳞片，如鳝鱼；不一定游动，可爬行，如甲鱼。自然界还有很多生活在水里的被称为"鱼"的动物，不一定都具有上述属性，可被视为"鱼"范畴的边缘成员。

8.3.1　家族相似性

亚里士多德基于"客观主义"形而上哲学建立了经典范畴论，完全排除了人之主观因素，这仅是一种理想化的理论，与实际情况相去甚远。人是高等动物，是万物之灵，具有主观能动性，在认识外部世界时，一定会受到自身机体和感官体验的影响，不可能完全客观地反映现实世界，全人类各民族的范畴化方法和结果不尽相同（Lakoff, 1987）。当人类进入 20 世纪，特别是到了中叶，维氏（1996）在《哲学研究》中通过"游戏"例子论证了范畴的边界是模糊的，正式提出了"家族相似性"[1]，用它来比喻范畴中诸多成员之间既像又不像的现象：家族各成员的容貌都有一些相似之处，但彼此间的相似情况和程度不完全一样，如儿子的容貌特征在某些方面很像父母，而另外一些又可能像家族中其他先祖；女儿的容貌除了像父母之外，还可能像姑姑、祖母或外祖母等。而且一个家族成员一般不会具有该家族的全部特征，也不大可能有两个成员完全相同。也就是说，家族中的所有成员会有这样或那样的共同特征，有些成员多点，有些成员少些，如图 8-2 所示：

图 8-2　图示家族相似性

维特根斯坦的这个隐喻十分确当，也很好理解，范畴中的诸多成员就像一个家族范畴中的成员一样，彼此之间不存在经典范畴理论所说的"各成员具有共同的充分必要条件""范畴成员的隶属度相同"，各成员之间大致相同，允许存在差异，人们是根据事体间属性是否有"相似联系"来建构和认识范畴的，这样便可摆脱传统的客观主义形而上哲学理论的束缚。我们还可以依据维氏研究 game 的思路，纵向列出几十个游戏，横向列出这些游戏的特征，然后分别打勾，就会发现，没有两个完全一样的游戏。人们之所以将它们统称为"游戏"，是因为这些游戏存

1　很多哲学家，如黑格尔、胡塞尔、海德格尔等也曾述及经典范畴论的问题。埃及语语法学家嘎丁纳（Gardiner，1932）在《言语和语言理论》（*The Theory of Speech and Language*）一书中就早于维氏 20 年就论述了类似于维氏家族相似性的观点，认为一个词的多种用法是靠这种方法连接在一起的，它们有中心用法，也有边缘之分。我们完全可以认为，维氏也是受到这些学者的影响才提出"家族相似性"理论的，只是维氏名声太大，学界常将该理论的发明权归于他。

在"既同又不同的"关系，它们形成了一个复杂的、相互交叉的网络，还可称之为"模糊集"。

8.3.2　罗茜的原型范畴论

1. 心理学实验

自此以后，学者们相继对经典范畴论提出了尖锐的批判，有些还明确提出了自己的见解和观点，特别是美国著名心理学家罗茜（Rosch，1973，1975，1978）于 20 世纪 70 年代根据维氏的"家族相似性"提出了"原型范畴论"（prototype theory），并通过一系列心理学实验丰富了该理论的内容，证明了范畴划分与人类突显感知之间的密切关系。现根据泰勒（Taylor，1989）和昂格雷尔、施密特（Ungerer & Schmid，1996）的论述，对罗茜所做的四个实验简述如下：

① 指认颜色实验：先让 24 个 3 岁的孩子看一种焦点色，然后让他们看其他 7 种同色但亮度不同的非焦点色，最后再让他们挑出各自最喜欢的颜色（可多选）。实验结果显示，孩子们的注意力更多地聚焦于焦点色，24 个孩子中有 22 人选黄色、21 人选橙色、11 人选绿色，这说明孩子在识别焦点色时具有稳定性。

② 匹配颜色实验：给 4 岁的孩子同时看焦点色和非焦点色两种样条，顺序任意。结果显示，他们在对焦点色的匹配上比非焦点色更准确。这也支持了上一实验——小孩子对焦点色的感知更突显，对其反应具有一致性。

将一个焦点色和一个非焦点色给 11 个受试者看时，他们可很快地给焦点色命名，且名称较短。可见，焦点色比起非焦点色来在感知上更加突显。另外，焦点色之间也存在顺序，按照命名时间的短、长来排，顺序是：

[6] 黑、黄、白、紫、蓝、红、桃红、褐、绿、橙

这与柏林和凯（Berlin & Kay，1969）的序列不同（王寅，2007c）。

左边的颜色词常可加 en，形成动词，右边的颜色词常加 ness，形成抽象名词，而且左边的词使用频率较高（Taylor，1989）。

③ 习得焦点色的快速性实验：人们在短期记忆中可快速记住焦点色，且具有较高的准确性。若按任意顺序给美国人和达尼人儿童（年龄不受严格限制）看 8 个焦点色和 8 个非焦点色，各看 5 秒钟，隔 30 秒后让他们在颜色样条中识别出刚看过的颜色，他们通常能够更准确地识别出焦点色。实验还发现，掌握较多颜色词的讲英语的人比只有两个颜色词的达尼人要更准确。达尼人记忆焦点色时比非焦点色要好得多，这与讲英语的人没有什么区别。通过这一实验可以看出，颜色识别与语言对颜色的编码没有什么直接关系，虽然达尼人没有独立的词项表示这些焦点色，但这并不影响他们对这些焦点色的识别。

④ 习得焦点色的优先性实验：这是一个关于长期记忆的实验，结果表明受试儿童习得焦点色词语的速度比习得非焦点色词语的速度更快。英语国家的 3 岁儿童虽然还没有完全掌握语言系统，但更注意到焦点色，3—4 岁的儿童能更好地匹配焦点色，达尼人幼儿也能很快学得焦点色词语。这说明全人类的孩子都具有感知突显性，它决定着原型范畴的建立。

2. 原型范畴论及其解释力

原型范畴论认为，人们不可能完全客观地认识客观世界，范畴成员的隶属度千差万别，也就是说，隶属于同一范畴的各成员之间不存在共享的所有特征，充分必要条件不能用作范畴定义的标准，这些成员只有家族相似性，特征不是二分的，范畴的边界是模糊的，范畴内的成员地位不相等。罗茜基于她的上述实验逐步建立了以"典型样本"（exemplar）为认知参照点的"原型范畴论"，这是对维氏家族相似性的一次应用和发展，也是对基于二值逻辑的经典范畴理论的一次革命。这些实验表明如下几点：

① 许多范畴是围绕一个典型成员构成的模糊集合。
② 范畴的边界没有一个明确而又清晰的边界划分。

③ 范畴是凭借典型特征建立起来的"完型"概念。

④ 范畴成员可分典型与非典型，存在隶属度差异。

　　罗茜和泰勒等还以此为基础严厉批判了索绪尔的语言先验论，认为根本不存在一个先有的、独立于语言符号的意义，语言表达与人们的感知认识紧密相关，语言符号不具有任意性，人们在划分范畴和确定词语意义时必须考虑事物的典型特征和人的认知行为。

第 9 章
范畴理论的新发展

9.1 图式范畴论

9.1.1 对 prototype 的两种不同理解

自维氏提出"家族相似性"和罗茜将其改名为"原型范畴论"以来，原型范畴论很快在学界流行开来，特别是语言学界用它来解释诸多现象，可解决人们长期以来一直未能解决的若干问题。例如，科曼和凯（Coleman & Kay，1981）运用原型范畴论很好地解释了动词 lie 的语义结构；雷科夫（Lakoff，1987）据此专题研究了 over 和 there-construction 的多义结构；泰勒（Taylor，1989）据此研究了 climb 和 over 的语义结构，且出版了专著《语言范畴化——语言理论中的原型》（*Linguistic Categorization: Prototype in Linguistic Theory*），该书已成为认知语言学界的经典读物；哥德堡格（Goldberg，1995）运用原型范畴论分析了构式的多义性；吉尔拉茨（Geeraerts，1985）还从历时角度考察了语义结构的原型特征，这说明原型范畴论适用于共时性和历时性研究。另外，还有很多学者基于原型范畴论解释了语言中的诸多现象，参见王寅（2007c）。

但也有学者指出原型范畴论之不足，认为它也不能"包打天下"，不可解决一切问题，自身也存在"致命的脚后跟"。原型范畴论最大的问题是明显具有"静态性"特征，或者说对"历时性、变化性、动态性"强调不够，这也是我们要用"图式范畴论"和"动态范畴论"对其作出弥补的初衷。

国内有学者曾举例说，若某外语学院或外语系女生的数量远远多于男生，我们是否就能依据原型范畴论说，女生是比男生更是典型的学生。倘若如此，理工科院校或军事院校里的情形可能会恰好相反，此时说男生是比女生更为典型的学生，同样也是不妥的。

另外，持"原型范畴论"的学者对 prototype 一词的理解还存在较大分歧，该分歧直接涉及对"原型范畴"如何定义和理解的大问题，还涉及人类有不同范畴化途径的议题：

① 具体样本，指范畴内某一具体的、典型的、样本性的"代表"（exemplar），具有无标记性。当人们用这个原型样本来指代某范畴后，就常以此为参照物，根据家族相似性来识别其他类似成员。蓝纳格主要持这一观点。

② 图式表征，指基于范畴成员抽象出的概括性"图式表征"（schematic representation），相当于心理学界所说的"心智表征"（Ungerer & Schmid，1996），且认为这才是真正从认知角度做出的解释。罗茜和泰勒等持这一观点。

③ 原型样本加转换用法，上述两义兼而有之，认为范畴是由这两个因素共同决定的：最佳实例以及一套对最佳实例进行类比操作的规则，这似乎像是对上述两者的综合，此为弗兰克和布兰斯福德（Franks & Bransford）的观点。

这些讨论使得罗茜后来改变了说法，认为"原型"可根据实验效果被视为"原型性的特征描画"（the characterization of prototypicality）。蓝纳格区分了"原型样本"和"抽象图式"这两个术语，用前者指范畴中的典型实例，用后者指范畴化的抽象特性，据此，人类就有了两种不同的范畴化方法：

① 依据原型样本进行范畴化。

② 依据抽象图式进行范畴化。

他还认为，儿童在建构范畴时先通过原型样本来识别范畴概念，如通过 oaks、maples、elms 等识别出 tree，然后去除其间的差异，找出"树"的共性，从而建立起低层次图式表征：树有树干、分枝、树叶。当再遇到 pine（没有树叶）、palm（不分枝）时，会进一步建立更高层次的图式表征，此时，这个表征就发挥了"抽象原型"的作用，成为识别该范畴的基础。

泰勒指出，通过原型样本范畴化，或通过抽象图式范畴化，实际上是同一现象的两个不同方面，两种范畴化方法都是可能的，幼儿尤以前者为基本。

9.1.2　图式

泰勒（Taylor，2002）指出：

> …the prototype can be understood as a schematic representation of the conceptual core of a category.（原型可被理解为范畴的概念核心的图式表征。）

他还明确指出，一个特殊的"实体性样本"（particular entity）不能叫作"原型"，它只是"例示"（instantiate）了抽象原型。蓝纳格（Langacker，1987a）明确区分了"原型"和"图式"这两个术语，对 prototype 持上述第一种理解，他说：

> 原型是一个范畴的典型实例，其他成员基于感知与原型相似而被纳入同一范畴……图式，与其相比，是一种抽象特征的描写，可完全与范畴所定义的所有成员兼容。

蓝纳格（Langacker，2000）还指出：

> 图式是当人们通过不很精确的描写和不很强调同一性，去除差异点，从不同结构中抽象出来的共性。

如图 9-1 所示：

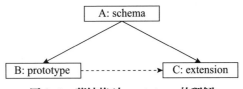

图 9-1　蓝纳格对 prototype 的理解

图中 A、B、C 都是同一范畴中的要素，带箭头的线条表明了它们之间的关系：B 所表示的"原型样本"和 C 所表示的"扩展成员"都直接产生于由 A 所表示的"抽象图式"，因此用带箭头的实线表示，箭头方向表明了 B 和 C 都产生自 A。B 和 C 之间用虚线表示，说明 C 不仅来自 A，同时还会受到 B 这一原型样本的影响，但程度较小，关系较为间接。

由于原型样本 B 具有认知上的突显性，人们很容易识辨出它的范围属性，认知加工较为简单。该图表明，B 只受到了抽象图式 A 的影响，而范畴中的扩展性成员 C 既要受到抽象图式 A 的影响，也要参照原型样本 B，即它同时受到 A 和 B 两个因素的影响（图中用两条带箭头的线条表示），因而对其的认知加工也就相对复杂一些。

泰勒（Taylor，2002）接受了蓝纳格的上述基本观点，更为详细地阐述了"图式—例示"（schema–instantiation）范畴化原则，且将其上升为一种具有普遍性的基本认知方式。他对 prototype 持上述第二种理解，将其等同于 schema，其中的成员皆为例示。"图式—例示"这对术语，相当于学界常用的"类型—用例"（type–token），但后者主要用于用词类型和使用频率的统计，还有点类似于词汇语义研究中的上、下义词（superordinate–hyponym，hypernym–hyponym）的关系，且还常使人联想到结构主义语义学，因此泰勒主张用"图式—例示"取而代之，并将其上升到认知层面，冠之以"范畴化原则"，视其为一种认识方式，这与认知语言学的基本原理更为切合。

特别值得称道的是，泰勒和蓝纳格将图 9-1 所表现出的"单向观"修改成了"双向观"，即"图式"不仅对"例示"有决定性的参照作用，而且后者也可对前者产生影响。现将泰勒的核心思想归纳如图 9-2所示：

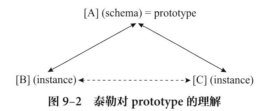

图 9–2　泰勒对 prototype 的理解

9.1.3　基于图式建构的范畴论

蓝纳格对 prototype 的理解不同，但主张用抽象性方法来论述范畴，认知语言学所论述的 schema 一词派上了用场。我们主张将蓝纳格和泰勒的论述结合起来，既保留蓝纳格所用术语，也兼顾泰勒的"双向观"，便可得到我们所提出的"图式范畴论"，如图 9–3 所示：

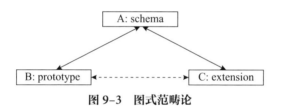

图 9–3　图式范畴论

该图保留了蓝纳格的图式控制观，也保留了他对 prototype（原型样本）的理解。这样，图式 A 对于原型样本 B 和扩展性成员 C 都具有基础性的参照作用，人们常以抽象性图式 A 为基础来识别具体例示。另一方面，抽象性图式 A 不是凭空而来的，而是从若干常见例示用法中概括出来的，这便是两条带有双向箭头的实线 AB 和 AC 的含义。可见，A 与 B、C 之间既具有自上而下的关系，也兼有自下而上的关系。

蓝纳格认为，C 可同时受到 A 和 B 的影响，即在识别范畴的扩展性成员 C 时，既要考虑图式 A 的基础控制性，也要参照原型样本 B，但相对于 A 来说，B 是次要的，因此 B、C 之间用虚线连接。此外，图 9–3 中 B、C 之间的关系也接受了泰勒的"双向观"，即不仅 B 对 C 有参照性，而且 C 对于 B 也有反作用。例如，今天人们所认可的电话机原型样本已与 100 年前的那种只能在博物馆看到的手摇式电话大相径庭了。随着时代的发展，原本从老式的 B 一步步演变而来的现代电话 C 取代了老式的原型样本。因此，范畴理论也必须考虑这一要素，双向箭头更具解释力。

根据图 9-3 的基本原理可见，越是处于边缘的扩展性成员，所需要参照的因素也会越多，如一个范畴还有扩展性要素 N，它既要受到抽象图式 A 和原型样本 B 的影响，还可能受到扩展性成员 C 的影响，以此类推。因此，越是处于范畴边缘的成员，其认知加工过程也就越复杂，识别出它们的时间也就越长，如图 9-4 所示：

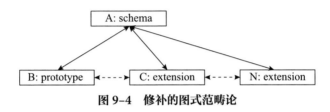

图 9-4　修补的图式范畴论

图式范畴论中的"图式"，是对一组用法例示所具共性进行概括与抽象的结果，它对范畴的形成具有基础参照性的功能；"例示"是图式的具体表现形式或实际用法，如通过对图式增加细节性对比信息可使其应用于实际语言表达之中。不同的例示以不同的类推方式反映着图式。一个范畴的突显例示（即原型样本 B）最容易形成心智意象，常为儿童最早习得，也最早被命名，这相当于罗茜（Rosch，1973，1975，1978）所论述的基本层次范畴。

我们认为，图 9-3 所示的图式范畴论可作为一种体认方法对语言各层面做出统一的分析，这也完全符合认知语言学所追求的"统一解释"的目标。根据该图所示，人们掌握或理解一个音响形象、象征单位、图式性构式可有两种途径：

① 自下而上：能从若干具有相似属性的例示中概括出一个图式范畴。

② 自上而下：能从一个抽象性图式范畴中识别出一个具体用法例示。

如人们掌握一个"音响形象"（sound image），可从若干有相似属性的语音例示中提取出一个音位图式范畴，也可从一个音位图式范畴中识别出一个语音例示（Taylor，2002）。掌握或理解一个原型概念（或语义）也有上述两种情形：自下而上（能从许多具有相似属性的例子中概括出一个抽象性图式范畴）和自上而下（能从一个抽象性图式范畴中识别出它所能涵盖的例示用法）。语法中所论述的"词法"（morphology）和"句法"（syntax）也可通过图式范畴论做出分析，如人们可：

①从多种"动词过去式"用法的例示中抽象出一个"过去时图式"。
②从多种"所有格"的用例中抽象出一个"所有格图式"。
③从多种"体"变化用例中概括出一个"体图式"。
④从多种被动态的用例中概括出一个"被动语态图式"。
⑤从多种句型的实际用例中总结出"图式性句型构式"。
······

9.1.4　图式范畴论的解释力

图式范畴论还可用以解释"grounding vs grounded"（场景化与场景确定）这对概念（同上）。"场景化"是指图式性概念或词语在言语行为情景中需要"定位"的一种具象化过程；"场景确定"是指某图式性概念或词语的场景已被确定，相当于上文所述的"例示"。例如，具有概括性意义的名词、动词等都可被视为一个图式（即一种类型），当它们被用于特定表达时，需采用某种特有的变化形式（或使光杆名词成为名词短语，使光杆动词成为动词短语）。如可数名词 book 标示了一个类别图式，它一般不能单独出现在实际语句中，常需调变为名词短语，如图 9-5 所示：

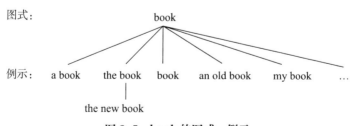

图 9-5　book 的图式—例示

从上图可见，场景化"名词图式"（即光杆名词）的途径主要是通过使用诸如"限定词、数词、量词、定指与不定指、特指与非特指"等方法将其调变为适当的名词短语。

再看动词 make 所标示的类别图式的场景化方式。或许，脑筋急转弯的幽默感正是来自"动态范畴"和"语音隐喻"。

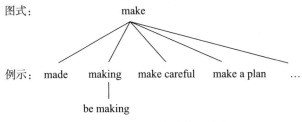

图 9-6　make 的图式—例示

从图 9-6 可见，场景化"动词图式"的途径主要是通过动词的"时、体"屈折变化，或用动词短语等方式。

我们知道，图式具有抽象性和概括性，属于"无界"（atelic，unbounded）概念，但在实际使用时这些无界概念需做"边界化"（boundarization）处理，使其"有界"（telic, bounded）（刘辰诞，2007）。从上面两例可以看出，光杆名词和光杆动词"book、make"等都是无界概念，在实际使用时，我们应做适当的调变处理，或以短语形式出现，即必须做"有界化"处理。在认知语言学中，完成体被分析为"有界"，因其在时间上标出一个动作的起点或终点；未完成体被析为"无界"，因其没有标出动作的结束点。因此，我们可将动词和名词统一在同一个理论框架下来分析（Langacker，1987a；沈家煊，1995；王寅，2006），如表 9-1 所示：

表 9-1　用有界性统一解释名词和体

	有界：可数名词、完成体	无界：物质名词、未完成体
同质性 （homogeneity）	?	是
可分性 （divisibility）	?	是

	有界：可数名词、完成体	无界：物质名词、未完成体
复制性 （replicability）	？	是
边界性 （boundedness）	是	？

从上分析可见，"未完成体"就像物质名词一样，具有内部同质性（动作各阶段性质相同），它可被分解为多个具体的动作，且动作可反复进行，没有时间上的边界，可无限延伸；"完成体"就像可数名词一样：有时间上的边界，其同质性难以描述，具有可分性和复制性。汉语主要运用"定中构词法"，即通过在"中心概念词"前添加各类"修饰语"来构造字组或词。这种构词法具有很大的经济性，它使得汉民族的人在识得 3 500 个左右常用汉字后就可以流畅阅读了。

汉民族祖先所造的"形声"构字法和"属加种差"构词法，都可用"图式范畴论"做出较好的解释。如汉语中约有 206 个偏旁，它们表明字义大致所属的范畴，如见到"氵"，就联想到与"液体"有关；遇到"目"，就知道该字与"眼"有关等，这些偏旁就相当于一个"抽象图式"，具有范畴化的归类功能，真是一种精巧的构思。

在构词层面上也是如此，一个"鸟"就是一个抽象的图式性范畴（属），可在其前加上若干限定词表示"种差"，可用"图式范畴论"和"场景化理论"做出合理解释。例如，一个"树"字就可用来表示自然界中许许多多的此类植物，它显然具有"图式范畴"的特征，在其前加上修饰语"杨柳"就构成了一个字组"杨柳树"，其英文为 willow。也就是说，通过添加"杨柳"对"树"进行场景化处理，使得这一种类的"树"成为"树"范畴中的一个具体例示。汉语还可以"树"为图式，通过添加场景化限定的方法构成很多词，如：

[1] 桃树 peach   梨树 pear
    松树 pine   柏树 cypress
    橡树 oak   桦树 birch
    冬青树 evergreen   樱花树 cherry

棕榈树 palm	榆树 elm
丁香树 clove	杉树 spruce
泡桐树 paulownia	榕树 banyan
桑树 mulberry	银杏树 ginkgo
白杨树 poplar	梧桐树 Chinese parasol

通过英汉"树"范畴词的对比可见，似乎世界上有多少种类的"树"，英语就有多少个具体的"树单词"，难怪英语词汇量要比汉语的多，而汉语中的字汇量之所以远低于英语，主要是因为汉民族根据意义将"图式范畴论"巧妙地运用到了构词法当中。

通过上文的简单对比，我们还可以得出一种翻译英语新词语的方法，即可以根据汉语的"图式范畴论构词法"来处理新词。例如，英语中的"AIDS"，因一时找不到等同词，就可根据读音先将其转写为"艾滋"，然后再在其后加上一个图式范畴词"病"，以明确标明其所属的范畴类别，便于理解。这就是我们常说的"音译加注"翻译法。这类例子很多，如：

[2] ballet 芭蕾舞	beer 啤酒
golf 高尔夫球	jacket 夹克衫
jeep 吉普车	motor 摩托车
neon 霓虹灯	shark 鲨鱼
sardine 沙丁鱼	Tsar 沙皇
curassow 库拉索鸟	

汉语中有些表示大洲和国家的名称也是采用这种翻译法的结果：

[3] Asia 亚洲	Africa 非洲	Europe 欧洲
America 美洲	Australia 澳洲	England 英国
America 美国	Thailand 泰国	France 法国

自从维氏于1953年提出"家族相似性"并以此挑战"经典范畴论"，至今已历时半个多世纪，罗茜等将其更名为"原型范畴论"，这已引起全世界各路学者的高度重视，他们为人文社科及其他学科提供了一个全新的理论分析框架。基于蓝纳格和泰勒在认知语法理论中提出的图

式观，我们拟构了"图式范畴论"，这些都大大推动了范畴理论的发展。

我们认为，"图式范畴论"具有较大的普适性和很强的解释力，可用于分析语言的各个层面。泰勒（Taylor，2002）在书中花了大量的篇幅运用该理论来统一分析了语言的词、词组、分句、音位、语义、象征单位、构式等，并认为这是认知语法和认知构式语法学中一个十分重要的基础观点，为语言研究追求用有限的认知方式来统一解释语言各层面又提供了一个极好的理论框架。

9.2　动态范畴论

9.2.1　概述

原型范畴论虽可弥补经典范畴论之不足，但无法解释原型成员与非原型成员之间的流变；图式范畴论尝试基于抽象图式来解释范畴成员的扩展问题，但忽视了范畴间和范畴外的动态变化。例如，当下流行的脑筋急转弯："什么瓜不能吃？（傻瓜）"，便是基于"瓜"的动态范畴出的题，说到"瓜"，其中心成员有西瓜、南瓜、木瓜、香瓜等，而答案中的傻瓜并不是人们常说的"瓜"。很多脑筋急转弯都是基于"动态范畴论"提出的，这就再度引起人们对"范畴理论"的思考。

我们常说的"家有家规，国有国规"也被用来编写脑筋急转弯的题目，如"动物园里有啥规？（乌龟）"，这里还涉及一个"语音隐喻"（phonetic metaphor）（李弘，2005；胡壮麟，2021），乌龟的"龟"与"规"在汉语中发音相同。又如，"既没有生孩子、养孩子，也没有认干娘，还没有领养子女就先当上了娘，请问这是什么人？（新娘）"，这同样是基于动态范畴论和语音隐喻而构思的题目，因为在我们的认知机制中，一提到"娘"，首先想到的便是"母亲"或"妈妈"这一类人，而这个脑筋急转弯却将"新娘"也纳入这个范畴之中。或许，脑筋急转弯的幽默感正是来自"动态范畴"和"语音隐喻"。

又如，在赵本山的"白云黑土系列小品"中，黑土送给白云的家电是手电筒。我们可能会问，这也叫"家电"啊？在一般人的认知结构中，家电应是冰箱、洗衣机、电视机等一类的产品，而把手电筒当成家电，制造了范畴的"边缘成员"与"典型样本"之间的矛盾，从而达到了一种意想不到的幽默效果。

还有一个脑筋急转弯，出题人将自己的手指伸出来问：你知道为什么贝多芬不用这个手指头弹琴吗？被问者往往无言以对。答案是：因为这是"我"的手指头，贝多芬当然不能使用。根据常识，这里的"这个"是典型的原型用法，它是近指代词（《现代汉语词典》将其解释为：指示比较近的人或事物）。在本题中，"这个手指"的原型在时间和空间上都属于近指，指提问者的那根手指头。由于两个人的范畴发生分歧，造成认知上的错位，从而导致交际上的困惑。一时间真的让人难以转过弯来，没想到答案竟然是如此简单，好一个"动态范畴论"的例示。

9.2.2 动态范畴论

原型范畴论和图式范畴论是对经典范畴论的革命，但未能充分兼顾范畴的变化性和动态性。人类不断进步，时代持续发展，信息频繁爆炸，大数据、高科技等都在影响着人类对世界的认知，因此范畴划分必然具有变化性。这也完全符合体认语言学的核心原则"现实—认知—语言"，事物的变化必然会引起认识的变化，语言也会随之而变。例如，"cocaine"（可卡因）原是一种从南美植物古柯的叶子中提取的物质，具有抑制饥饿、消除疲劳等功能，曾被用作麻醉剂等药物；后来，它被掺入酒精中作为酒精饮料，大受欢迎。由于受到美国禁酒令的影响，药剂师约翰·彭伯顿去掉了其中的酒精成分，调制出不含酒精的可卡因饮料，并将其取名为 Coca Cola，这就是我们今天所熟知的"可口可乐"。此后，美国法律将可卡因列为毒品，禁止销售，市场上出售的可口可乐不能再含该成分，就用咖啡因来代替。这充分说明人们在对外界事物进行范畴划分时，会随着社会、时代、认识的发展和提高而变化，具有较大的动态性。在 cocaine 词义变迁的过程中，其范畴变化主要经历了以下三个环节，如图 9-7 所示：

图 9-7　cocaine 词义的动态变化过程

　　如图所示，cocaine 初始范畴化，被定名为 A，后从 A 演变为 B，又从 B 演变为 C，它们的意义虽分属三个不同范畴，但都用 cocaine 来表示。图式范畴论基于抽象的原型性图式来解释范畴的内部结构，其立足点主要还在于概括出范畴内部的结构共性，没有充分关注范畴内、范畴间、范畴外的变化情况。据此，川外体认团队的王天翼（2022）认为，过往的三个范畴观（经典、原型、图式）都存在一定的缺陷，尝试建构"动态范畴论"，将范畴变化的过程进一步细分为如下四个阶段——"初始范畴化"（initial categorization）、"聚范畴化"（con-categorization）、"去范畴化"（de-categorization）、"再范畴化"（re-categorization），且以汉语流行构式"S 比 N1 还 N2"为例论述了范畴的动态性特征。

① 初始范畴化：人们通过"互动体验"和"认知加工"对事体进行最初的归类，获得"初始范畴"，始建新知。例如 whale，起初在国人的眼中，它因生活在水中而被归为"鱼"范畴，被称为"鲸鱼"。

② 聚范畴化：国内外认知语言学家常述及"去范畴化"而忽略与之相反的变化方向，即从边缘成分向中心聚拢，或从中心区域趋向核心的一种演变形态，以能补充仅论述"去范畴化"之不足。词义变化中常说的"词义缩小"就可被视为这种现象，如"金"原泛指一切金属，后专门用来指"黄金"。在"比女人还女人"中，前一个"女人"指具体的典型女人，后一个"女人"则进一步从中提炼出"典型的属性"，当可被视为"聚范畴化"用法。

③ 去范畴化：随着时代的变迁、认识的提升，人们可根据自己的认知水平进行范畴调整，可使范畴的典型成员失去部分原有属性或增添部分异质属性，它就从典型成员衰变为非典型成员，出现了"边缘化"现象。例如，车的典型样本分别经历了马车、自行车、汽车等变化过程，当代多以汽车作为原型代表，而原来的典型样本就被去范畴化为范畴的边缘成分。

④ 再范畴化：若某范畴成员的异质属性增加过多，它就可能呈现出别类范畴的趋势，进而需要对其重新分类，将其划归至另一不同范畴之中，这便叫"再范畴化"。例如，生物学家现将whale 归类于哺乳动物，而不再是"鱼"类，尽管它还生活在水中。

动态范畴观可如图 9-8 所示：

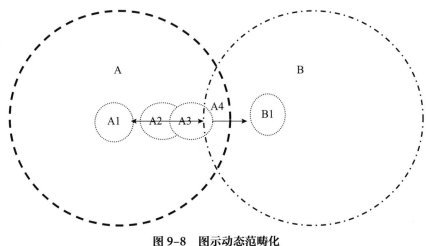

图9-8　图示动态范畴化

圆 A 中的 A1 表示"初始范畴"环节，意为人们开始认识到某事体，并对其进行心智分类，虚线表示范畴边界的开放性，允许范畴成员自由出入。A1 可指初始范畴中的成员或原型，经过 A2、A3 的"去范畴化"过程，成为边缘成员。若再进一步边缘化，就可能跳出初始范畴，进入两个范畴的交叉地区 A4。例如西红柿，若用来做汤，可被划归为"蔬菜"类范畴；若当水果吃，则可被划归为"水果"类范畴。如果 A 范畴的成员进一步移变，就可能跳出原来的范畴，彻底成为圆 B 范畴中成员 B1，这就是"再范畴化"环节。

A4 表示从一个范畴到另一个范畴的过渡阶段，这也完全符合语言的实际情况。很多词语和句型的变化就经历了一个"A4 阶段"，或许这种中间过渡期会经历一个较长的时期，然后可能从范畴 A 进入范畴 B 之中。

从 A1 到 A3 用双向箭头，表示范畴内部的"典型成员与边缘成员"

之间的互动关系：其左向箭头指从边缘趋向中心，或从中心进入核心，此为"聚范畴化"；其右向箭头指从中心变向边缘，从边缘趋向更边缘，此为"去范畴化"。其后的单箭头表示从"交集"发展到"再范畴化"的过程，即边缘成员 A3 经过 A4 的过渡和再范畴化处理后，跳出原来的范畴 A 而进入另一范畴 B，从而失去了圆 A 的基本属性。例如，当人们将 cocaine 初始范畴化为"药物"时，就建立了圆 A 中的 A1，它有三个含义：

① 这是一种药物。
② 刺激中枢神经。
③ 这是可饮服的。

后经"去范畴化"处理，逐渐失去了第①、②义项，仅保留第③义项，获得"饮料"之义。作为"药物"和"饮料"的 cocaine 在美国并存了一段时间，即图 9-8 中的交集 A4 区域。图 9-7 所示的前两个过程相当于图 9-8 中 A1 从范畴 A 的典型成员转化为边缘成员 A2 和 A3，成为交集中的一个成分 A4。后该词进一步被再范畴化为"毒品"，就从 A4 变为另一个范畴中的成员 B1。

cocaine 在数百年间经历了两次范畴变化过程，证明了动态范畴论对于词义层面（还可用于解释其他层面）的变化所具有的解释力。再如前文车例，在我国，其典型成员从古代的马车变为现代的自行车，之后随着时代的进步，当代的汽车取代了自行车而成为车的典型成员。而当代作为典型成员的汽车也有可能被未来更高级的车所取代，如在描绘未来世界的电影《第五元素》(*The Fifth Element*) 中，汽车可以在空中飞行；也可能因汽车会污染环境，人类可能会选择绿色出行，自行车有可能从边缘成员再次移变为车的典型代表。

9.2.3　动态范畴论的解释力

动态范畴论可较好地弥补经典范畴论和原型范畴论过于强调"静态"的缺陷，特别是后者建构了过渡阶段 A4，可解释范畴变化的中间阶段。例如上文所说到的车，从马车、自行车过渡到汽车，再到新概念车，其中间过程还是十分明了的。

邬德平博士曾举一例也可很好地说明词语的动态范畴化。张汉熙版《高级英语》的"Ships in the Desert"中有个 fast-food beef 一词，其语义就经历了一个"去范畴化"过程。

[4] As it happens, some of the most disturbing images of environmental destruction can be found exactly halfway between the North and South poles—precisely at the equator in Brazil—where billowing clouds of smoke regularly blacken the sky above the immense but now threatened Amazon rain forest. Acre by acre, the rain forest is being burned to create fast pasture for fast-food beef.

大多数英语为非母语的读者都会把文中的 fast-food beef 理解成"快餐牛肉"。从字面来理解，fast-food 意为"快餐"，beef 指"牛肉"，如此翻译似乎说得通。但仔细一想，这里会有一个逻辑矛盾：据课文背景可知，上述英文反映的是亚马逊热带雨林遭到大面积破坏，速度达到惊人的地步，原因是人们开荒毁林，将森林变成了草场来养肉牛，以能获取更大的经济利益。顺此逻辑，速生草场养牛的出栏率很高，从经济学角度来说这应是好事。但本段文章是从生态学角度谴责这种毁林开发牧场的行为，这种误解和误译就是由 fast-food beef 的非范畴化引起的。

在这里该词不是"快餐牛肉"，而是指"可快速出栏的肉牛"。正是人具有主观能动性，范畴化和概念化能力是灵活的，其语义也是可以调变的，从"快餐牛肉"到"快产肉牛"，人们的心智认知上经历变化，将常规的 fast-food 中的 fast 词义的注意窗从聚焦于"食品"转移到了"食材"。

动态性用法，就其实质而言，是语义上的"去范畴化、聚范畴化、再范畴化"的动态调变过程，它可被用以解释很多语言现象。现以现代汉语重叠构式 AABB 为例试释如下。

现代汉语重叠构式是汉语中常见的且较为特殊的表达形式，若将其两个被重述对象称为 A 和 B，其语法化形式为 AABB，例如：

[5] 干干净净、子子孙孙、指指点点

这样的表达在重叠构式中所占比重较大，它们是由 AB 构式通过"复用"整合而成的，"干"与"净"复用形成了"干干净净"，其整体意义加深了"干净"的原义，当属上文所述的"聚范畴化"过程。

通过对语料[1]的分析发现，这种复用变化在语义上有如下情况：程度加深、从动作义到状态义、语义范围扩大而语义变弱、语义贬降等。我们可用"动态范畴论"对其做出合理解释。

1. 聚范畴化

正如上文所言，"聚范畴化"中的"聚"意为"聚拢"，主要指非典型成员向典型成员聚拢，或典型成员向更典型成员（核心）聚拢的过程，如图 9–8 所示，A3 向 A2、A2 进一步向核心 A1 的聚变。就词语复用而言，AABB 常表示语义加深，当可被视为"聚范畴化"的移变过程。例如：

[6] 不论大大小小种种恶事恶行，恶言恶语，恶心恶念，统统都要断得干干净净。

[7] 当然，不是鼓励不切实际的高速度，而是要扎扎实实，讲求效益，稳步协调地发展。

[8] 出乎意料，曾经红火一时的葡萄宋酿酒厂，如今却是一派冷冷清清的景象。

[9] 这一切连普通的平民百姓都清清楚楚，难道有关管理部门不清楚？

[10] 富兰克林一共活了 84 岁，他在 42 岁以前，是个商人，是个办报的，老老实实的一个人，可是，42 岁以后，他开始去放风筝，去做科学家，最后变成革命党。

"干净"在《现代汉语词典》(第七版) 中共有三种含义：

① 没有尘土、杂质。

---

1 语料来源于刘欣（2022）硕士论文中从北京大学语料库（CCL）所搜集的 6 577 条复用构式语料。

②形容说话、动作不拖泥带水。

③形容一点儿不剩。

例 [6] 中的"干干净净"为第三义，它与"干净"不完全相同。后者意为"一点儿都不剩"时表示的是一般程度，而前者的语义发生了语义的聚范畴化，其义比"干净"的程度大大加深，含有"比干净还干净"的意思。此例中强调"与恶相关的任何事物都该舍弃，不得有一丁点儿残余"。

"干净"作为范畴内的原型成员，拥有若干属性，而"干干净净"则从中提炼出了更为核心的范畴属性，且随着核心属性的增量，其范畴地位渐渐超越了"典型成员"，成为"核心成员"，这便是"聚范畴化"的主要用法。据此，从"干净"到"干干净净"，语言形式的增多，意义程度表达自然增加，这也完全符合认知语言学和体认语言学所论述的"数量象似性"原则。

2. 去范畴化

去范畴化指范畴成员属性从中央趋向边缘的离变过程，如图 9-8 所示，从 A1 到 A2，从 A2 到 A3，再到 A4 的离变过程。通过语料分析发现，此类复用构式也可被用以表示这种离变现象，语义还可能经历"语义范围扩大致使焦点模糊和实义减弱"乃至"语义贬损"的现象。

词语复用后，语义的范围扩大了，其焦点显得不明朗而导致了这一现象，也就是说，语义范围扩大会使得语义减弱。例如：

[11] 进入 80 年代，市委、市政府和有关部门的同志踏遍朝阳的<u>山山水水</u>，进行了深入的调查研究。

[12] 结了婚，则会有孩子，孩子再养孙子，<u>子子孙孙</u>，绵延不绝。

[13] 个体私营经济是夹缝中生长的经济，它需要<u>方方面面</u>的扶助。

[14] 宁家<u>世世代代</u>都是生意人，做儿子的当然要子承父业。

[15] 败家子<u>行行业业</u>都会出几个，不必大惊小怪。

"山水"一词在《现代汉语词典》(第七版) 中有三种含义：

① 山上流下来的水。

② 有山也有水，泛指有山有水的风景。

③ 指山水画。

"山"和"水"作为外界环境中的典型成员，汉民族常用它们来代表"自然景观"，此为正常体认的成果，没有"山"和"水"的自然景观是不存在的。关于对这两个词语的复用，这两个字有时不一定就指"有山有水"的自然景观，而会基于隐喻机制进行虚化，用具体的"山"和"水"来表示不一定就有"山"和"水"的景观或区域。例 [11] 中的"山山水水"实际上表示朝阳区的许多地方，甚至每个地方，相当于"角角落落、犄角旮旯"，而不仅仅指其字面的意思。根据前文所述"聚范畴化"表示增量的用法可见，这里的"山山水水"量是增加了，其词义范围扩大了，但也因其词义范畴的扩大，语义变虚了，实指意义也就减弱了，这当属于"去范畴化"现象。其范畴地位从"典型成员"移变为"边缘成员"，再从"实指"到"虚指"，它们的关系就相当于认知语言学和体认语言学所说的"图形"和"背景"的关系。

在我国的山水画中，画家们常常会在画中央仔细描绘有山有水的景色，在其后常用模糊的水墨表示层峦叠嶂的背景。语言表达中的"山水"二字凸显了画中央的具体事物，而将其复用的构式"山山水水"可用于描写模糊的背景这一虚义，语义变得模糊和减弱。

3. 语义贬降

语义贬降指语义从褒义或中性义变为贬义。从 AB 到 AABB 的复用中，语义还可能发生情感色彩的贬降，由褒义演变为中性，或由中性演变为贬义，或从褒义变为贬义，在范畴内部表现为范畴的正面义减少，由中心义趋变为边缘义，这也是一种"去范畴化"用法。

[16] 然而，有一部分大学毕业生择业时不考虑自身能力，挑挑拣拣，常常高不成低不就。

[17] 用餐时，不要弄响餐具，或对菜品的口味指指点点。

[18] 没有这样的机制，就不可能扭转言行不一、只说不干、浑浑噩

嚣、拉拉扯扯的坏作风。

[19] 昔日春节晚会中那些只能在片尾鸣谢露露名的赞助企业，如今不再遮遮掩掩、羞羞答答，而是堂而皇之地把商业面孔直接暴露在文艺演出之中。

[20] 当几个愣小子还想动手动脚、上前搂搂抱抱时，宋蔼龄才吓得没了主意。

"挑拣"在《现代汉语词典》(第七版) 中的含义为"挑选"，从词典含义上来看，"挑拣"一词含中性义，不带有任何褒义或贬义的色彩。例 [16] 描写了当代大学生择业时"不考虑自身能力""过分自信""高不成低不就"的情况，这里的"挑挑拣拣"带有批评之义，指出这种"好高骛远"的心态不妥，语句带有一定的贬义色彩。

从"挑拣"的中性义到"挑挑拣拣"的贬义色彩，这是因为词语复用后的信息量增加了，也就可能将异质属性（如贬义信息）增加了进来，反而削弱了范畴的原型属性，使其范围地位从典型成员变为非典型成员，甚至"沦落"为边缘成员，体现了"去范畴化"的特征。

"指"或"点"原本表示用手指头指着某物或某方向，"指点"的词典义为"指出来使人知道""点明"，表示"褒义"，如"指点江山""指点迷津"等。而重叠后的"指指点点"，常用于表示在旁边挑剔毛病，在背后说人不是，发生了明显的语义贬降，如"自己不干，还在那里指指点点"。从"拉扯"到"拉拉扯扯"，从"遮掩"到"遮遮掩掩"，从"搂抱"到"搂搂抱抱"等，都属于这类现象。

4. 再范畴化

此类语义变化主要体现在范畴成员从一个范畴移变至另一个范畴的动态范畴变化，即 AB 与 AABB 的词义属于完全不同的语义范畴，我们称其为再范畴化，如：

[21] 他平时为人别说多谦和，但认死理，敢说真话，敢同村里、乡里的头头脑脑平等地说话。

[22] 我今年 50 岁，生命中一半的时间都是在中国度过，汉语说得马马虎虎吧！

[23] 阿荣从厕所蛇蛇蝎蝎地走出来，跟阿清愣坐沙发上发呆。

在《现代汉语词典》（第七版）中，"头脑"意为"脑筋""思维能力""头绪"等，如"头脑风暴""摸不着头脑"等，而"头头脑脑"泛指担任各级领导职务的人。与前面例子不同的是，"头脑"和"头头脑脑"在词典中是两个不同的词条，说明《现代汉语词典》（第七版）把两者分为两个不同范畴的词语，故而列为两个不同的词条。这两者虽都由"头脑"组成，但意义不同：前者指人拥有的一种抽象思维能力，而后者则指具体的担任领导职务的各类"人"，两者属于完全不同的语义范畴。"头脑"虽是范畴内的典型成员，但经过复用化后的"头头脑脑"丧失了"头脑"的范畴成员属性，转而成为另外一个范畴的成员，这是"再范畴化"的结果。

又如，"马虎"在《现代汉语词典》（第七版）中意为"敷衍""疏忽大意"，形容人做事粗心、注意力不集中的行为，如"做事要认真，可不能马虎"。在例 [22] 中，复用化后的"马马虎虎"表示"水平一般"的意思，意为"我的汉语水平非常一般"。"马虎"与"马马虎虎"虽都具有形容词功能，均可以修饰名词，但两者的意义却有较大区别，属于完全不同的语义范畴，这类复用使得词语失去了范畴成员原来的属性，经历了"去范畴化"后又进入另一范畴，发生了"再范畴化"心智运作。

再如，"蛇蝎"在《现代汉语词典》中为名词，指"蛇"和"蝎子"，比喻狠毒的人。通常有"蛇蝎心肠""心如蛇蝎""蛇蝎毒妇"等表达。"蛇蛇蝎蝎"复用化后却未传承这一原型意义，转而突显了"蛇"和"蝎子"爬行的姿态特征，二字的原型属性经历了"去范畴化"加工，以至于达到临界点，即范畴边缘，最终跳出了"狠毒"的范畴，进入了"动作形态特征"的范畴。这实际上也是一种部分和代替部分的转喻机制所致，使得"蛇蛇蝎蝎"出现了"再范畴化"的变化。

从上可见，范畴的典型成员可能会"去范畴化"为边缘成员，若进一步发展还可能"再范畴化"为另一范畴。另外，典型成员也可通过"聚范畴化"演变为更具代表性的核心成员，此时还可能出现"物极必反"的现象，它有可能走向另一个极端，成为与其相反的范畴，如下例句就是基于这一演变途径形成的：

[24] 勇敢过了头就成了鲁莽。

很显然，"勇敢"属于一个范畴，当它通过"聚范畴化"后，就走向了另一极端，演变为"鲁莽"。再如：

[25] 自信过了头就成了狂妄。
坚持过了头就成了固执。
放心过了头就成了放任。
精明过了头就成了愚昧。
善良过了头就成了软弱。
老实过了头就成了迂腐。
宽容过了头就成了纵容。
谦虚过了头就成了虚伪。

5. 小结

前文简析了 AB 复用为 AABB 后，出现了四种语义变化的情况，可将它们归结为聚范畴化、去范畴化、再范畴化三大类，形式的复用能起到调变范畴内部成员属性的作用，使得重叠构式在形成过程中产生了语义程度加深、减弱和完全丧失，汉语中这种词语复用现象可用动态范畴论做出合理解释。

尽管我们基于"原型范畴论"提出了"图式范畴论"和"动态范畴论"，但并没有彻底放弃"经典范畴论"，正是由于亚氏的二分理论，才为语言系统研究建立起了各种有用的结构关系。学界一般认为，原型范畴论与经典范畴论虽彼此对立，但也具有较大的互补性。或许，我国古代学者所奉行的"中庸之道"在文科诸多研究中也有用武之地。

还有人认为，经典范畴论更适用于自然科学，原型范畴论更适用于人文学科。但我们认为，语言学界也需要"二论兼治"，在语言的不同层面，这两种理论有不同的解释力，如在语音层面上经典范畴论还是有较大解释力的，或许语音学所研究的对象和方法更接近自然科学，因为音波具有物理性，我们还是可在绝大部分音素之间进行理想化的二分处理的。当然，在语言的其他层面，范畴新论更具解释力。

辩证法三大原则中的第一条"对立统一"，仔细想来，其中也暗含着"一分为二"的经典范畴论，二分了才能对立。但辩证法强调的"统一"一直是被经典论所忽视的。图 9-8 的动态范畴图还是划出了两大范畴 A 和 B，倘若没有这样的二分，我们的论述似乎都无法展开。

9.3　动态图式范畴论

9.3.1　范畴的图式性和动态性

"原型范畴论"反思了流行 2 000 多年的"经典范畴论"，强调了范畴中成员地位的不平等性、边界的不确定性、属性的多值性和综合性，但该术语中所用的 prototype 常指具体样本，对范畴的抽象性和动态性论述不够。

"图式范畴论"是认知语言学家在反思原型范畴论的基础上发展而来的，突破了"将范畴中心成员视为具体样本"的束缚，强调了建立范畴过程中的"抽象性"属性。该论虽也提及范畴可以变化和延伸的思想，但对其具体分析语焉不详。

"动态范畴论"也是认知语言学家的成果，他们接受了"范畴是基于抽象性图建构而成"的观点，重点分析了范畴变化过程中的具体形式，首次系统地提出了聚范畴化、去范畴化、跨范畴化、再范畴化等观点，对诸多现象更具解释力。

我们依据马克思整合费尔巴哈的"唯物论"（materialism）和黑格尔的"辩证法"（dialectics），提出了"辩证唯物论"（dialectical materialism）的科研思路，尝试将前文所论述的三种范畴论整合为"范畴新论"，或叫"动态图式范畴论"，这样就能兼顾各种观点的优势，可解释更多的社会科学和自然科学中的现象，包括语言。这也算是四川外国语大学体认团队的一点发展吧。

9.3.2　范畴化的民族性

洪堡特提出了"语言世界观"（linguistic worldview），认为操不同母语的人会有不同的世界观；百年后的两位美国学者萨丕尔（Sapir，1884—1939）和沃尔夫（Whorf，1897—1941）提出了"萨丕尔－沃尔夫假说"（Sapir-Whorf hypothesis），认为不同民族因使用不同的语言结构，会产生对世界的不同看法，人类的思维是顺着语言现成的沟辙行进的，受到了语言的束缚。也就是说，说话者的语言通过语言系统中的范畴化方法来决定说话者的世界观。

学界基本接受了这一观点，但很多学者不主张他们所用的"决定"二字，拟将其修补为"影响"，我们认为这很妥当，语言影响世界观，而决定世界观的因素还有很多。据此，操不同语言的民族范畴化世界的方法和结果不尽相同，我们自然就能得出"范畴具有民族性"这一观点。雷科夫于 1987 年出版了《女人、火和危险事物：范畴揭示了人类心智中的什么》（*Women, Fire and Dangerous Things: What Categories Reveal About the Mind*），书中述及了澳大利亚一个土著民族将"女人、火、危险事物"归为同一范畴 balan，而在英语和汉语中，它们是分属三个不同范畴的，雷科夫这本书的核心内容实际上在副标题上。

英民族和汉民族划分范畴的方法也不尽相同，这体现在两国语言词汇化和语法化的方式存在诸多差异上。

9.3.3　词汇范畴化的差异

1. 范畴划分的主观性

我们知道，跨语言对比时很难找到完全对等的词语和句型，英汉两种语言中的绝大部分词语只具有大致对应的关系，这也印证了索绪尔（1996）的观点，语言符号不是被直接贴在已经划分好范畴的客观外物上的。各民族在认识世界、划分范畴、词汇化和语法化时必定涉及人们的主观性，我们在第 5 章所论述的"SOS 理解模型"可较好地解释这一现象：两边的 S（主体）面对相同（或大致相同）的客体时，根据辩证唯物论的"物质是精神的基础"这一基本原则，必定会产生部分相同的认识，这是保证有效交际的基础；但 S 也要发挥其人本作用，范畴划分必有不同，可用以解释交际不畅或误解等情况。A 明明说的是这一事物，B 却理解成另一件事物，这类故事很多，如汉语中"对象"一词在我国某些地区指"结婚前的男朋友或女朋友"，而在另一些地区，人们将"妻子"也称为"对象"，前者就被纳入后者所表示的范畴之中，可用动态范畴论中的"聚范畴"做出合理解释。

不同地区划分范畴的方法不同，更不用说跨语言、跨民族、跨人群、跨时空时得出的认识了，它们的差异更大，这就是德里达所说的"延异"。这种范畴化的差异主要反映在词语上。汉民族常对同类事物进行归类，将共属同一大类的事物、概念、现象等归并起来，用一个"类别范畴词"（或叫概括词、支配词、上义词、上坐标词）来指称它们，如：

[26] 树、花、草、羊、牛、鱼、鸟、馆、所、场、室、酒、笔……

由它们构成的具体词就叫下义词、受支配词、"下坐标词"（hyponym，subordinate）等。我们可将其称为：

[27] "区别特征 + 范畴词"或"属 + 种差"

的图式性范畴化构词法，如前文所举的"树"，详见王寅（1994）。

这样，所构成的下义词就被归入同一个上义范畴之中，可大大降低人们在理解词语所属范畴时所付出认知加工的努力程度，见到由这些类别范畴词构成的词语，自然就知道了它们所隶属的范畴，也就能大致获得其意义。

而英民族并没有很好地遵循这一经济原则来构词，常给一个事物，或一个概念或现象另起一个新名，多遵循"一物用一词"的构词思路，在形式上并无关联，命名时与该事物或概念的所属范畴无联系。这不仅给人们的识记带来麻烦，而且"经济效益"较差。难怪英语中有多达一百万或更多的单词，而汉语则擅长使用属加种差的构词法，大大提高了语言的经济性。例如，计算机软件中的汉字库收入 6 763 个汉字，其中常用字 3 755 个，次常用字 3 008 个，若能识得 3 700 个汉字，覆盖率可达 99.9%。这也是造成英汉两语言词汇量（字汇量）有巨大差距的主要原因。

2. 词义的动态对等

在跨语言词典中，一个词条后会列出若干部分对等词，说明它们的意义是不完全对等的，其间具有较大的动态性，因此在翻译学中有"动态对等"一说。例如，汉语中严格区分"发"和"毛"，是绝对不能用错的，而英语是不分的，不管在身体的什么部位，也不管是人，还是畜生，一律都叫 hair。英民族还不区分"哥哥"和"弟弟"、"姐姐"和"妹妹"，一个 uncle、aunt、cousin 竟然可包含汉语中的几个乃至十几个对等词。英民族在划分某些类型的范畴时比我们更细致入微，如"连续"，英语区分出了"continuous"（不间断的继续）和"continual"（有间断的继续），汉语有所不同，如：

[28] 连续下了 10 天的雨。

在英语中就要区分出是连续不断地下了 240 个小时的雨，还是下下停停、停停下下地下了 10 天。更多例子如表 9–2 和表 9–3 所示：

表 9–2　英汉词义的动态对等

英　语	汉　语
heel	脚跟；掌跟
back	背；腰
ache	痛；酸
play	玩；耍
face	脸；面
chip	薯片；芯片
wear	穿；戴；蓄（胡须）

表 9-3　汉英词义的动态对等

汉　语	英　语
船	ship, boat, vessel
山	mount, hill, mountain
天	sky, heaven
地	land, ground, earth, soil
借	borrow, lend
跳	jump, leap, bounce, spring
农民	farmer, peasant, husbandman
饭	rice, meal, dinner

3. 范畴词空缺

跨语言对比时我们常发现"词汇空缺"（lexical gap）的现象，即在一个语言中有的词汇，在另一个语言中找不到对应词，这种现象，归根结底是跨民族范畴化方法存在差异。从表 9-4 中，可见这种现象的端倪。

表 9-4　英汉词汇空缺举例

英　语	汉　语
weak point	弱点；弱项
strong point	＊强点；强项
shortcoming	短处
＊longcoming	长处
a blind man	盲人
a lighted man	＊亮子
bad eggs, wrong-doer	坏蛋
good eggs, good-doer	＊好蛋
good-looking	好看的
＊bad-looking	难看的

　　在英汉语言词汇层面的对比上，英语常缺少"概括词"。正如前文所言，汉语常用"区别特征＋类别范畴词"图式性范畴化方法，充分体现了"物以类聚，人以群分"的原则，因此汉语中的"类别范畴词"十分丰富，而在英语中往往找不到它们的对等词。例如：

① 动植物类的羊、鸡、鱼、树、花、草……，是一些构词能力很强的范畴词，而英语中几乎是一个具体事物就用一个不同的单词，它们在形式上看不出有什么联系。例如，我们在过"羊年"时，老外常问我们：

[29] 你们过的哪个"羊"年？

　　因为他们缺少表示"羊"范畴的上义词，只好模模糊糊地说成：

[30] the Year of Sheep（绵羊年）

　　英语中似乎也找不到相当于"鸡"的范畴词，我国究竟过的是什么"鸡"年，似乎也成了翻译界的难事。

② 酒、笔、杯、星也难以找到对等的英语单词。wine 指葡萄酒，不是"酒"的总称；pen 是蘸水笔，也不是"笔"的"类别范畴词"；cup 的原型是"瓷杯""茶杯"，其他的杯子也常是"一杯一词"；star 指发光的恒星；planet 指不发光的行星，太阳系的八大行星均有不同的名字，记忆起来甚是麻烦。似乎天上有多少星，英语中就有多少"星"单词。

③ 馆、所、场、室、楼、阁、台似乎可概括我们绝大部分建筑和居住场所，它们本身都具有较大的概括性，可包括很多不同类型的建筑物。而在英语中要用到若干不同的单词才能将其表达出来，经济性实在太差。因此我们可以断言：英语中似乎找不出类似汉语的这些类别范畴词。

④ 机、器、计、表一类词也具有强大的概括力，几乎可说尽人类的创造物，如柴油机、发动机、计算机、电器、兵器、武器、家计、大计、美人计、手表、电表、报表等。而英语的很多机器、仪表、量具等，常用不同的单词来表示，这也与汉语相对应的

词汇构成一个鲜明对比。

⑤ 汉语用"笑"和"哭"这两个字，就能传达很复杂的"喜怒哀乐"，如大笑、微笑、欢笑、憨笑、哗笑、傻笑、偷笑、嘲笑、哀哭、大哭、号哭、啼哭、痛哭、傻哭等，而英语常常是"一笑一词"或"一哭一词"。

掌握英汉语中这种构词法的差异，实际上就可洞察出两民族范畴化的差异，不仅会大大有益于我们正确理解和翻译它们，不至于出现强行"拉郎配"现象，造成不必要的误解；而且还可上升到"认知层面"，理解英民族的思维方式，将"素质教育"贯穿在语言教学之中，这真是应了"授人以鱼，不如授人以渔"的古训。

4. 词义模糊

正是由于英汉两民族在划分范畴时具有各自的民族性特征，绝大部分词语的意义不是完全重叠的，而是互有交叉，只是基本对应，这从一般的英汉和汉英词典中可见一斑：在绝大部分英语词条下有很多汉语对等词；在一个汉语词条下也列出了若干英语词语。这常会影响到准确理解和使用词语的意义，很多论著都有述及，这已成为我们教材和课堂上的老生常谈。例如，一个 back 对应汉语中的"腰"和"背"，据说英语中没有"腰酸"的"酸"，常用 ache 来描写，这样 ache 就可被译为汉语中的"痛"和"酸"，那么一个 backache 就可能有四种不同的理解：腰疼、腰酸、背疼、背酸。

这样不全等的例子比比皆是，此处不再一一列举。

9.3.4 音译 + 范畴词

汉语从英语中借用了很多音译词，有些词常用：

音译 + 类别范畴词

的图式范畴化的方法来翻译，将英语不经济的构词方法纳入"属 + 种差"的构词法系统之中，别有一番风味，例如：

[31] rifle 来福枪　　　　　　tractor 拖拉机
　　 beer 啤酒　　　　　　　card 卡片
　　 neon 霓虹灯　　　　　　golf 高尔夫球
　　 jeep 吉普车　　　　　　ballet 芭蕾舞
　　 jacket 夹克衫　　　　　marathon 马拉松长跑
　　 mauser 毛瑟枪　　　　　Tzar 沙皇
　　 flannel 法兰绒　　　　　Islam 伊斯兰教
　　 shark 鲨鱼　　　　　　　motor 摩托车
　　 T-shirt T 恤衫　　　　　AIDS 艾滋病
　　 bandage 绷带　　　　　　opium 鸦片
　　 valve 阀门

另外，还有一些洲名、国名也是采用这种"音译 + 概括词"的方法构成的，如：

[32] Asia 亚洲　　　　　　　Europe 欧洲
　　 Africa 非洲　　　　　　Australia 澳洲
　　 America 美洲
　　 England 英国　　　　　Thailand 泰国
　　 France 法国　　　　　　Deutschland 德国
　　 America 美国

依据 SOS 理解模型可知，世界各地的人们面对相同或大致相同的客观外界会产生同感，但也会体现一定的主观性，对世界形成了不同的认识，因而就有了不同的范畴化方法。汉民族往往遵循"区别特征 + 类别范畴词"或"属 + 种差"的图式思维法来构词，形成了汉语词汇层面的一道独特风景线，它与英语在词层面上的基本思路存在重大差异，我们认为这些现象都可用"动态图式范畴论"来做出合理解释。

第 10 章
动态图式范畴论与语音研究

10.1 引言

就语言而言，经典范畴论面临很多窘境，很多现象得不到合理的解释，可用原型范畴作出补充，但还不够，图式范畴论和动态范畴论更有解释力，我们且将其称为"动态图式范畴论"，主要有以下几个新观：

① 语言范畴具有原型性，同一范畴中各成分地位和功用不相等。
② 语言中大部分范畴具有抽象性图式表征属性，而非具体样本。
③ 同范畴中多成员的抽象程度不尽相同，有的比其他更加抽象。
④ 语言中的范畴只具有相对稳定性，各层次的动态变化不平衡。

例如，以英语为母语的幼儿早年就习得了"时态"(tense) 范畴，各种时态与"体"（aspect）相结合，都有其典型用法，在心智中亦已形成一个图式性理解（参见下文），但在实际应用中常会发生动态性调整，一个时体除了有其基本用法之外，还允许有若干其他非典型用法。

我们还认为，范畴的抽象性图式有层次性之分，即有些范畴内成员的抽象性弱一点，有些强一点，还有些更强。抽象程度弱的图式，其解释力相对而言就要弱一点，抽象性越强的图式，其所包含的具体情况越多，也就越具解释力。这与词汇语义场中的上义词和下义词的区分基本相当。

语言学所论述的"标记性"（markedness）与我们提出的范畴新论密切相关，越是"无标记的"（unmarked），越代表了语言中的基本特征，越具原型性；越是有标记的，越具有边缘性。越是无标记、具有原型性属性的表达，越是在语言习得早期就能被掌握的，且习得者付出的认知加工努力越小；越是有标记的、具有边缘性属性的表达，越是后期才能被习得的。这样，我们就可将标记理论置于范畴新论中重新解读，从哲学上进行了升华。

认知语言学家泰勒为语言学界的范畴化研究做出了重要贡献，他于1989年出版了《语言范畴化——语言理论中的原型》，该书多次重印，还多次再版，此后世界各国的语言学家就开始广泛运用范畴新论来分析语言中的诸多现象，为很多难以解释的现象找到了一种可靠的解释方案，特别重要的是，为"规则总有例外"找到了理论基础，终使语言学研究摆脱了客观主义的窠臼。

正如上文所言，原型范畴论也有自身之不足，本书还基于图式论和动态论提出了"动态图式范畴论"以作发展。我们认为，范畴内部成员的地位不相等，有"典型"和"非典型"之分，前者处于范畴的中心，人们一提到这个范畴，首先会想到它；后者处于范畴的边缘，一提到该范畴，人们不会马上想到它。人们并不总是基于原型样本来建立范畴的，成人常基于抽象图式来建构范畴，这里的"图式"仅是一个总体描述，允许有诸多的枝节调整，这就为"动态范畴论"提供了理论基础。范畴的中心成员与边缘成分是相对来说的，在一定的时间段和一个言语社团中具有相对的稳定性，这是保证人们进行正常交际的基础，但也不是一成不变的，有些范畴成员的地位会发生"动态变化"，甚至从一个范畴成员演变成另一个范畴的成员。我们认为这一范畴新论对于语言分析十分有用，可弥补"一刀切"和"原型论"带来的窘境，算是我国学者对范畴论的一个发展。

10.2　标准语与方言

全世界各个国家，特别是多民族国家，为了便于交流，克服"十里不同音"的难题，都确定了一个"标准音"。想当初，秦始皇统一六国后，为稳固国家统治，马上颁布了"书同文、车同轨、度同制、改币制"等政策，使人们能够有效地进行思想交流和商品买卖，从中可见其睿智。中华人民共和国成立后确定的"普通话"，就是以北京语音为标准音，以北方话为基础方言，以典范的现代白话文著作为语法规范的现代汉民族共同语，电视台、广播台等国家媒体都以此为基础进行活动。但许多地区还依据习俗保留了若干方言，学界仅对我国汉语就划分出了七大方言区：

> 北方方言、吴方言、赣方言、湘方言、闽方言、粤方言、客家方言。

英语中所说的"King's English"或"Queen's English"，是英语的标准音，英国也有很多地方方言，我国学者到爱尔兰后，他们虽然说的也是"英语"，但当地的方言十分难懂，这些现象都可用原型范畴论做出统一解释。

"正字法"，指语言中规范的读音或书写形式，上文论述了语音层面的原型和非典型的现象。书写同样也存在标准字形或词形，也有变异写法，前者为原型，后者为边缘，相当于我们常说的"异体字"或古代的"通假字"，如：

[1] 暗—晻　榜—牓　杯—桮　奔—犇　冰—氷
　　参—叁　惭—慙　草—艸　插—挿　粗—麤
　　村—邨　鹅—鵞　峰—峯　奸—姦　粳—秔
　　糠—穅　裤—袴　馈—餽　略—畧　楠—枏
　　昵—暱　暖—煖　秋—秌　膻—羴　剩—賸
　　松—枀　溯—泝　诉—愬　椀—盌　鲜—鱻
　　猿—猨　棹—櫂　妆—粧　资—貲　……

英语中也有类似的情况，下例中前者为正常写法，后者为非常规写法（异体词）：

[2] aspect—respect 方面
　　atypical—untypical 非典型的
　　baggage—luggage 行李
　　brim—rim 边缘

brother—fraternal 兄弟（的）

cicada—cicala 蝉

incomplete—uncomplete 不完整的

inconclusive—unconclusive 非决定性的

papaw—papaya 木瓜

rhyme—rhythm 韵律，节奏

rude—crude 粗野

tyre—tire 轮胎

uncomfortable—discomfortable 不舒服的

unjust—injust 不公正的

我们在几大网站上调查了 incomplete 及其异体词的使用情况，如表 10-1 所示：

表 10-1　incomplete 与 uncomplete 语料调查

corpus	incomplete	uncomplete
iWeb	115 854	134
COHA	2 448	0
BNC	694	0
COCA	6 983	4
Now Corpus	81 544	29

从上面数据可见，imcomplete 为原型用法，而 uncomplete 当可被视为边缘成分，且还是十分边缘的成分，甚至可将其从词典中删除，在 COHA 和 BNC 中已不见其踪迹。

最典型的地域性异体字是英美之间的拼写差异，美国为能体现自己的个性，在语言上力求简单实用，拼写上常去掉不必要的冗赘部分，如：

[3] color—colour　　favor—favour　　honor—honour
　　humor—humour　theater—theatre

10.3　音素、音位、音节

结构主义语言学家（包括描写主义者）采用二元对立的分析方法提出了独特的分布描写法，为语言研究开辟了这一新方向。他们据此成功地分析了人类的语音结构，如区分出元音和辅音；前者又可分出前元音和后元音，后者又可分出清辅音和浊辅音等。这一方法还被扩展到音位学，学者提出了"标准音位"（standard phoneme）和"音位变体"（allophone）这样的概念，标准音位相当于抽象图式，在这个图式中允许有各种细微的变化，但不管怎么变，人们还能听得出它们属于同一音位范畴，实施着相同的表义功能，这就涉及我们提出的范畴新论。

英语中典型的"音节"（syllable）由一个元音或一个（数个）辅音组成，且形成了一个"响音"（sonority），但是英语中还可用 /l/ 和 /n/ 组成一个响音，也可被视为一个音节，我们可将其称为"非典型音节"，如 sickle（/sikl/）等。英语中有时几个辅音也能构成一个响音，如 psst（引人注意），它相对于典型的音节来说，是音节范畴的边缘成员。

10.4　拟声词

西方的许多学者早就注意到了语言中"音"和"义"之间存在象似性关系，如古希腊时期的柏拉图曾论述过语言起源于拟声的观点，特别是叶斯伯森（Jespersen，1922）在 100 年前就将语言起源归纳为四种学说：

① "拟声说"（the theory of bow-bow）：模仿自然界或者动物发出的声音，又叫"汪汪说"。

② "感叹说"（the theory of pooh-pooh）：最初的词应是表示疼痛、恐怖、欢乐等感情而情不自禁发出的呼声，又叫"呸呸说"或"啵啵说"。

③ "声象说"（the theory of ding-dong）：声音和意义之间存在某种自然和谐的一致性，直击人们的心灵，又叫"叮咚说"。

④ "喘息说"（the theory of yo-he-ho）：用劳动时发出的喘息声来给

劳动的动作命名，又叫"吆嘿嚄说"。

李葆嘉（2001）曾指出，"象声"是一种最古老、最自然、最基本的命名方式，从中可解读出自然语言之诸多奥秘；叶舒宪（1994：375）也指出：

> 摹声作为人类最早的言语能力之表现，不仅在汉语中直接催生了"重言"模式，而且又间接地孕育了足以显示汉语诗歌潜能的另外两种模式——双声与叠韵。这三种模式的交互作用和错综组合，为汉语创作中的韵语——韵文形式奠定了音乐美的基础。

学界大多同意语言的模仿起源，这也适用于语音层面，人类初民主要是通过模仿客观外物在空间发出的声音或动物的叫声来建构拟声词的，尽管它们在语言中所占比例很少，但却代表着语义之初。如果我们仔细朗读英语单词，其中也能找出音与义结合中的理据，并非像索绪尔所说的"任意性为第一原则"。特别是某个音一旦与某个义建立了特定的关系后，它就有可能成为一个原型图式，会扩及或影响到表达新义时对音的选用。英语单词 /rəul/（roll）表示"滚动"之义，人们就以此为原型将其扩展到其他单词中，如：

/trəul/ (troll) 使旋转

/skrəul/ (scroll) 纸卷；卷轴

/inrəul/ (enroll) 卷；包；招进来

/rəulə/ (roller) 滚筒

/rəuliŋ/ (rolling) 滚动的

/rəuteit/ (rotate) 旋转

/rəutəri/ (rotary) 旋转的

/rəutə/ (rotor) 转子

/rəum/ (roam) 漫游

等。体认语言学主张认真研究音义之间的象似性，且将其运用到语言教学中，必将会为学生提供记忆单词的极佳线索，达到事倍功半的效果。

英语中还有很多"取音造词"的现象，它们在音义上的理据性关系为我们教学语言提供了极好的记忆途径，如一些直接拟声词：

cuckoo 布谷

buzz 嗡嗡声，吱吱声

sizz 咝咝声

plop 扑通声

whiz 飕飕声

cluck 咯咯声

bark 汪汪（狗叫声）

miaow/meow 咪咪（猫叫声）

squeak 吱吱（鼠叫声）

bray 嘟（驴叫声）

quack 嘎嘎（鸭叫声）

bleat 咩咩（羊叫声）

Tick-tack 滴嗒声

coo 咕咕（鸽叫声）

neigh 嘶（马叫声）

croak 呱呱（蛙、鸦叫声）

beep 哔哔声

beeper 呼机，BP 机

英语中还有一些拟声词对自然界声音进行了语言加工，只要多朗读几遍，就不难体会出其取音造词的理据，如在教 cock 时，可让学生们模仿"公鸡"的叫声，有助于记住其发音 /kɔk/ 和拼法。同类词还有：

bomb 炸弹

bombard 轰炸

brabble 吵架

drip/drop 滴

bubble 水泡（水沸腾向上冒声）

brawl 吵架

clang 铿锵声

clatter 咔嗒声

cough 咳嗽

chatter 喋喋声；潺潺声

mumble 喃喃，咕哝

roll/roar 隆隆声

smash 捣碎

tinkling 丁零声

trickle（水）下滴

splash 溅洒

感叹词是人们表示某种情感时发出的一种声音，其拟声效果明显，且世界上很多语言都有大致相仿的这类词，如：

o /əu/ 哦

oh /əu/ 嗬

oho /əuˈhəu/ 哦嗬

ah /aː/ 啊

aha /aːˈhaː/ 啊哈

ahem /hm/ 哼

hush /hʌʃ/ 嘘

pshaw /pʃɔː/ 啐（表示轻蔑）

Mm /m/（表示同意）　　　　　　　whew /wju:/ 唷

10.5　语音象征

"语音象征"（sound symbolism），又叫"征视为联觉"（synaesthesia）：在抽象图式化的层面上总结出"音义象征单位"内部关系的象似性，通过某个语音或语音组合能自然联想到其意义，现简列如下：

10.5.1　/sn/

该音常表示与鼻音、嗤之以鼻（轻蔑）等义相关的词，如：

sniff/snuff 用鼻子使劲吸	snore 打呼噜
snuffle 抽鼻子	snuffy 鼻音的
sneeze 打喷嚏	snooze 打瞌睡
snoot 鼻子	snub 扁鼻子
snout 大鼻子	snort 哼着鼻子说
snivel 流鼻涕	snot 鼻涕
snicker 窃笑	snide 卑鄙的；假的
snigger 窃笑	snipe 可鄙的人

snook 以拇指顶着鼻尖张开其余四指，以表轻蔑的动作

10.5.2　/n/

该音常表示否定，如：

no	not	never（比较 ever）
none（比较 one）	neither（比较 either）	nor（比较 or）
nobody	nothing	nowhere
nohow	null	negate

nihil	nil	nill
nay	naysay	naught

英语中还有由 non-、un-、in- 等否定前缀构成的大量单词, 参见下文。

10.5.3　/sl/

该音常表示"嘶溜, 滑"之义, 细细体会, 就能发现英民族这一构词心理, 如:

slip/slide 滑动

slick/sleek/slippery/slithery 滑的

sled/sledge/sleigh 滑雪橇

slat/slate/slab 条板

sloppy/slosh/sloughy/sludgy/slushy 滑的; 泥泞的

slope 斜坡

slump 暴跌

slick 光滑的

sly 狡猾的

10.5.4　/ʃ/

该音可表示急促动作和贬义色彩, 如:

dash 猛撞	rush 冲; 闯
crush 压; 挤	crash 碰撞; 坠毁
clash 猛冲	flush 用水冲洗; 奔流
brush 刷去	smash 捣碎
plash 溅泼	splash/slosh 溅泼
thrash 鞭打	slash 乱砍

"急促"的动作难免"鲁莽",这个音还含有"贬义",如：

foolish 愚蠢的	selfish 自私的
wolfish 残暴的	childish 幼稚无知的
mannish 野小子似的（指女子像男子的粗犷，含贬义）	
womanish 娘娘腔的（指男子有女子般的"娘娘腔"，含贬义）	
bookish 书呆子	devilish 魔鬼似的
snobbish 势利的	sluggish 懒惰的
knavish 无赖的	rakish 放荡的

10.5.5 /niʃ/ 和 /laik/

这两个音常表示贬义和褒义，如：

mannish 女汉子似的，假小子样的—manlike 男子汉似的，很男人的
womanish 娘娘腔的—womanlike 女子似的，很女人的
childish 幼稚的，无知的—childlike 天真的，无邪的

10.5.6 /m/

该音在很多语言中指称"妈妈"及与女性有关的意义，如：

mother/mama/mummy/mom/mammy 妈妈	
maternal 母亲的	mistress 夫人
matron 主妇	miss 小姐
matri-/metri- 母的，女的	maid/maiden 少女

10.5.7 /di/ 和 /dis/

这两个音多表示"低调"，含"低，下，否定，倒转，离开，减少，

剥夺"等义，如：

decline 下降；拒绝	debauch 堕落
decay 腐朽	deceive 欺骗
deny 否认	dismiss 开除
disorder 混乱	disrupt 分裂

10.5.8　隐蔽拟声

英语中有些单词的拟声有一定的隐蔽性，我们可顺着拟声法的思路深入考察和体会它们的读音，就能悟出其音义间的图式性理据，如：

beat 模仿心脏跳动时的声响，进而转意为"跳动，敲击，打"
belch/hiccup 是在模仿人们打嗝时发出的声响而形成的单词
bomb/bombard 是在模仿炸弹爆炸时发出的响声
coarse 从该词的读音上不难体会出"粗糙的，沙哑的"之意
cock（公鸡）模仿公鸡打鸣时的声音，略经语言加工而成
cough（咳嗽）模仿人咳嗽时发出的声音，略经语音加工而成
cut（切，削）就是模仿人们用刀"咔嗒"一声切东西的声音
drip/drop/trickle 是在模仿水从上面滴下来时发出的声音
put（放，置）就是模仿将事物放置于某处发出的"扑通"声音
tremble/snatch/catch 在读音中可体会出相应的动作和状态
boil/bubble 似乎是在模仿水沸腾和水泡向上冒时发出的声响

10.6　时值与动作长短

生活经验告诉我们，"快"的动作就"快说"，"慢"的动作就"慢说"，此乃常情，现比较如下例词：

quick/swift/prompt 快	slow/tardy 慢
rapid/rash 快	lazy/idle 懒散的

hurry/scurry/skurry 快   leisure 慢腾腾

sudden/abrupt 突然的 gradual 渐渐的

hustle/bustle 匆忙   composed 沉着的

flurry 慌张   steady/calm 沉着的

scuttle/scutter 急赶   pace 慢慢地走

spring 跃；突起   progress 进展

run/skip/jump 跑；跳；蹦 go/walk 走；散步

rush/dash/crack 冲；闯 roam/saunter 漫游

grip/grap 快抓   hold/take 抓住

snatch/snag 快抓   maintain/keep 保持

drip/drop 滴   flow 流淌

spin（快速）旋转   move/go 移动

nap 小睡   sleep 睡觉

10.7 语调

  语调也有意义，它也有原型图式和非原型图式之分。全世界绝大部分语言用陈述句、降调来表示肯定含义，用疑问句、升调表示疑问含义，这样的用法具有"无标记性"（unmarkedness），属于"原型用法"，如：

[4] Kitty and Tom are best friends.

[5] Copper conducts electricity.

[6] The order of speakers is not arranged in advance.

  陈述句可分"肯定陈述句"，如例 [4] 和例 [5]，以及"否定陈述句"，如例 [6]，它们传递的都是表示肯定含义的信息，因此通常用降调。

[7] Are you kidding?

[8] How do they figure out the problem?

[9] Shall we go home or stay here for the night?

[10] You will be away for long, won't you?

[11] You won't be away for long, will you?

英语中的疑问句分四种：

① 一般疑问句，如例 [7]。
② 特殊疑问句，如例 [8]。
③ 选择疑问句，如例 [9]。
④ 反意疑问句，又细分为两小类——肯定＋否定，如例 [10]，以及
　否定＋肯定，如例 [11]。

这些不同类型的疑问句都有原型性语调：一般疑问句读成升调；特殊疑问句读成降调；选择疑问句前部分用降调，后部分用升调；反意疑问句的前部分总是用降调，后部分多用升调；如果说话人认为前面讲的是事实，后面也可用降调。这是句型和语调的原型图式，但也允许有例外，若将例 [4] 至 [6] 这类的陈述句读成升调，即使不改变词序，也可用来表示疑问的含义。如将一般疑问句：

[12] Can you lend me some money?

说成降调，则表明讲话人更多期待着对方给予肯定的回答。再如：

[13] I've given you all I have, you should be satisfied?

通过前半句的铺垫，后半句说成降调更妥。特殊疑问句一般用降调，因为它传递了部分肯定信息（Lakoff & Johnson，1980），这些可用下两个概念隐喻做出回答：

[14] UNKNOWING IS UP
[15] KNOWN IS DOWN

一般疑问句也可能表示感叹含义，如：

[16] Is he a good guy?

它虽在形式上是疑问句，句后用"问号"，亦可读成升调，但言外之意却可能表示肯定，意为"他不是个好家伙"。语言学界常用"表层

结构"和"深层结构"来解释这一现象，两者可能吻合，也可能不吻合，前者当可被视为"原型图式"，后者即为"非典图式"。

特殊疑问句用升调还可表示"语气温和，友好关切，商量"等含义，如：

[17] What's your name?

[18] What can I do for you?

[19] Where should I park my car?

例 [17] 用升调少了一点威严感，特别是对小孩或胆怯者来说，它可表示温和或安慰；例 [18] 用升调可表示关心；例 [19] 用升调表示商量。

第 11 章
动态图式范畴论与词法研究

11.1　词与词缀

英语中最小的表意单位是"词"，这是就原型而言的，还可包括"词缀"（affix），这是非典型成员。泰勒（Taylor，1989）曾列述了英语单词的五大属性：

① 可单独使用，前后可有停顿。
② 一个单词通常要有一个重音。
③ 音位较稳定，不随语境而变。
④ 相邻成分的选用要求不严格。
⑤ 在适当条件下可在句中位移。

例如：

[1] I love football.

这个简单句由三个独立的单词构成，若说得慢一点，可感觉出其间的停顿。单独念它们时都可有自己的重音，在组成句子时，为能体现出抑扬顿挫之感，当可有轻有重。尽管这三个词的读音会因人而异，但它们有相对稳定的音位。这些词也可被用于其他场合，与其他词搭配成句。该句也可变换词序，说成：

[2] Football I love.

我们认为，泰勒为英语单词提炼出的这五条属性还是恰如其分的，准确地制定了英语单词的原型标准。他（Taylor，1989）据此认为，词缀范畴的原型也应具有对应的五个属性：

① 不可单独使用，与词干无停顿。
② 一个词缀一般没有自己的重音。
③ 其音位可受到所附词干的影响。
④ 对相邻词干的择用要求很严格。
⑤ 不能自由位移，不能随意省略。

例如，英语中表示过去时的后缀图式 -ed，它不可能单独使用，与词干读音紧密相连，且不重读。其读音要受到词干读音的影响，根据情况可读成 /t/ 或 /id/。这个后缀只能加在动词后面，不能出现在其他位置。

泰勒为"词"和"词缀"所列述的标准适用于绝大多数英语单词，但也有例外，如英语中的冠词 a、an、the，我们根据上述分析就很难将其归类，因为它们的前后虽有空格，词典上也将其处理为单词，但它们却不可单独使用，只能与名词共现（冠词，顾名思义，为名词戴了个帽子），时而还可省略。上述分析是就"原型"而言的，允许有例外，因此"冠词"是英语单词范畴的边缘成分，让任举一个英语单词的例子时，我们一般不会首先想到它，这也与"动态范畴论"完全吻合。

11.2　多义单词

认知语言学家依据原型范畴论主张将语言中的多义词视为一个范畴，这个词所具有的多个义项就是这个范畴中的多个成员，它们也有"中心和边缘""图式和例示"之分，义项不断扩展也可用动态范畴论做出合理解释。例如，hand 主要有以下几个义项：

① 手，人身体上的一个部件。
② 转指动物（如猴子）的手。
③ 进而转指四足动物的前脚。
④ 还可用以转指钟表的指针。

⑤ 局部代整的转喻指"人手"。

⑥ 因手的灵巧可转指"手艺"。

⑦ 因用手书写而转指"签字"。

⑧ 因用手做事而转指"帮助""掌管""插手""一手牌"等。

……

我们不难看出第①条是 hand 的中心意义，也可将其视为"原型意义"，人们依据"手"抽象出"手的图式"，然后根据隐喻认知机制，依葫芦画瓢地、动态地扩展出该词的其他意义和用法。

即使是意义单一的词语在不同语境中也会有不同的含义，如将 breakfast 译为汉语的"早饭"，其原型用法指早上起床后、上班前吃的第一餐。如果有人一觉醒来已是下午三点，尽管英语中仍可将其说成 breakfast，但若用汉语的"早饭"来指称它显然不妥，这也涉及该词的原型用法和边缘用法。

这里，我们顺便介绍德文和沃斯泊（Dirven & Verspoor，1998）确定多义词原型意义的三种方法：

① 按照经验方法，如说到某词时首先会想到的那个意义。

② 按照统计方法，多义词项中使用频率最高的那个意义。

③ 按照扩展方法，成为扩展出其他意义基础的那个意义。

例如，当人们听到：

[3] Their hands are a bit dirty.

首先会想到的是 hand 的第①条意义，常将其理解为：这些人的手上有点脏。而不会想到"猴子的手脏"或"四足动物的前脚脏"，更不会想到"钟表指针上有灰尘"或"这些人的手脚不干净（小偷）"等，人们更倾向于用多义词的那个最基本、使用频率最高的义项。

11.3　词类划分

语言学家，或正确地说是哲学家，早在 2 000 多年前的古希腊时期就开始划分"词类"（the parts of speech），且思考了划分词类的标准，如亚里士多德在《解释篇》(方书春，1959) 中论述名词和动词的区别时曾用"时间性"作为区分标准：相对于时间没有变化的是"名词"；相对于时间有变化的是"动词"，此后学界一直视这一区分为语言研究的基础。西方学者据此还确立了 S–P 模板（即主语—谓语结构，明显具有图式性），用名词作 S（主语），用动词作 P（谓语），且认为符合这个模板的表达就是"真知"，据此就获得了真理，掌握了世界的本质。这是西方思想、文化和语言的基石（沈家煊，2019）。

传统语法所归纳出的规则只能适用于一般情况，其实每条规则都有例外，有的多点，有的少点。这就是我们乐以引用的一句名言：

Every rule leaks.

因此在语法课上，一般说来、通常说来、大部分情况下等亦已成为高频口头禅，这为我们的讲解留下了余地。传统语法书上所划分出的词类也有这类情况，它们或多或少都有例外，"一词多类"的现象太普遍了。这里就涉及范畴新论。一般说来，列在词典上首要位置的为其原型词类，其他词类是基于它通过隐喻转用而出的。例如，前文所举的 hand 例，它首先是个名词，指"人手"，然后依据"用手做事"这一现象，才隐喻性地派生出了其他若干用法，在前文所列的第⑧条就是非典型用法。

11.4　名词

11.4.1　名词分类

名词是表示人或事物名称的词，其中的情况十分复杂，所指对象有大有小，有实有虚：

①典型类名词：实存物，且具有三维空间，如男人、杯子、桌子等。
②次典型名词：难以描述其三维空间，稍"虚"，如大学、教师等。

③ 再次典名词：虽可以感觉得到，但是触摸不到，如夜晚、昏暗等。

④ 边缘性名词：表行为、性质、拟想对象，如爱好、慈祥、理想等。

前两小类多为可数名词，第④小类多为不可数名词，第③小类介于其间，有些可数，有些不可数。可数与不可数之间也不是一刀切的，还有很多变数，因而有些名词既可用作可数名词，又可用作不可数名词。

11.4.2　可数与不可数

英语属于"屈折语言"（inflecting language，inflected language，inflexional language），很多意义是通过词语的屈折变化来表达的。例如，可数名词的复数意义主要是在词尾加 s 来实现的，这可被视为名词复数的原型图式；为方便发音，以 s、x、ch、o 等字母结尾时，一般要调变为加 es，读成 /iz/。此外，一些名词复数有特殊变化形式，还有些名词的单数和复数同形，这些当可被视为名词原型图式的变体，如：

[4] child—children

　　foot—feet

　　tooth—teeth

　　mouse—mice

　　man—men

　　woman—women

　　person—people

　　ox—oxen

　　datum—data

[5] deer　sheep　fish　cattle　salmon　trout　Chinese　Japanese

我国的度量衡英译后，也是单复数同形。

有些名词在结尾处加了 s 之后，其意义并不一定表示复数概念，而是变成了一个新词，可将其视为名词复数的边缘用法，如：

[6] advice 建议—advices 报道

　　air 空气—airs 架子

　　appearance 出现—appearances 外表

　　arm 手臂—arms 武器

　　art 艺术—arts 文科

　　ash 灰—ashes 骨灰

　　attention 注意—attentions 殷勤

　　blue 蓝色—blues 沮丧，闷闷不乐

　　brain 大脑—brains 智慧

　　compass 指南针—compasses 圆规

　　control 控制—controls 控制中心

　　custom 核检—customs 关税

　　damage 破坏—damages 赔偿金

　　exercise 锻炼—exercises 操练；演练；练习

　　experience 经验—experiences 经历

　　feature 特征—features 容貌；仪容

　　good 好—goods 货物

　　green 绿色—greens 青菜

　　ground 地面—grounds 庭院；沉淀；理由

　　horizon 地平线—horizons 思想范围与境界

　　interest 兴趣，爱好—interests 兴趣；利润

　　letter 字母—letters 文化；文学

　　look 表情—looks 外貌；仪容，仪表

　　manner 方法—manners 礼节，礼貌；习俗

　　mean 中间；中庸—means 办法；手段；物资

　　minute 分钟—minutes 会议记录

　　pain 疼痛；痛苦—pains 操劳；辛苦

　　possession 拥有—possessions 财产；财物

　　rag 破布—rags 褴褛

　　relation 关系—relations 交往活动

time 时间—times 时代

value 价值—values 价值观

word 消息；单词—words 话语

11.4.3　以 s 结尾的名词用作单数

可数名词后面加了 s 之后，就应接表示复数概念的动词，而英语中有这样一些词，虽以 s 结尾，但仍要用作单数，这当为这类名词范畴的边缘成分，如：

[7] 表示学科的单词：

acoustics	electronics	linguistics
economics	mathematics	physics
statistics	optics	mechanics
plastics	classics	

[8] 表示游戏的单词：

billiards	bowls	darts
dominoes	fives	ninepins
draughts		

[9] 表示疾病的单词：

measles	mumps	rickets
shingles	diabetes	arthritis
phlebitis		

[10] 专有名词：

The New York Times　　　　the United States

[11] 其他单词：

news	tidings	summons
means	crossroads	

11.5　形容词

11.5.1　只作表语或定语的形容词

英语中典型的形容词是表示被修饰名词的特征，在句法上既可作表语，也可作定语，有比较级和最高级形式，但也有若干例外，有的只能作表语，如：

[12] well　　　afraid　　　alike　　　alive　　　alone
asleep　　　awake

有的只能作定语，如：

[13] mere　　　only　　　sheer　　　eldest　　　main
latter　　　former　　　inner　　　outer　　　upper
lower　　　indoor　　　outdoor　　　inside　　　outside
outright　　　thorough　　　daily　　　everyday　　　monthly
present　　　last　　　existing

11.5.2　没有比较级和最高级的形容词

原型形容词都有比较级和最高级形式，但有些非典型形容词没有比较级或最高级形式，如：

[14] adrift　　　afloat　　　afraid　　　alive　　　aloof
American　　　annual　　　ashamed　　　asleep　　　awake
binary　　　blind　　　brotherly　　　Canadian　　　certain
Chinese　　　complete　　　cubic　　　daily　　　dead
deaf　　　decimal　　　dumb　　　duodecimal　　　eastern
electric　　　elliptical　　　English　　　equal　　　equilateral
final　　　first　　　following　　　future　　　hexadecimal
horizontal　　　identical　　　industrial　　　Japanese　　　Korean

last	left	lineal	longitudinal	middle
monthly	next	nocturnal	octal	once
only	past	perfect	present	public
quarterly	right	round	Russian	several
side	silken	sisterly	sole	some
stony	such	then	thorough	total
triangular	ultimate	unique	vertical	weekly
western	whole	wooden	woollen	yearly

11.5.3　形容词级变化的特殊性

　　按照形容词比较级和最高级的形态规则，单音节形容词的比较级是在词尾加 er、est，多音节形容词在词前加 more 和 most。然而，也有形容词的比较级和最高级既可以加 er 或 est，也可以用 more 或 most，如：

[15] clever → cleverer → cleverest

　　　clever → more clever → most clever

　　　narrow → narrower → narrowest

　　　narrow → more narrow → most narrow

　　　quiet → quieter → quietest

　　　quiet → more quiet → most quiet

　　　simple → simpler → simplest

　　　simple → more simple → most simple

　　有些单音节形容词的比较级和最高级屈折变化还发生了一些反常态的变化，可在其前直接加 more 和 most，如：

[16] tired → more tired → most tired

　　　fond → more fond → most fond

　　　glad → more glad → most glad

　　　bored → more bored → most bored

pleased → more pleased → most pleased

还有几个形容词的比较级和最高级，既不在词尾加 er 或 est，也不在其前加 more 或 most，而有一些特殊的屈折变化形式，如：

[17] good → better → best

little → less → lest

many → more → most

much → more → most

bad → worse → worst

ill → worse → worst

11.5.4　形容词属性对照表

上述这些都可被视为形容词范畴的边缘成分。现举几个形容词进行对比，它们有不同的用法，如表 11-1 所示：

表 11-1　形容词的图式范畴论分析

形容词	定语	表语或宾补	接受 very 修饰	比较 / 最高级
big	+	+	+	+
excellent	+	+	+	–
alive	–	+	–	–
afraid	–	–	+	+
wooden	+	–	–	–
dead	+	+	–	–
left	+	–	–	–
nocturnal	+	?	–	–
perfect	+	+	+	–

这几个形容词中只有 big 同时具备上述四个属性，当可被视为该范畴的原型成员，有的具备三种，有的具备两种，还有的只具备一种。我们据此可对英语中几千个形容词进行调查，且按照所具属性的多少从

"从原型到非典，再到边缘、兼类"排列，就可对形容词范畴有一个更为全面和深入的了解。

原型性形容词可被抽象为一个"图式"，储存于我们的心智中，我们据此来识别和使用它。动态图式范畴论充分考虑到词类的例外和调变，或许有朝一日处于范畴边缘的形容词，也可能逐步走向范畴中央，而原型性形容词也可能出现了用法限制，这都可用该论做出合理解释。

11.5.5　形容词加 ly 构成副词

大部分形容词结尾加上 ly 可构成副词，如：

[18] sudden → suddenly
　　 kind → kindly
　　 careful → carefully

这可被视为原型用法，但有些形容词后不可加 ly 构成副词，还有些副词与形容词同形，这些都可被视为边缘现象，正如夸克等人（Quirk et al., 1985：402）所指出：

> Nevertheless, some do not allow this derivational process; for example, there is no adverb *oldly derived from the adjective old. And there are a few adjectives that are themselves derived from an adjective base in this way, e.g. kindly, an item functioning also as an adverb.（不过，有些形容词不能通过这样的方法派生出副词。比如，oldly 就不是副词，不是由 old 派生来的。有些形容词的副词就是该形容词本身。比如，kindly 是形容词，而它的副词就是其本身。）

例如：

[19] friendly → friendly
　　 timely → timely
　　 early → early
[20] long → *longly → long

fast → *fastly → fast

old → *oldly → old

上述例子是由形容词变为副词的边缘现象，完全没有遵循加 ly 的规则，其形容词和副词具有完全一样的形态，较为特殊。

11.5.6 形容词的位置

"修饰语"（modification）可使句子传递更为复杂的思想，使得被修饰的中心词语（多为名词或名词短语）更为确定，描述更为细腻。名词修饰语可按其在词组中与中心词的位置关系分为"前置修饰语"（premodifier）和"后置修饰语"（postmodifier）。前置修饰语的原型词类为形容词和名词或名词词组（Biber & Johansson，2000），还有分词修饰语（以 ing 和 ed 结尾）；后置修饰语主要包括：形容词或形容词短语、关系分句、介词词组以及名词同位语。比伯等人（同上）的语料库数据调查显示：在所有语域中，名词前置修饰语比后置修饰更多，可节约用词（章振邦，2009）。在现代英语中，前置修饰语越来越多，也越来越长。现就形容词作定语的情况简述如下：

1. 单个形容词多前置

英语中，单个形容词修饰名词时通常是前置，此为优势语序，当可被视为原型图式，但也有例外，为非典型用法，形容词后置有以下几种类型：

① 以 a 开头的形容词，如：

[21] ablaze   adrift   afloat   afire   afraid   aghast

aglow   alight   alive   amiss   aplenty   ashamed

asleep   awake   available   aware

由于这些词常作表语，因此在作修饰语时，也顺其思路而后置。

② 以 any、every、no、some 与 thing、body、one、where 等结合构成的代词，如：

[22] something important
nobody strange
everyone present

③ 在下列构式中，形容词后置：

all
every
the only
the + 最高级 ⎬ + 名词 + 形容词

[23] This is the only building discernible.（这是能看得见的唯一建筑物。）

[24] We tried every (all) means possible.（我们尽力采取一切可能的办法。）

[25] Paris is one of the most beautiful places imaginable.（巴黎是可以想象得到的最漂亮的地方之一。）

[26] designate, emeritus, incarnate, elect, alive, awake…

④ 习惯用法，如：

[27] a court martial 军事法庭
a poet laureate 桂冠诗人
the consul general 总领事
the secretary general 秘书长
Asia Minor 小亚细亚
God Almighty 万能的上帝
money due 应付而未付款
notary public 公证人
time immemorial 史前时期
the Theatre Royal 皇家剧场

sum total 总计

2. 前置或后置意义不同

[28] the concerned mother 担心的母亲
the mother concerned 有关的母亲

[29] the person interested 有兴趣的人
the interested look 感兴趣的样子
the interested parties 有利害关系的当事方

[30] an adopted child 一个被收养的孩子
the solution adopted 所采纳的办法

[31] the involved style 复杂的风格
the issues involved 有关事项

[32] the responsible man 可信赖的人
the man responsible 应负责任的人

[33] the present members 现在的成员
the members present 出席的各位成员

若采用"形容词 + 名词"的次范畴化程序，说明这些形容词所次范畴化的事物特性较为重要，也较为明确，说明只有等形容词次范畴化的认知过程结束之后，才出现被修饰的中心名词这一整体概念，此时才能形成一个相对完整的义群，采用"先偏后正"的认知程序。由于这些形容词所划分出的次范畴具有一定的重要性，常表示"较长久"的特征。

若采用"名词 + 形容词"的次范畴化程序，将中心名词置于前面，说明发话者在心智中先认知到一个相对完整的名词概念，先将它说出来，然后再用相关形容词来次范畴化它，采用的是"先正后偏"的认知程序。此时，修饰语所体现的次范畴化就不像前置时那样重要，仅是对这个中心名词做一个补充性陈述，常表示"暂时性"特征。例如：

[34] navigable rivers 可通航的河流
rivers navigable 可暂时通航的河流

发话人先对中心名词作出一个性质判断，意在强调"河流"所具有的"较为永久"的通航性质。而下一短语首先呈现的是 rivers，然后再进行次范畴化，补述了它的"通航"能力。这一构式相对于前置次范畴化过程而言，其通航能力并不是十分重要的，就使其带上了"临时性"之义。又如：

[35] ⌠ the visible stars 可看到的星星
　　 ⌡ the stars visible 特定情况下可临时看到的星星

[36] ⌠ the only possible road 唯一可通行的路
　　 ⌡ the only road possible 唯一暂可通行的路

3. 形容词短语后置

形容词短语相当于一个分句，此时应后置，如：

[37] the man suitable for the job（形容词 + 介词词组）
　　 the workers old and young（并列形容词）
　　 the student always lazy（副词 + 形容词）
　　 a building about 100 meters high（数量词 + 形容词）
　　 a room larger than mine（形容词比较级）

既然是"形容词词组"，就会有两个或两个以上的词，比被修饰的名词要长，按照"尾重原则"（end weight），置于后面更符合英语的表达习惯。另外，这些形容词词组都可用作表语。介词短语、动词不定式、分词短语、定语从句等相对于中心语名词来说，用词较多，自然就后置，这也符合英语的"尾重原则"。

11.6　动词

11.6.1　常规动词与非常规动词

传统语法将动词定义为：表示动作、过程、状态的词。最典型的动词应为那些表示"具体的、可见的、有效的、由参与者执行并且对参与者产生影响的"动作，如：

[38] make do run come beat smash

英语动词 beware 就不是一个典型的动词，其意义为"谨防，小心"，本身不表示"具体的、可见的、有效的"动作，一时也难以产生明显的影响，而且它在用法上还有很多限制，我们可说：

[39] Beware of the dog!
[40] You must beware of the dog.
[41] I will beware.

但一般不说：

[42] *He bewares of the dog.
[43] *They beware of the dog.
[44] *I beware.
[45] *You beware.

这个动词也没有像常规动词那样有 bewaring 或 bewared 两个屈折形式。

表示情感、类似等的动词当为此范畴的边缘成分，如：

[46] like   love   hate   disgust   feel   taste
     expect   regret   consider   resemble   believe   imagine

另外，dare、need 等既可作"实意动词"，也能作"情态动词"，这类词当可被视为动词的边缘成分。例如：

[47] ⎰ He dared to escape.
     ⎱ He dare escape.
[48] ⎰ He does not dare to escape.
     ⎱ He dare not escape.
[49] ⎰ Dare we escape?
     ⎱ Do we dare to escape?

[50]　⎰ Dare he not escape?
　　　⎱ Doesn't he dare to escape?

dare 作实意动词时，后面跟可接带 to 的动词不定式，本身可有现在时第三人称单数形式（dares）、现在分词（daring）以及过去式和过去分词（dared），这些都表明它具有动词的基本属性。此外，它还可作情态动词，其后直接用动词原形，可被移至主语前构成一般疑问句，见上面例句。

11.6.2　连系动词

传统语法书在论述动词时，因该范畴太复杂，必须先对其分类，然后再分门别类地加以论述。我们根据英语动词的词汇意义和用法将其分为以下几类，如图 9-1 所示：

图 9-1　动词分类

这些类别的动词中还有原型与非典型之分，这是传统语法所忽视的地方。连系动词的典型代表就是 be 及其变体 am、is、are、was、were、being、been，其用法特征为：本身仅有判断之义，不能单独作谓语，后边必须接表语，"be ＋ 表语（名词、名词短语、形容词、介词短语、副词、动名词、动词不定式等）"形成一个系表构式，用以说明主语的状况、性质、特征等。除了 be 之外，下列动词也可作连系动词，但其后所接成分是有所限制的，如：

[51] appear　　become　　feel　　get　　go　　grow
　　keep　　lie　　look　　remain　　rest　　seem
　　run　　smell　　sound　　stand　　stay　　taste
　　turn　　turn out

taste 后常接形容词或介词短语，如：

[52] The cake tastes good.

[53] The beverage tastes like wine.

它应当被视为连系动词范畴的边缘成员。由于各个连系动词后可接的成分种类及数量不同，其在该范畴中的成员地位也就不同。

11.6.3　不及物动词

一般来说，不及物动词指那些后面不能接宾语的词，这显然是就原型图式而言的，但英语和汉语中都有例外，如：

[54] He sneezed a lot today.

He sneezed the paper off the table.

[55] He is crying.

He cried himself to sleep.

He cried tears of joy.

汉语中也有很多这样的情况，如"跑"常被析为不及物动词，但也可说：跑项目、跑拨款、跑警报等。

[56] 他跑了一趟北京。

[57] 他睡了一晚沙发。

一般来说，不及物动词不可用于被动语态，可也有例外：

[58] The dissents were disappeared after the event.

这说明，这次持不同政见者不是自动消失的，而是"被"消失的，这与汉语中近年来出现的一批非典型性"被 + 不及物动词"的构式一样，如：

[59] 被就业　　被自杀　　被投票　　被失踪　　被开心

被和谐　　被合法　　被鼓掌　　被进步　　被休假

11.6.4　动词过去式

英语动词都有五个屈折变化形态：

① 动词原形（即词典中的词条形式）；
② 现在时单数第三人称形式（原型为结尾加 s）；
③ 过去式；
④ 现在分词；
⑤ 过去分词。

英语中动词的过去时态，一般规则性的变化是在词尾加 ed，但也有一些特殊情况，即不规则变化，如：

[60] bring—brought
　　burn—burnt
　　put—put

由此可见，规则变化为动词过去式变化的原型，而非规则变化则为该范畴的边缘现象。

11.6.5　动词 + ing 所属类别

我们知道，英语中还有一种词类——"动名词"，它本身具有动词属性，在词法也能作名词，一身兼二用，如：

[61] We appreciated your inviting us to your party.

句中的 inviting 既可作动词的宾语，这显示的是名词属性；其后还接了自己的宾语 us，这显示的是动词属性。又如：

[62] with his saying such

上例中的 saying 既有名词属性，接在介词 with 后作宾语，同时还被所有格代词所限定，这又说明 saying 具有名词属性；它还含有动词属性，其后能接宾语。

另外，我们还见过 a big thank you 的说法，thank you 中的 thank 为动词，它还能被冠词和形容词修饰，这说明它又具有名词属性。

这些现象对传统语法也是一个挑战，我们可用动态图式范畴论做出合理解释，此类用法属于边缘现象。

11.6.6　动名互转

据统计，《现代汉语词典》（第五版）、《牛津高阶英语词典》（第七版）以及《汉英词典》（第三版）中，名动兼类都是最多的（分别为：49.4%、59.65%、53.12%），名形兼类的比例也较高（分别为：16.42%、28.12%、14.41%）。可见，汉语和英语中有一半以上的词可在名词和动词之间进行词类互转，在转换之前为原型用法，转换之后为非典型用法。例如：

[63] 上山下乡　来信　耕地　赔款　编辑

汉语中的"窝"原是一个典型的名词，现常被用作动词，如：

[64] 别老窝在家里，出去活动活动。
[65] 窝气　窝火　窝心　窝工

汉语中的"音乐"为典型的名词，但近来电视台推出一档题为：

[66] 一起音乐吧

的节目，句中的"音乐"被率先用作动词，让人听得耳目一新。

"阴"和"阴性"也是典型的名词，现常指核酸检测中相对于"阳性"的健康结果，近来听到这样一组对话：

[67] ——核酸检测结果怎样？
　　　——嗯，还"阴"着呢！

这里的"阴"被作用动词，听起来也很新颖。这些用法尚未被收录在《现代汉语词典》（第七版）中，当为"音乐"和"阴"的边缘用法。

若这样的用法保留住或流行开来,《现代汉语词典》就会收录这类新用法。

英语中的 potato 为典型的名词,指"土豆",近来出现了将其用作动词的新奇说法,如:

[68] I potato you.

这里的 potato 含"介于 like 和 love"之间的意思,既"非常喜欢",但也没到"相爱"的程度。到目前为止,英语词典还没有收录这一用法,当为其边缘用法,又如:

[69] I really potato you, but I don't want it to move too fast.

上例可汉译为:

[70] 我超喜欢你,但我不想让这份感情进展得太快。

一般来说,幼儿在语言习得初期接触到的大多是词语的原型用法,其非典型用法是后来才慢慢习得的。幼儿有时能说出一个令大人好笑的语句,这常是其未按照语言的原型用法所致。

11.7　所有格

11.7.1　所有格的原型图式

杜里丰克斯(Durieux,1990)、尼克福里杜(Nikiforidou,1991)、泰勒(Taylor,1989)等都曾基于原型范畴论,较为详细地分析了对英语中的所有格构式。特别是泰勒(Taylor,1996)还出版了专著《英语中的所有格——认知语法探索》(*Possessives in English—An Exploration in Cognitive Grammar*),从认知角度详细分析了英语所有格构式的属性,本书将"'s 所有格构式"的典型用法视为一种"抽象图式",掌握该构式的用法,就是要了解其图式属性,现总结如下:

所有者 's + 被所有者

possessor's + possessee

① 确定性比较高　不确定性；
② 是已知的信息　新知信息；
③ 较低的回读率　高回读率；
④ 主题化程度高　程度不高；
⑤ 主要是"人"　主要是物；
⑥ 心智保持率高　保持率低。

典型的"所有者"图式范畴具有较高的确定性，常为已知信息；其"回读率"（lookback）也低，它很容易作为认知参照点；具有"主题"（topic）功能，其所指应为"人"[据泰勒（同上）调查，占77%)，这也印证了"人更可能作为主题"的论述；所有者具有高"保持率"（persistence），提及后不会很快退出语篇。

与其相对，典型的"被所有者"图式范畴所指具有不确定性，大多是前面语篇未曾提过的新知信息，具有高回读率；其主题化程度也较低，且常指非生命体的"物"[据布朗（Brown，1983）调查，占97%，参见泰勒（Taylor，1996）]；被所有者图式具有低保持率，提及后很快就退出语篇，它是非主题性的，且在其后的语篇中也不太可能获得主题的位置。

泰勒（Taylor，1989，1996）还基于原型范畴论详解了所有格构式的典型"属性"（properties），现笔者将其整理为如下九条：

① 典型的所有者应当指一个特指的人。
② 典型的被所有者当为无生命的实体。
③ 所有关系应有专有性（或排他性）。
④ 所有者有唯一的权利使用被所有物。
⑤ 被所有者应该是一件有价值的事物。
⑥ 所有者当对被拥有的事物负有责任。
⑦ 两者在空间上应该靠得很近或较近。
⑧ 被所有物永久、经常地伴于所有者。

⑨ 典型的所有关系应具有较长期性。

例如：

[71] Mary's dictionary

上例同时具有上述九条属性，是这种所有格范畴的中心成员。

11.7.2 所有格的非典成员

[72] Mary's mind

上例明显违反了上述第②条属性。

[73] the fish's bone

上例违反了第①条属性。

[74] the secretary's office

上例则违反了第③条属性（办公室是公司的或开发商的）。

[75] Mary's plane

上例意为"玛丽乘坐的飞机"，违反了第③、第④、第⑥、第⑨条。
我们可对所有格构式的用法进行较为深入的调查，且按照违反属性条数的多寡来排次序，一点也没有违反该构式属性的为原型用法，违反的越多，则越为该构式的边缘成分。这也可作为一般的研究方法，运用到其他研究之中。

有人问，英语中的一个名词前面能用多少个" 's "，根据调查数据可见，最为典型的用法是用一个或两个，两个以上就少见了。用得越多，也就离" 's 所有格"的原型性图式越远：

① A's B 原型图式；
② A's B's C；

③ A's B's C's D；
④ A's B's C's D's E。
……

名词后面用"of 所有格"也存在同样的现象，最为常见的是用一个或者两个，用两个以上的当算少见的边缘用法。

11.8 时态和语态

语言中的时态是谓语动词用来表示动作（或状态）所发生时间的语法形式，其用法具有明显的"动态图式"特征。

11.8.1 一般现在时

它是英语中最常见的原型性时态，多用以表示"当下性、经常性、习惯性"发生的动作或存在状态，如：

[76] They have English classes every day.

该时态还可表示将来，如：

[77] Their delegation arrives here tomorrow.

一般现在时表示过去这一用法在传统语法中被称为"历史性现在"，讲话人把过去的事件或事态描述或想象成当下，以使描述更为生动，拉近距离。这种边缘性用法常见于 tell、hear、say、write 等动词，如：

[78] At that moment in comes a messenger from the Head Office, telling me the boss wants to see me in a hurry.
[79] The ten o'clock news says that there's going to be a bad storm.

一般现在时中若用了表示转移的动词，可表示事先安排、将要发生的动作，如：

[80] The plane takes off at three o'clock p.m.

[81] The film show begins in a minute.

这些都可被视为一般现在时的非原型用法。英语过去时的原型图式表示某动作（或状态）发生于讲话时间之前，但也可用来表示现在和将来的时间范畴，这当属于过去时的非原型用法。过去时还可表示虚拟和婉转口气，如：

[82] It is time he went to bed.

[83] If we had time, we would go fishing.

[84] I hoped she would agree with us.

11.8.2　进行体

现在进行时原型性图式范畴意为相对于讲话人而言此刻正在发生的动作，主要有以下几种用法：

① 此刻或者此段时间正在进行；
② 时限性、持续性、未完成性；
③ 需用动态动词中的延续动词。

例如：

[85] We are learning English literature at the university.

这句话意为：我们大学四年都在学习英国文学。因此，现在进行时不仅可表示当下某一时刻正发生的动作，还可指在某一段时间内正在进行的动作，这与下文所说的"持续性"相吻合。

原型性现在进行体当应有"时限性"，即该动作是在哪个时间点或时间段进行的，上一例句的时限性为"四年"，又如：

[86] We are having our breakfast at 7 a.m.

[87] Our work is now going on smoothly.

从原型角度而言，进行体需用动态动词中的延续性动词，因为只有"动态"了，才能"进行"；只有"延续"了，人们才能截取一点或一段来描写它，否则于理不合，如上文中的"having our breakfast"，首先，have 意为动态的"吃"，而不是静态的"有"，而且"吃早饭"具有延续性，不可能一口就吃完。因此，该句当为现在进行体的原型用法。据此，静态动词和终止性动词就不宜用在这一时体中；倘若用了，就是该范畴的非典用法，另有新解。再如：

[88] If you are knowing yourself you would have all the courage in the world.

[89] You are not being modest.

[90] He is leaving for Beijing.

例 [88] 中的 know 为静态动词，从理论上说不该用于进行体。根据构式语法理论，此时的进行体构式会"压制"（coerce）词汇义发生变化，使其带上了"动态"特征，意为：

[91] 要是你这会儿能很好地认知自己，你就会拥有全世界的勇气。

例 [89] 中的"being modest"也是静态性概念，进行体迫使其带上了时限性，我们可将此句译为：

[92] 你这会儿有点不谦虚。

上例说明："你"平时还是很谦虚的，就这会儿有点反常。我们不难体会出句中的感情色彩，批评得十分"温和"，从而使得进行体带有感情色彩。又如：

[93] My uncle is staying at home now.

[94] I'm wondering if you could help me.

[95] He's always complaining about everything.

[96] I'm hoping you can get the opportunity this time.

[97] She is loving her play mat.

英语的 stay 为静态动词，用于进行体中表示一种暂时的、不稳定的行为。wonder 也是静态动词，在这里表示委婉礼貌地向别人提出要求。最后例句中的静态动词 love 用于进行体，更强调了 love 之深，大大渲染了句子的感情色彩，修辞意味跃然纸上，我们可将其译为：

[98] 她非常喜欢这个玩耍保护垫。

前文例 [90] 中的"leave"（离开）为终止动词，当这类动词用于进行体时，表示"将来"之义，又如：

[99] I'm finishing my supper.
[100] Choose a safe car: If you are buying a car for your teen, choose one that has high safety ratings.

完成也是一个终止性概念，一般不用于进行体；倘若被使用，就转义为"将来"，如例 [99] 意为：

[101] 我马上就要吃完晚饭了。

buy 是终止动词，买卖交易一般是瞬间完成的，以交货付款为界。例 [100] 意为：

[102] 选有安全保障的车：若你在给十几岁的孩子买车，选一款安全系数高的。

11.8.3　语态

语态是表示动词的主语与该动词所表动作之间关系的语法形式。"主动态"（active voice）的原型图式表示主语是动作的执行者；"被动态"（passice voice）的原型图式表示主语是动作的受事者。夸克（Quirk et al., 1985）曾将被动语态分为三类：

① "真被动"（true passive）；
② "半被动"（semi-passive）；
③ "假被动"（pseudo-passive）。

按照动态图式范畴论，第一种应为典型的被动态，其原型图式可归结为：

S +（情态动词）+ be + V-ed + by-phrase

例如：

[103] History is made by the people and heroes.

[104] We were excited by the good news.

在这基础上出现了变异用法，后两类当可被视为被动态范畴的非典和边缘成分。原型的被动态多用 by-phrase 表明动作的施事者，但有时为了凸显受事者和动作本身，或不知、不便说出施事者，也可省去 by-phrase，此时它就有点类似于"主系表"构式，如：

[105] The conference had been postponed until October.

[106] My watch was stolen yesterday.

例 [105] 凸显了"会议延期"这一重要信息，至于是由谁延期的，不很重要；例 [106] 明显不知道谁是行窃者，若需要，该例句也可接用 by-phrase，如：

[107] My watch was stolen by an unknown person.

由于省去了施事者，例 [107] 在形式上就与"主系表"构式相同；此外，动词加 ed 还能构成形容词，这就使得省去 by-phrase 的被动句，如将例 [104] 中的"by the good news"去掉，它就动态化为系表范畴中的成员，我们可称之为"半被动"。之所以叫"半"，是因为句中及物动词的过去分词兼有动词和形容词的性质，在词典中，它们还作为词条被单独列出，标注上"adj"。这类词主要表示"心理感受"，如惊讶、恐怖、迷惑、不安、烦恼、失望、兴奋、满意等，且还可被 very、quite、rather、more、too 等程度副词修饰，如：

[108] We were very amused at the party.

[109] They are all amazed at the price of the house.

[110] She is very much aggrieved at the insult from her roommate.

"假被动"，顾名思义，在形式上类似于 be + V-ed，但已失去原型被动态的诸多属性，动态化为"被动态"之外的另一范畴了，已演变为"系表"范畴中的成员了。此时，该类构式不能接 by-phrase，也没有对应的主动态表达，其中的 be 还能用 get、become、feel、look、seem、remain 等连系词替换，如：

[111] The modern world is getting more highly mechanized.

从上分析可见，这三类被动态形成了一个连续体，现列述如下：

真被动 > 半被动 > 假被动

它们的动作性从左向右呈递减趋势，它们的状态性从右向左呈递增趋势。这可用以解释"被动范畴"逐步演变为"系表范畴"的动态过程。

被动构式的原型图式中多用 be，其典型义为"处于某状态"，我们可将这种语态直观地理解为主语处于后面过去分词所表示的状态之中，主语受其动作控制。而用 get 代替 be，更凸显了被动句的"动态性"，如：

[112] Another cup got broken last night.

例 [112] 更强调了又有一个杯子被打破了这一动作本身，因此由 get 构成的被动态一般不用 by-phrase。这种用法还可突出主语在此事件中也能起到一定的推动作用，而不一定只是个纯粹的受事者，如：

[113] Sue got (herself) appointed to the governing board.

[114] Ralph got fired again.

例 [113] 中的 Sue 作为一个自愿的主体，通过自己的努力，带来了"被任命"的结果，同时也享受到了这个行为带来的益处。在例 [114] 中，Ralph 对"被解雇"负有一定的责任。

我们也注意到，英语中并非所有及物动词都有被动态，由同一个及物动词构成的动宾结构也不一定都能转换为对应的被动态，如：

[115] This hat costs 30 yuan.

而不能被说成：

[116] *Thirty yuan is cost by this hat.

又如：

[117] The meat weighs 20 pounds.

而不能被转换为：

[118] *Twenty pounds were weighted by the meat.

再如：

[119] He turned the key in the lock.

　　　*The key was turned in the lock.

[120] John turned the corner.

　　　*The corner was turned by John.

近年来，语法学家还提出了一种介于主动态和被动态之间的语态——"中动态"（middle voice），如：

[121] This book sells well.

[122] The dinner is cooking.

例 [121] 和例 [122] 在形式上属于主动态，但主语与谓语动词之间的关系却具有被动性，当可被视为主动态语法范畴的边缘用法。

乔姆斯基的转换生成语法认为，英语中的被动态是转换自其对应的主动态；我们认为，这是就"原型用法而言"的，英语中还有很多主动句不能被转换为被动句的表达，也有很多被动句没有其对应的主动态形式。例如：

[123] I was born in 1950.

[124] He is said to be a good teacher.

例 [123] 中只有被动形式；若将例 [124] 换成主动态，会显得很啰唆。

第 12 章
动态图式范畴论与句法和语篇研究

12.1 引言

　　亚氏基于客观主义形而上哲学建构了"经典范畴论"，遵循"容器二元论"法则，将事物视为要么在某范畴之中，要么在其之外，别无他者。这一观点在学界竟然流行了 2 000 多年，被视为理所当然的真理。直至 20 世纪中叶，维特根斯坦才指出该理论之弊端，提出用"家族相似性"来论述范畴现象；罗茜等于 20 世纪 70 年代将维氏的观点修补为"原型范畴论"。

　　认知语言学家对这一新理论给予极大关注，或者说，认知语言学就是从"原型范畴论"起家的。泰勒（Taylor，1989）率先将原型范畴论系统引入语言学界，他运用该理论系统地分析了语言中的语音、词汇、词法、构式、句法等层面诸多现象，为认知语言学提供了坚实的理论基础，大大推动了全球语言学研究的发展。昂格雷尔和施密特（Ungerer & Schmid，1996）出版的《认知语言学入门》（*An Introduction to Cognitive Linguistics*）也是从范畴化讲起的。这些都说明了认知语言学与哲学的紧密关系，不学好哲学，何以学好语言学？

　　近来，我们也发现原型范畴论尚有不足之处，据此提出了"图式范畴论"和"动态范畴论"以作弥补：前者更强调范畴的抽象性，后者更凸显范畴的动态性。我们又将这两者进行了整合，提出了"动态图式范畴论"，它特别适用于社会科学研究（我们认为也能适合自然科学），我们在第 10 和第 11 章中用它重新解读了语言中的语音和词法层面，本章主要是用其他理论来解析句法层面的诸多现象。

12.2　动态图式范畴论与句型分类

传统语法分"词法"和"句法"：前者主要研究词平面的语法现象，包括词的分类、变化形式及其用法特征等；后者主要研究句平面的语法现象，包括句子分类、句子成分、主谓一致、各种从句、省略和倒装、标点符号等。

12.2.1　四类功能句

学界一般将句子依据使用目的分为四大类：

① "陈述句"（declarative sentence）：说明一个事实或陈述一个看法。

② "疑问句"（interrogative sentence）：提出问题，英语中有四种疑问句。

③ "祈使句"（imperative sentence）：表示一项请求、建议或命令。

④ "感叹句"（declamatory sentence）：表示说话者的感叹、惊讶等感情。

以上是这四大类句型的原型性图式用法，但也允许有动态调整，当可被视为一个句型范畴的边缘用法，如陈述句有时也可表示感叹：

[1] She is a nice girl.

可用上例这个陈述句来表达感叹，相当于：

[2] How nice she is!

陈述句后当用句号，读成降调，这是就其原型用法而言的。若保留陈述句词序，改用问号，读成升调，则可表示疑问，如：

[3] We are able to complete the experiment in time?

疑问句的原型图式为：句后用问号，一般疑问句读成声调，特殊疑问句读成降调，但这样的表层形式也可另作他用，其深层结构可意为建议或问候，如：

[4] Would you please like some more tea!

[5] How are you!

疑问句也可能表示赞叹，其功能相当于感叹句，如：

[6] Isn't that a beautiful building?

特殊疑问句的原型图式为"询问某特定范围内的信息"，它时而还可表示惊讶、责备、不满、惊喜、建议等情绪。例如，当你一推开门，看见原本干净的屋子里有一群孩子正在打闹，这时说出：

[7] What's going on here?

这显然不是在询问，而是表示"惊讶"和"责备"之意。又如，在一次会议上，你偶遇一位多年未见的老朋友，说了句：

[8] Who's that ?

这不是在询问"你是谁"，而是表达了一种"惊喜之情"。又如：

[9] Why don't you go to movies?

这在适当场合可表示"建议"。再如：

[10] Have you ever heard of such a story!

不一而足。

12.2.2　反意疑问句

正如上文所言，反意疑问句的原型用法为"肯定＋否定"或"否定＋肯定"，正因为该句型前后两个部分的意义相反，形成了一个"转折"，这才有了"反意疑问句"（disjunctive questions）这一说法。它由两个部分组成：前面是陈述部分，提出某种情况或看法，后面是个简短问句，用以质疑或者要求对方证实。其基本结构可总结如下：

host clause + tag construction
陈述句 + 作用词 和主语？

但也有例外，即边缘性用法——"肯定 + 肯定"和"否定 + 否定"，如：

[11] Come here, will you?

[12] Pass the salt, would you?

[13] Don't spend too much, won't you?

[14] His father doesn't work in the factory, doesn't he?

[15] He hardly knows anything about the computer, does he?

[16] He seldom pays more attention to his pronunciation, does he?

例 [15] 和例 [16] 中的 hardly 和 seldom 尽管在意义上是否定的，但在形式上是肯定的，后面用的是肯定形式，当为反意疑问句的非典型用法。

反意疑问句中的前后两个分句的主语应该一致，此为原型用法，但也有不一致的现象，如：

[17] Nobody was eating eggs, was anybody?

[18] Somebody borrowed my coat yesterday, didn't they?

[19] Nothing can stop us now, can it?

[20] No one was hurt, were they?

[21] Everyone thinks they're the center of the universe, don't they?

[22] Let us go now, will you?

当前面的陈述句为主从复合句时，后面的主语应与前面的主语一致，但也有例外，后面的主语有时与从句的主语一致，此为其边缘用法，如：

[23] I don't think she cares, does she?

[24] I suppose he is serious, isn't he?

就"作用词"而言，也应遵循前后一致原则，如系动词和情态动词前后要一致，实意动词要用 do：

[25] You often have headaches, don't you?

[26] You needn't do it if you don't want to, need you?

但也有例外，如：

[27] I am late, aren't I?

[28] Come here, will you?

[29] The food must be good, isn't it?

[30] You must have read the book last month, didn't you?

[31] Do sit down, won't you?

[32] Shut up, can you?

[33] Don't forget, will you?

12.2.3　祈使句

祈使句用于表达命令、请求、号召、劝告、叮嘱、警告、禁止等，英语中的原型性祈使句主要有以下几个属性：

① 谓语动词多用一般现在时。
② 动词或形容词具有动态性。
③ 第二人称作主语时通常可省略。
④ 句末一般用句号或感叹号。
⑤ 朗读的时候一般要用降调。
⑥ 句首或句尾可加 please 等。
⑦ 为加强语气，可在动词前加 do；若为否定句，可用 don't。

例如：

[34] Speak a little slowly, I can't follow you.

[35] Take care not to catch cold.

[36] Do have a cup of coffee.

[37] Don't be nervous!

[38] Pass me the ball, please.

但也有例外，如谓语动词可能用进行体：

[39] Don't be standing in the rain.

[40] Don't be pressing him for an answer.

因为祈使句是要求对方做某事的，句中所用的原型动词或形容词应具有一定的动态性，且能够做到，但也有例外，如：

[41] Be sure to become a good boy.

我们一般不能说：

[42] *Be tall.

让别人"长高点"，似乎是无稽之谈，而且这里的 tall 具有静态性，不符合原型性祈使句的基本要求，但有时也会见到这样的句子：

[43] Be wise!

[44] Let it be fat.

英语中祈使句的另一边缘用法是句中不用动词，如：

[45] Danger!

[46] Faster!

[47] Out with it!

[48] Off with the lid!

[49] This way, please!

一般来说，祈使句要用第二人称，它一般不出现，但也有例外，如：

[50] You mind your own business.

[51] You behave yourself.

[52] Don't you forget it.

英语中的祈使句有时还会用其他人称，这当为该句型的边缘用法，可用图式范畴论和动态范畴论做出解释，如：

[53] Mary clean the classroom today.

[54] Workers of all countries, united!

[55] Somebody fetch me the newspaper.

[56] George play on my side.

例 [56] 为祈使句，play 后不能加 s。

否定词 not 要置于 let's 之后，如：

[57] Let's not waste out time arguing about it.

[58] Let us not stay too late.

英语中祈使句的家族范畴还可包括其边缘成分句型 " No+V-ing"，表示"禁止"之义，如：

[59] No parking!

12.2.4　三类结构句

英语句子按照结构可分为：

① 简单句：仅有一个主谓结构，且各成分用单词或短语来表示。
② 并列句：包括两个或两个以上的主谓结构，它们间互不依存。
③ 复合句：包括两个或两个以上的主谓结构，其中一个为主要结构。

典型的简单句范畴是由一个主语和一个谓语构成的图式结构。若用多个并列主语、一个谓语，或一个主语、多个并列谓语，我们可视其为简单句范畴的边缘成分；若用多个并列主语及多个并列谓语，我们可视其为简单句的更边缘成分。例如，下列几个例句的原型性越来越低：

[60] You will arrive at a small village.

[61] Policy and tactics are the life of Party.

[62] You, Tom and I will meet tonight.

[63] Class One and Class Five will come here tomorrow and have a basketball match.

[64] We Chinese people and the people of the Democratic People's Republic of Korea will always unite, fight and win victories together.

　　典型的并列句图式为两个相同的主谓结构，其间要用连接词（或既用连接词，也用标点符号）；若用了结构不相同的句型（包括省略了平行成分），三个或三个以上的主谓结构则可被视为并列句范畴的边缘成分，用得越多，越边缘。并列句有时还可不用连接词，用逗号或分号取而代之，这可被视为并列句的边缘成分。若什么也不用，既没有连接词，也没有逗号或分号，当可被视为并列句范畴的极边缘成分。过去，我们常将这类句子叫作"缺少连接词语的句子"（run-on sentence，又称"流水句"），传统语法认为这是错句；如今，英语原文中的这类句子越来越多，称其为"并列句的边缘成分"更妥，而不一定就是"错句"。

　　下列几个例句的原型性逐步递减：

[65] They will go to Beijing tonight and attend an international conference.

[66] Give the book to Mary, or you may keep it.

[67] We love peace but we are not afraid of war.

[68] Come here, sit besides me and eat together.

[69] Reading maketh a full man; conference a ready man; and writing an exact man.

[70] In my opinion, I think the two-days weekend is good, it can help me to finish the homework and the housework, it can give me to have a rest, it can make me do a lot of things.

[71] I need to give my cat a bath she really doesn't like taking it.

[72] Peter collects spiders they bite him all the time.

　　例 [65] 和例 [66] 为原型性并列句，而例 [67] 中前后两个句型不是很平行，可被视为并列句范畴的非中心成员；例 [68] 和例 [69] 用了三个分句，为该范畴的边缘成员；例 [70] 用了四个并列分句，更为边缘；

例 [71] 和例 [72] 可被视为"缺少连接词语的句子",它缺少连接词或分号。

典型的复合句图式多为两个主谓结构:一个为主句;另一个为从句(我们不赞同将两个小句称为"分句",因为它们有主从之别)。若用三个或三个以上的主谓结构,则可被视为复合句的边缘成分。若一个主句用一个定语从句或一个状语从句,算是正常;若一个主句同时被两个定语从句或两个状语从句修饰,或由两个以上的从句构成时,当可被视为复合句范畴的边缘成分,越多,越边缘。例如:

[73] You will be a pupil before you become a teacher.

[74] There is something what you said.

[75] This practice book is intended for foreign engineers who have already mastered the elements of the subject, and who want to deepen their studies.

[76] When three of us are walking together, I am sure that there will be a teacher among us.

[77] Not only can the computer gather facts, but it can also store them as fast as they are gathered and can pour them out whenever they are needed.

[78] I asked him if he was sure that he knew what he was doing when he planned to do it.

[79] I know that you aren't really selfish or thoughtless at heart but your life has been such that you have been the one considered so that quite naturally you only think of what you want and you take it too without the slightest thought of others.

传统语法在描述主从复合句时都提到了这一现象:主句表达主要信息,从句表达次要信息,这也仅就复合句的原型用法而言,又可被称为"核 – 卫关系"(nucleus-satellite relation)。但在某些情况下,可能会有相反的情况,可被视为复合句的边缘用法,如:

[80] Lanny was worried because he hadn't had any letter from Kurt.

该例句前半句为主句，后面是由 because 引导的状语从句，但从语义角度来看，后半句提供的信息更为重要。再如：

[81] Mac Loyd had just started to study the legacy left by the socialist Heath, when he died.

[82] When the last prize had been awarded everybody cleared off.

例 [81] 中的 "when he died" 不可被理解为 "当 Mac Loyd 死的时候，他刚开始研究……"，我们只能将 when 理解为 "at that time, and then"，它所引导的从句的信息不是次要的，相当于一个并列从句。例 [82] 的情况与例 [81] 相同。因此，when 作为连接词的原型用法是引导时间状语从句，后演变出一个新用法 "并列连词"，其为 when 范畴的边缘用法。

定语从句是指由关系代词（如 which、that、who 等）引导的修饰名词的从句，这是定语从句范畴的典型成员；若省去关系代词，则可被视为一种 "去范畴化" 现象，成为定语从句范畴的边缘成分，如：

[83] Where is the man (that/who) I saw this morning?

[84] Where is the book (that/which) I bought this morning?

[85] Is that the address (that/which) you sent the telegram to?

[86] We can draw a conclusion, the developing countries are more fast in development, the life expectancy is more high, and infant mortality is more low.

例 [86] 可被视为 conclusion 后省去 that 的同位语从句，也可被视为同位语从句范畴的边缘成分。

12.3 主谓宾构式

根据雷科夫（Lakoff, 1977）的分析，句法成为主语、谓语、宾语等的原型用法可包括 11 点：

① 一个句子主要包括两个参与者，分别由主语和宾语表示。

② 主语和宾语这两者应是分离的、具体的，有特定的实体。

③ 事件是由主语引起的，它为施事者，从句为所论述的对象。

④ 施事者是 "人"，发出了一个意愿性动作，控制整个事件。

⑤ 宾语为受事者，无生命，受到有意识的施事者动作的影响。

⑥ 主语发出行动后，受事者改变状态，常可被看出明显变化。

⑦ 事件可长，也可短，事件的内部结构和角色关系当为焦点。

⑧ 主语对宾语的动作常是直接性物理接触，产生直接效果。

⑨ 事件具有因果关系，施事者的动作应使受事者产生变化。

⑩ 两参与者为两个明显可分的实体，而且处于对立的关系中。

⑪ 该构式所表示的典型应具有真实性，非假想或违反事实。

现依据这 11 条属性来分析陈述句的原型性：

[87] Tom smashed the desk.

例 [87] 完全符合上述 11 个语义属性，当可视为典型的 "主语—谓语—宾语"（SVO）构式。下面的句子则可能偏离了上述的某一（或某些）语义属性，使其成为该构式的非典型成员；违背上述属性的条数越多，离该句型的典型用法越远，如：

[88] Tom brushed his teeth.（违反了第②条语义属性，主语和宾语没有分离开，牙齿为汤姆的一个部分）

[89] Tom helped Lucy.（违反了第⑩条语义属性，主语和宾语没有处于对立关系中）

[90] Tom obeyed Lucy.（违反了第④条语义属性，尽管动作是由主语发出的，但这个事件不是由主语 Tom 控制的，而是处于宾语 Lucy 的控制之下）

[91] The hammer smashed the desk.（违反了第④、第⑤条语义属性）

[92] This desk costs $88.（明显违反了多个语义属性——第④、第⑤、第⑥、第⑦、第⑧、第⑨、第⑩条，该句为 SVO 构式非常边缘的成分）

现按照雷科夫对原型性主谓宾结构的图式分析，我们拟将下列句子按照原型性从高到低排列：

[93] The boy broke the window.

[94] I watched the film.

[95] John likes Mary.

[96] John resembles his father.

[97] This room seats 200 people.

[98] This tent sleeps five.

[99] The book sold two million copies.

汉语中的主、谓、宾也符合上述要求，主语为人，表示施事者；宾语为物，为具体事物，表示受事者。汉语中的主语和宾语的情况十分复杂，但这不足以否认雷科夫的上述分析。我们有时会听到十分别致的表达，多因其违背了这一原型性要求，如：

[100] 可是，生活没有那么多可是。

[101] 然后，就没有然后了。

"可是"的原型用法为"表示转折的连词"，而在例 [100] 中作了宾语；"然后"的原型用法为"表示顺承的连词"，在例 [101] 中也用作宾语。构式语法认为，构式意义压制了词汇意义，使得这类连词带上了"名词"的属性，同时还消减了它们的虚义。其实"义化"带有一定的临时性。又如：

[102] 老师在修理坏了的课桌。

[103] 我们正在接受教育。

[104] 下午的篮球比赛三班打五班。

按照雷科夫的分析，例 [102] 为原型用法，主语"老师"为实施者，宾语"课桌"为受事者。例 [103] 中的"我们"从句法角度来说是"主语"，但它不是"施事者"，而是在被别人训导。例 [104] 中的"三班"不仅仅是施事者，它也可能被"五班"打，也要接受五班的反击和对抗，这里"打"的动作是双向的。由此可见，句法上的主语在语义上可能是"施事者"和"受事者"兼而有之。

因此，句法形式上的"主语—谓语—宾语"可有多种理解，语义上表示"施事者—动作—受事者"，当可被视为原型用法，其他解释当为其边缘用法。这里还涉及动词的"方向性"或"指向性"，如：

[105] 劝酒（指劝别人多喝酒）

　　　劝婚（指父母劝孩子结婚）

　　　劝架（劝别人不要打架）

又如：

[106] 抽烟（指人向自己肺里吸）

　　　抽耳光（指打脸）

　　　抽屉（双向：既能向外拉，也能向内推）

12.4　否定句

12.4.1　否定句不一定都用 not 或 no

英语中的原型性否定句是含有 not 或 no 的句子，但否定句还有很多边缘性表达方法，如大家都知道的 a few 和 a little 表示肯定，而 few 和 little 表示否定义。英语中还有一类"半否定词"也可被视为此范畴的边缘成分，如：

[107] barely, hardly, little, scarcely, seldom, rarely...

这类含否定义的词一般不与 not 共现，如：

[108] He could hardly see the words on the blackboard.

[109] I rarely got the chance to relax like this these days.

英语中还有特殊的强调句型，其边缘用法与原型用法所表达的句义完全不同，也可被视为用肯定形式表达否定意义，当引起我们的注意，如：

[110] It is a wise father that knows his own child.

该句出自莎士比亚（Shakespeare，1564—1616）的《威尼斯商人》（*The Merchant of Venice*），朱生豪将其译为：

[111] 只有聪明的父亲才会知道他自己的儿子。

还有人将其译为：

[112] 他真是一个聪明的父亲，了解自己的孩子。

这是按照原型用法来翻译的，学界有人认为译得不准确，应将其译为：

[113] 即使再聪明的父亲，也不一定了解自己的孩子。

再如：

[114] It is a wise mother who knows her own child.

上例应被译为：

[115] 即使再聪明的母亲，也不一定知道自己孩子的恶劣。

该句型中若用否词式，可被理解为肯定意义，如：

[116] It is a good horse that never stumbles.

上例可被译为：

[117] 即使再好的马，也有失蹄的时候。/ 马可失蹄，人皆有错。

汉语中也不一定都用"不"来表示否定，下列词语也可表示否定：

[118] 差点儿、难免、防止、小心、避免、后悔……

鲁迅在《"题未定"草一》中谈到翻译时，写道"词典不离手，冷汗不离身"；从逻辑上讲应是：只有词典不离手，才能保证译得正确，不至于译错而出一身冷汗。但鲁迅为使后句与前句对称，就写成"冷汗不离身"，这也可被视为用肯定形式表示否定含义的例证，当被视为否定义表达方式的边缘现象。又如，"夜来风雨声，花落知多少"，后半句应理解成不知道花落了多少。

12.4.2　冗余否定和双重否定

"冗余否定"（redundant negation），指句子在形式上含有不、没、别等否定的语法成分，但其意义并不表示否定，如：

[119] You can't imagine how I miss you.

这个句子的意思与其对应的肯定句基本同义：

[120] You can imagine how I miss you.

可见，例 [119] 中的 not 有点冗余，当为 not 的边缘用法。汉语中也有类似的情况，如：

[121] 大街上好不热闹！

这句话的意思就等于下一句：

[122] 大街上好热闹！

这还涉及"双重否定"（double negation）。一般来说，从逻辑上讲，用了两个否定形式当循"否定之否定为肯定"的规律，如：

[123] 无商不奸

就表示肯定：凡商人都有奸诈之本性。又如：

[124] I don't know nothing about astronomy.（我并非一点不懂天文学。）

这句话明显具有修辞色彩，理解起来需要付出更多的心智加工，可视为下一原型表达的边缘成分：

[125] I know something about astronomy.

或

[126] I know a few about astronomy.

但双重否定也可表示否定的意思，当算该范畴的非典型用法，如：

[127] It won't do you no good.

不可将其理解为：

[128] 它不会对你一点好处都没有。

而应理解为：

[129] 它对你没一点好处。

其原型表达实为：

[130] It will do nothing good to you!
[131] It will do you no good!

又如：

[132] I don't want nothing at all!

不能将其理解为：

[133] 我不是啥也不想要!

而应理解为：

[134] 我啥也不想要!

再如，美国滚石乐队的一首歌曲的名称为：

[135] "I Can't Get No Satisfaction"

不能根据字面将其理解为：

[136] 我不是没有满足。

而应理解为：

[137] 我得不到满足。

若一个句子中出现三个或四个否定词，这更是"否定句范畴"的边缘现象了，如：

[138] Nobody never went and hinted no such thing, said Peggotty.

这句话可被译为：

[139] 彼格特说：从来就没人去过，也没人暗示过有这回事。

又如：

[140] I can't do nothing without my staff.

应将其理解为：

[141] 若不带手下，我啥也干不了。

12.4.3　否定主句 + 肯定从句

英语中的否定句一般在实意动词前用 do not，此为原型用法，但也有其非典型用法。若主句谓语用：

[142] think, believe, suppose, expect, guess, fancy, feel, imagine, expect

等表示观点、信念、推测等心理活动的动词时，从句中的否定词 not 往往会转移到主句，成为"形式否定主句，意义否定从句"的构式，学界还常称其为"否定转移"，如：

[143] I don't think I know you.

若说成：

[144] I think I don't know you.

虽不能算错，但只能是上述原型表达的非典型用法。例 [143] 一般按照例 [144] 的词序可被汉译为：

[145] 我想我并不认识你。

若将其译为：

[146] 我不想我认识你。

则为汉语的边缘表达。这就涉及翻译中的异化（直译）和归化（意译）的问题了。又如：

[147] I don't believe he will come.

此句一般不说成：

[148] I believe he won't come.

例 [147] 可被汉译为：

[149] 我相信他不会来。

一般来说，否定转移的条件主要有三：

① 主语往往只限于用 I 和 we。
② 主句的谓语用一般现在时。
③ 谓语动词用 [142] 所列动词。

这三个条件需同时满足，缺一不可。另外，例 [142] 中所列的动词为该构式的原型动词，还可包括非典型的 seem、appear 等词，如：

[150] It doesn't seem that they know where to go.
[151] It doesn't appear that we'll have a sunny day tomorrow.

这两句按照汉语原型表达方法应被译为：

[152] 看来他们不知道往哪去。
[153] 看来我们明天不会碰上好天气。

12.4.4 否定前缀

否定前缀 dis- 经常用在动词之前（约占 47.8%），且具有较高的能产性，起到了"跨范畴化"的作用，如：

[154] agree—disagree
　　　appear—disappear
　　　arm—disarm
　　　believe—disbelieve
　　　claim—disclaim
　　　connect—disconnect
　　　cover—discover
　　　continue—discontinue
　　　like—dislike
　　　place—displace

但该否定前缀也能用于其他词类之前，如名词（例 [155]）和形容词（例 [156]）等，比例较高，前者占 30.77%；后者占 21.43%：

[155] comfort—discomfort
　　　order—disorder
[156] content—discontent
　　　honest—dishonest

否定前缀 dis- 主要否定动词，逐步向否定名词和形容词减弱，从"中心用法"去范畴化为"次中心用法"，再去范畴化为"边缘用法"，形成了一个原型性逐步减弱的连续体。

起到"跨范畴化"作用的否定前缀还有 in-、non-、un-，主要用以否定形容词，比例分别高达 78.21%、60.4%、84.06%，如：

[157] dependent—independent
　　　exact—inexact
　　　formal—informal

finite—nonfinite

productive—nonproductive

able—unable

certain—uncertain

否定前缀 non- 具有"再范畴化"功能，如"抽烟者"叫 smoker，"不抽烟的人"叫 nonsmoker，这人不一定反对别人抽烟；若反对，可说成 antismoke 或 antismoker。处于"抽烟者"范畴之外还有很多范畴，如不抽烟者、反抽烟者等，它们的意义不同，参见下文 un- 与 dis- 的区别。

另外，in- 还可否定名词，比例为 19.29%，如例 [158]；否定动词的数量很少，当可被视为极边缘用法，乃至忽略不计，如例 [159]：

[158] action—inaction

advertence—inadvertence

[159] activate—inactivate

capacitate—incapacitate

dispose—indispose

validate—invalidate

另外，in- 有多个变体，如 ir-、im-、il- 等。当被否定的单词以不同的音节起始时，in- 就要"随其后字母而变"，如：

[160] mediate—immediate

legel—illegal

logical—illogical

regular—irregular

rational—irrational

non- 还可用于否定名词，比例达 39.6%，如例 [161]；un- 还可用于否定动词（如例 [162]）和名词（如例 [163]）等，但比例都比较小。

[161] metal—nonmetal

conductor—nonconductor

　　　　system—nonsystem

[162] do—undo

　　　　tie—untie

　　　　lock—unlock

[163] clarity—unclarity

　　　　conformity—unconformity

　　　　employment—unemployment

　　从上可见，这些否定前缀都有各自的原型用法，如 dis- 主要用于否定动词，in-、non-、un- 主要用于否定形容词，但也有各自的边缘用法，现以列表小结，如表 12–1 所示：

表 12–1　英语否定前缀用法对照表

否定前缀	原型用法	非典用法	边缘用法	备　注
dis-	动词 47.8%	名词 30.77%	形容词 21.43%	
in-	形容词 78.21%	名词 19.29%	动词 0.14%	变为：ir、il-、im-
non-	形容词 60.4%	名词 39.6%		
un-	形容词 84.06%	动词 12.58%	名词 2.73%	

　　表中的词频百分比是根据王立非（2008）所编《新英汉词典》统计而出的，以此大致分析了这些否定前缀的原型用法和非原型用法，仅供参考。

　　从表 12–1 可见，几乎每个否定前缀都可用于形容词之前，现按比例顺序从高到低排列如下：

un- > in- > non- > dis-

　　用于动词前的否定前缀主要有两个，它们分别有 87 个和 60 个例子，各自在其范畴内所占比例分别为 47.8% 和 12.58%。上式从右到左，排除中间的两个否定前缀，即为：

dis- < un-

　　由 dis- 和 un- 所构成的否定词的意义有时会有所不同。一般来说，

dis- 主要描写一个反向的动作，语气相对来讲要重一点，构成一个与原范畴相对立的范畴；而 un- 仅为一般否定，起到"跨范畴化"的功能，含"非"之义，指"不属于某范畴、在该范畴之外"。也就是说，在"跨范畴化"作用下，un- 使得整个单词发生了跨范畴的动态变化，它有多种情况，形成对立的"dis- + V"仅是其中的一种。例如：

[164] { discomfortable 苦恼的
   uncomfortable 不安的
  { disorganized 打乱的
   unorganized 未组织起来的
  { disqualified 取消资格的
   unqualified 不合条件的
  { dissatisfied 不满的
   unsatisfied 未得到满足的

用 un- 构成的否定词就是就相当于由 not 构成的陈述句，如：

[165] I am unsatisfied.

此句意为"未得到满足"，意义更为中性，就相当于：

[166] I am not satisfied.

这两句与：

[167] I am dissatisfied.

不同，例 [167] 意为"很不满意"，语气很重，含有"愤愤不平"之义。又如：

[168] { He is not pleased.
   He is displeased.

上一句较为中性，仅描写：

[169] 他不高兴。

而下一句语气加重，意为：

[170] 他很恼怒。

由此可见，"词法否定"和"句法否定"之间还是有差异的。这也可用"距离象似性"（the iconicity of distance）做出合理解释，当 dis-与其后的形容词合为一个单词时，其间的形式距离近了，否定意义得到加强；而 not 和 pleased 是两个单词，距离相对远点，否定意义较弱。再如：

[171]
$$\left\{\begin{array}{l}\text{They are not qualified.}\\\text{They are unqualified.}\\\text{They are disqualified.}\end{array}\right.$$

前两句意义相近，将 qualified 跨范畴化为"某（些）条件"之外的范畴，它们可被译为：

[172] 他们不符合条件。

而第三句的语气较重，与 dis- 常用来否定动词的用法接近，形成了与 qualified 相反的范畴，可被译为：

[173] 他们被取消资格（使得他们没有资格去做某事）。

英语中的 complete 有两个否定词：一个是 imcomplete；另一个为 uncomplete。两者使用频率差距较大，因此可以断定，前者当可被视为原型用法，而后者占比很低，仅为其极度边缘的用法，有朝一日或许会被淘汰。

我们知道，英语词汇主要是通过：

[174]（一个或数个）前缀 + 词根 +（一个或数个）后缀

的词缀法形成的。

现沿上述分析否定词缀的思路来考察英语构词法发现，英民族认识世界、表达概念的途径为：通过"词根"（root）确定范畴中心，然后通过词缀来调整成员隶属度，形成了"聚范畴、去范畴、跨范畴"的动态词汇系统，现以前缀举例如下：

[175] 聚范畴：con-、neo-……

[176] 去范畴：ab-、de-、dis-、over-、super-、sub-、vice-……

[177] 范畴：anti-、contra-、dis-、ex-、in-、non-、trans-、ultra-、un-
……

12.4.5 正话反说与反话正说

正常情况（即原型情况）下，正话就正说，反话就反说，但为了达到强调情感、讽刺幽默等特殊修辞效果，可采用"正话反说"或"反话正说"的非典手法，这在修辞学中叫"倒反辞格"，英语中叫"Irony"（倒反，讽刺）；用否定形式表示肯定义，用肯定形式表示否定义，便是这类辞格的常用方法之一，时而还会用双否定来表示肯定，如：

[178] 卖糖君子不信口甜人。（应为：卖糖君子相信口会甜人。）

[179] 谁人背后无人说，哪个人前不说人？

[180] 不是冤家不聚头。

[181] 时来谁不来，时不来谁来？

[182] What cannot be had for money?（有钱，什么买不来？）

[183] May we not do what we like with our own?（句中的 not 可省去）

英汉互译时的原型现象为：肯定句被译成肯定句，否定句被译成否定句，但也有交错现象，如前文所述及的 few、little 等在形式上是肯定，但常被译为汉语的否定句，如：

[184] If you had as little money as you have manners, you would be the
poorest man of your kin.

可被汉译为：

[185] 若你的财富和你的礼貌一样不多的话，你就是你亲族中最穷的。

还有一种情况是：正话和反话一起说，以构成一种看似矛盾实则寓意深刻的讽刺，如狄更斯（Dickens，1812—1870）在《双城记》（*A Tale of Two Cities*）的开篇中写道：

[186] It was the best of times, it was the worst of times, it was the age of wisdom, it was the age of foolishness, it was the epoch of belief, it was the epoch of incredulity, it was the season of Light, it was the season of Darkness, it was the spring of hope, it was the winter of despair; we had everything before us, we had nothing before us, we were all going direct to Heaven, we were all going direct the other way—in short, the period was so far like the present period, that some of its noisiest authorities insisted on its being received, for good or for evil, in the superlative degree of comparison only. (Dickens, 2003: 1)

（这是最好的时代，也是最坏的时代；这是智慧的时代，也是愚蠢的时代；这是信仰的时代，也是怀疑的时代；这是光明的季节，也是黑暗的季节；这是充满希望的春天，也是令人绝望的冬天；我们的前途拥有一切，我们的前途一无所有；我们正直奔天堂，我们也正直下地狱。简而言之，那时跟现在非常相像，某些最喧嚣的权威坚持要用形容词的最高级来形容它；说它好，是最高级的；说它不好，也是最高级的。）

正反表达相结合的寥寥数行，以讽刺辛辣的笔调喻指英国社会的矛盾：在部分人眼里，社会是美好的，但在另一部分人眼里，社会是黑暗的，让人读来似有一种站立在十字街头的感觉，不知何去何从，是地狱呢，还是天堂呢？似有几分无奈，又有几分迷茫。

这使我们联想到《红楼梦》第一回中的《好了歌》，也以"一正一反"的修辞手法写作而成：

[187] 世人都晓神仙好，惟有功名忘不了！
　　　古今将相在何方？荒冢一堆草没了。

　　　世人都晓神仙好，只有金银忘不了！

终朝只恨聚无多，及到多时眼闭了。

世人都晓神仙好，只有娇妻忘不了！
君生日日说恩情，君死又随人去了。

世人都晓神仙好，只有儿孙忘不了！
痴心父母古来多，孝顺儿孙谁见了？

曹雪芹在书中以晚年落魄的甄士隐拄着拐杖、走在街上来引出这首传世之歌，甄士隐（隐喻：真事隐）听一位跛足道人唱的，这位道人还对其做了如下诠释：

[188] 可知世上万般，好便是了，了便是好；若不好，便不了；若是好，须是了。

甄士隐早年生活富足，晚年依靠岳丈生活，十分困窘。他经历过这番磨难之后，进入了"大彻大悟"的境界，听了跛足道人这番念念有词，难免要感慨万分。曹雪芹借此背景和歌词表达了一种现实主义思想，以自家败落为背景，表现出对现实社会的愤怒和失望，流露出"矛盾心结、看破红尘、大彻大悟"的心境，意在警示世人不要为功名利禄再鱼死网破地去争斗，宣扬"得放手时且放手"之意。

一首《好了歌》很好地反映出他创作《红楼梦》的初衷。

12.5　普遍现象的原型性

语言中的普遍现象也有"中心—边缘"之分，如格林伯格（Greenberg，1966）曾调查和分析过世界语言词序中的普遍现象，发现大部分语言采用了 SVO、SOV 的顺序，且绝大部分语言是将主语置于宾语之前的。现将世界语言中的这几种主要词序按出现频率排列如下：

SVO > SOV > VSO > VOS > OVS

SVO 和 SOV 在词序这一语法范畴中是最常见的现象，处于该范畴的中心；VSO 可被视为次中心成员，但仍常见。这三种词序有一个共同特点：主语先于宾语，反映出人们的一个基本认识：能量是从施事者向受事者方向流动的。

将宾语置于主语之前的词序很少见，当可被视为范畴的边缘成员，VOS、OVS 这样的词序在美洲印第安人的语言中才有（Greenberg，1966）。

对于英语和汉语而言，正常语序为"主谓宾"，此为原型结构，传统语法书称其为"自然语序"（natural order），但也有不少"倒装语序"（inverted order），后者又分"全部倒装"（full inversion）和"部分倒装"（partial inversion），它们便是对原型性自然语序的变异用法。泰勒（Taylor，2002）指出，所有语言的句序大致可分为正常语序和倒装语序。从数量上来看，英语中的倒装句远少于正常语序的句子，而完全倒装句又少于部分倒装句，如：

[189] In came a man with a white beard.

[190] Only in this way is it possible to finish the task.

英语中的倒装句主要有以下四个原因：

① 强调某一特殊的信息，如例 [189]，凸显了 In 这一信息，又如：

[191] Across the river lies a newly built bridge.

[192] A very good explanation it is.

② 遵循尾重原则，较长的、较重要的信息可移至句末，以符合汉语"正三角"表达规律（王寅，1994），如：

[193] The time will come when ordinary people can fly to the moon.

[194] Many people consider impossible what really is possible.

③ 满足修辞需要，如为了与上文取得衔接关系，将相关信息前移，以满足距离象似性原则；或者为了形成平行性对称结构而用倒装语序：

[195] John fried two pieces of fish, one of these he fed to his cat, the other he ate himself.

[196] The girls they interviewed, but the boys they set written tests.

④ 以否定词、方位词或其他词（as、here、now、often、only、so、
there 等）开头的句子也常用倒装语序，如：

[197] Seldom have I read a novel so touching as this.

[198] Only yesterday did I find out that my purse has lost.

[199] Child as he is, he knows something about astronomy.

[200] So small are these particles that the most powerful microscopes
can't detect them.

[201] Here are some more examples to think about.

12.6　常规搭配与非常规搭配

单个的语言符号只能传递较少的信息，人们一般是将这些符号搭配
起来共现使用，用几个或更多的词组合起来表达较为复杂的思想，此时
就必然会出现搭配现象。裘斯（Joos）相信：

> 一个词的全部可能的搭配对语言学家来说实质上就是该词的
> 意义。（Palmer，1976）

不仅是词与词的搭配，还有句与句、段与段之间的整合，以期形
成一个语义连贯的语篇。搭配是语言学，特别是语义研究中一项不可缺
少的内容，很多语言学家对其都有论述。弗斯（Firth）（转引自 Palmer，
1976）认为：

> 看一个词跟哪个词在一块儿出现，你就会懂得它的意义。

韩礼德（Halliday，1964：33；1985：312；Halliday & Hasan，1976：
284）认为，搭配即词语的共现，他还把英语中的重复、同义、反义、
上下义、互补等现象都视为英语搭配的种类。朱永生（1996）从搭配的
灵活程度上将其分为三种：

① 固定性搭配；

②常规性搭配；

③创造性搭配。

前两类为原型搭配，第③类为词语的边缘性用法，带有鲜明的修饰效果。目前，国内外都出版了不少的搭配词典，它们不仅对于我们写作很有好处，而且对于语义研究也很有意义，常见的有：

① 周国珍.1986.简明英语搭配词典.福州：福建人民出版社.

② 王文昌，简清国.1999.二十一世纪英语搭配词典.成都：四川人民出版社.

③ 张德禄.2006.牛津英语搭配词典——英汉双解版.北京：外语教学与研究出版社.

④ 王文昌.1988.英语搭配大词典.南京：江苏教育出版社.

⑤ 王文昌.1997.新世纪英语用法大词典.上海：上海外语教育出版社.

⑥ Nurmukhamedov, U. 2011. Macmillan collocations dictionary for learners of English. *Elt Journal*, (65): 96–99.

⑦ Benson, M., Benson, E. & Ilson, R. 1984. *The BBI Dictionary of English Word Combinations*. Amsterdam: John Benjamins.

⑧ Crowther, J., Dignen S. & Lea, D. 2002/2006. *Oxford Collocations Dictionary* (《牛津英语搭配词典：英汉双解版》). Zhang Delu, et al. (Trans.). Beijing: Foreign Language Teaching and Research Press.

根据认知语法的观点，语法形式实际上也是语义问题，因此研究搭配，就要落脚在语义上。语义与搭配之间存在着相互依赖、相互决定的关系。语义决定搭配，搭配决定语义，搭配现象都可找到这一语义之根源。但由于人具有主观能动性，有时修辞性、夸张的搭配等人们接受并广泛使用后，就会流行开来，从非常规走向常规，从边缘走向中心。

至于语言中的及物动词能与什么名词构成合适的动宾构式，很难下一个明确的定义，只能根据"体"和"认"这两个标准来判断。就"体"而言，动宾、形名、主谓等搭配应在实际生活中找到经验基础；就"认"而言，新奇表达能够在正常人心智中得到合理的解释，能被人所理解，离开了"体"和"认"这两点，也就谈不上合理搭配，这就是

"体认哲学"和"体认语言学"的基本观点。例如，汉语中的"坐"，其原型意义是：

把臀部放在椅子、凳子等物体上，以支撑身体重量。

据此，我们就有了如下搭配用法：

[202] 坐在沙发里
　　　坐在河边钓鱼
　　　稳坐江山
　　　坐山观虎斗
　　　席地而坐

后来，还出现了如下搭配，现已流行开来：

[203] 坐班　　坐禅　坐床　坐堂　坐夜
　　　坐月子　坐诊　坐庄　坐牢　坐电梯

它们都或多或少地偏离了"坐"的原型意义。注意"坐牢"和"坐电梯"，不一定真的让人"坐"在牢房里，人也不是"坐"在电梯里的，而通常是"站在电梯"里。这里就有一个"约定俗成"的过程。这些脱离"坐"原型意义的用法，常经历了一个逐步流行的时期，最后才被收入词典中，成为惯用词语。

前文介绍了雷科夫（Lakoff, 1977）分析过 SVO 所具有的 11 个原型属性，其实就是在论述 SV 和 VO 之间的搭配关系。典型的"动宾构式"应符合动词与宾语之间正常的施受关系，如汉语中的"吃"，在原型用法中，其后应接表示"食物""餐名"的名词作宾语，如：

[204] 吃馒头　吃米饭　吃早饭　吃西餐　吃皇粮

但"吃"后还常接一些其他类型的名词，如：

[205] 吃大碗　吃筷子　吃食堂　吃父母　靠山吃山

可以想象，这些非常规搭配词语在起初使用时会使人感到不顺耳，人们会认为它们是非典代表，但说的人多了，也就逐步流行开来了，人们就不会觉得奇怪，"习惯成自然"嘛。它们依据"动态范畴论"从非典成员移变为原型成员了。

一般来说，科技作品、政论文等多用原型性的"常规搭配"，而文学作品以非典型的"非常规搭配"为行文的基本特征，意在突破常规，用鲜活的修辞性语言打动读者，以能更好地传情达意，现举几个例句如下，以飨读者：

[206] 他的眼睛没吃饱。

怀孕的母锅，到我家就生了一只小锅。

请衣裳吃饭。

特别是一些诗性语言，想象力十分丰富，不好好琢磨一下，还真的不太好理解其意义，如：

[207] 肉汤的肉汤的肉汤

财欲驾驭理智

绿色的心灵

橙色的梦想

橘红的憧憬

绿色的希望

洁白的信念

富饶的贫困

可以推想，人类先民在使用语言的初期，应是循规蹈矩，缺乏修辞色彩，后来随着语言表达的逐步丰富，出现了一些非常规表达。当这些非常规表达用多了，人们对它们习以为常、司空见惯了，它们就可能成为"死隐喻"（dead metaphor）。还有一些先民所常用的原始用法，也可能逐渐淡出了人们的视野。因此，常规搭配和非常规搭配不是一成不变的，两者之间随着历史的变迁，经常会发生动态性变化，这也可用"动态性图式范畴论"做出合理解释。

12.7 语言演变

12.7.1 语言变化

　　原型范畴论也可被用于"历时语言学"。语言变化可发生在语言的各个层面，如语音、词素、词汇、句法、意义等层面。变化可能是仅发生在一个范畴之内，即范畴成员的地位发生了变化：中心成员可能变为非中心成员，非中心成员可能变为中心成员，如 hound 是 14 世纪英语中的基本词汇（德语：Hund；荷兰语：hond），而 dog 仅是 hound 的一个下义词；dog 还有一个下义成员叫 mastiff，指 " a large, strong dog with drooping ears, much used as a watchdog"，更为常见，需求量很大，那时，人们一般就用 dog 来指 mastiff，后来它就逐步取代 hound；到了 16 世纪以后，dog 就成为"狗"范畴的中心成员（Dirven & Verspoor，1998），如图 12-1 所示：

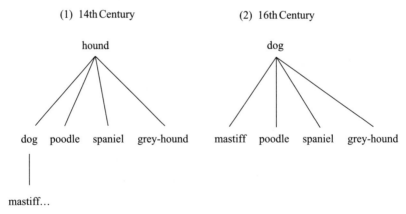

图 12-1　hound 与 dog 的历时演变

　　汉语中的"狗"也有类似的演变情况，在古汉语中该字指"小狗"，大狗叫"犬"，如《尔雅·释畜》中的：

[208]（犬）未成豪，狗。

"未成豪"指还没有长出粗壮的毛，此时就叫"狗"。此外，熊、虎的幼子也被称为"狗"，如《尔雅·释畜》中的：

[209] 熊虎丑，其子狗。

"丑"意为"类"。由此可见，在古汉语中，"狗"仅是这类动物的幼子，是其下义范畴，而在现代汉语中它已上升成为基本层次词，从"边缘用法"演变成了"中心用法"。

变化也可能发生在不同范畴之间，即一个范畴的成员可能变为另一个范畴的成员。例如，英语中的不定冠词 an 原来是数词 one 在非重读位置上的缩略读法，而今天人们已经将它们视为两个完全不同的词，划归到不同的词类范畴中了。又如，bead（古英语中写作 bede）也经历了几次跨范畴的变化（Dirven & Verspoor，1998），如图 12-2 所示：

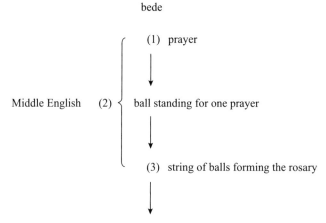

图 12-2　bede 的跨范畴变化

还有一种与上述"去范畴化"相反的情况，词语发生了"聚范畴化"变化，不同范畴会整合为同一个范畴，如古英语中的阳性单数第三人称与格（间接宾语）him 曾与宾格（直接宾语）hine 有不同形式，但随着语音的变化，这两个词被整合为一个词，从而也就失去了意义上的区分。

12.7.2 语言风格

语言为不同的使用目的和交际场合发展出不同的体裁和变体，它们都有各自的独特风格。利奇（Leech，1969）就曾区分了"普通语言"（ordinary language）和"诗歌语言"（poetic language），认为后者比前者在许多方面常违背通行规则，语言用得更为自由、活泼、潇洒、新奇，形成了偏离常规用法的"变异现象"（deviation）。我们可将前者视为语言的原型用法，将后者视为语言的边缘用法。

语言变异也有程度之别，介于上述两种文体之间的是"散文"（Prose），据此根据原型性从高到低就可将语言中的三大题材列述如下：

普通语言 > 散文语言 > 诗歌语言

这也是就一般情况而言的，或许对于诗人来说，"诗歌语言"才是他们所认为的原型代表。

同样一个构式及其相关变体也会形成一个范畴，使用时，也有级阶之别，即它有原型性表达，也有变异性的边缘用法，如利奇（Leech，1969：30）所举的构式：

a(n) X ago

其中，典型的 X 应为"表示时间的词语"，如：

[210] minute, day, week, year…

但也可用其他词语，如：

[211] many moons ago

[212] ten games ago

[213] several performances ago

[214] a few cigarettes ago

[215] three overcoats ago

[216] two wives ago

[217] a grief ago

[218] a humanity ago

从例 [211] 到例 [218] 的变异程度逐步增大，即其原型程度逐步减少。例 [211] 到例 [213] 离典型成员较近，moons、games、performances 与 "时间" 还存在直接联系；而例 [214] 到例 [216] 则发生了一定的变异，离原型图式较远，这样的表达有点 "不正常"，但其意义还是明了的；例 [217] 的变异更大，需要较大的认知加工才能理解其义；在这组例子中，例 [218] 最为 "怪异"，需要认真思考一下才能体会出其意义，几乎达到了不能接受的程度。

12.8　施为句

维索尔伦（Verschueren，1995）基于奥斯汀（Austin，1962）在言语行为论中所论述的 "施为句"（performative），区分了 "原型施为句" 与 "非原型施为句"。奥斯汀认为，施为句应为：

① 主语为第一人称单数。
② 动词当用一般现在时。
③ 用陈述式、主动语态。
④ 可在主谓间插 hereby。

这是原型性施为句，如：

[219] I (hereby) prounouce you are husband and wife.

但违反上述特征的语句，仍可能具有施为的功能，如：

[220] I am asking you to do it for our class.
[221] Passengers are warned not to lean out of the window.

例 [220] 用的是进行体，例 [221] 用的是被动态，这些语句当可被视为 "原型性施为句" 的边缘成分。

12.9　语篇层面

12.9.1　文体的原型性

根据目的和功能，语篇可大致分为如下四类文体，或曰体裁、样式、写法，即语篇类型的四大（形式）范畴，从内容到形式都有自身的整体特点、规格和要求，可被视为一种独特的文化现象，是一个民族文化长期积淀的产物。

① "记叙文"（narrative）：以记人、叙事、写景、状物为主，描写人物的生平经历和事物的发展变化等内容的一种文体形式。记叙文主要有五种表达形式——叙述、描写、议论、抒情、说明等。

② "说明文"（exposition）：以说明和阐释客观事物，解释其后的抽象事理为主的篇章体裁，阅读后可使人们对事物的形态、构造、性质、种类、成因、功能、关系或对事理的概念、特点、来源、演变、异同等有一个科学的认识。说明文可包括广告、说明书、提要、提示、规则、章程、解说词等应用性语篇。

③ "议论文"（argumentation）：又叫政论文、说理文，是一种以"剖析现象、论述事理、明辨是非、发表意见、提出主张"为主的文体式样。这类文体主要包括两大部分——论点和论据，观点要明确，论据要充分，论证要合理。

④ "文学体"（literary writing），既来自生活（体），又高于生活（认）。文学作品主要包括：诗歌、小说、散文、剧本、寓言等，在形式上有一定的具体要求，除了具有反映社会、传递思想、道德说教等功能之外，还带有一定的娱乐目的。

　　小说以刻画人物形象为中心，贯穿一个较为完整的故事情节和具体环境。根据篇幅长短可分为：长篇小说、中篇小说、短篇小说和小小说；根据内容可分为：言情小说、武侠小说、侦探小说、科幻小说等。

　　广义的散文指诗歌、小说、戏剧以外的所有具有文学性的语篇，以议论抒情为主，包括通讯、报告文学、杂文、回忆录、传记、随笔、游记等文体，还可包括古文、骈文、辞赋等韵文。

狭义的散文指文艺性较强，以记叙或抒情为主的语篇，取材广泛、笔法灵活、篇幅短小、情文并茂。

"动态图式范畴论"也适用于分析语篇层面。在写作之前，我们要先明确自己的写作目的，拟取得什么效果，应采用哪个体裁图式，须遵照其原型要求创作。我们从小学就开始学习各种体裁的代表性作品，有古代的，也有现当代的；有中国的，还有外国的，真可谓古今中外，无所不包。这些代表作都具有较强的原型性图式结构，每学完一个体裁后，老师都要详细地分析它们的写作特点、行文风格，然后就会布置学生仿照某体裁写作文，通过亲身实践或"依葫芦画瓢"的模仿来掌握撰写各类体裁语篇的具体方法，以能适应此后的工作需要。这就是我国著名语言学家王初明提出的"续论"，先"学"后"习"，从"体"到"认"，走持续性发展之路，这就是我们的人生。

12.9.2　文体的调变性

文章也不能千篇一律，不仅内容不能雷同，而且形式也应有所变化。前文所述的原型性文体，在不同的作者手下会有不同程度的调变，以能满足读者的好奇心，这就是我们常说的"文章要有新意"，包括形式上的变化。例如，在写作记叙文时，除了常用"按照时间顺序"的写作方法之外，我们还有倒装、插叙、交错、无序等手法。

就文体的原型图式而言，文章无论长短，都应有开头、中间、结尾这三大段，在内容上还要讲究个起、承、转、合。但这种套路也不是一成不变的。例如，汉语的近当代诗歌变化最大，打破了传统诗作对格律、句数、字数、押韵、平仄等的要求，有些诗句越来越抽象，非常规搭配现象甚至越来越离谱，时而让人不得其解，还出现了诸如自由诗、散文诗、台阶诗、图形诗、民谣诗等。

现代性创作曾提倡"宏大叙事"（grand narrative），要求作品具有完整性、总体性、完美性，事件描述要有始有终，构想合理等；而后现代性作家反思了这种写作方法，更追求实用性、娱乐性、草根性、通俗性，不再要求总体完美、事件完整的常规路数，其常见特征为碎片、荒诞、搞笑、嫁接、穿越、混搭等，读者可留意近年来中央电视台的春晚节目，从中便可窥斑见豹。

再如，维特根斯坦于 1922 年和 1953 年出版的两本著名的哲学专著打破了传统论著的写作方法，别出心裁地以小节号的方式来写作[1]，常给人以"观点堆砌、格言罗列"的感觉。特别是他于 1953 年出版的著作，有人称之为"散文集、速写集、箴言录"，他自称其为"照相册"，这都是因为该书缺乏完整的理论和系统阐述，更无严谨的衔接，各条目虽有编号，但内容上多有交错，其间的衔接关系很不清楚。他（维特根斯坦，1996）本人也意识到了这一点：

> 未能将自己的成果联结为一个整体。

他（韩林合，2010：33）还说：

> 我几次尝试将我所取得的成果焊接成这样一个整体，但是均没有获得成功。这时，我认识到，我将永远不会成功地做到这点。

这种写作风格或许也体现了他的后现代主义立场：反哲学、反基础、反宏大叙事，拒斥存在什么能指导一切的形而上哲学，否定建立统一的理论体系。

12.9.3 汉句的对称性

我国古代诗词堪称世界文化遗产的瑰宝，用字精练、形象生动、音调和谐、节奏鲜明，读起来朗朗上口，在韵律、字数、行数、格式等方面都有严格的要求，甚至是"苛刻的要求"，真可谓字斟句酌。特别是"对对子"，它常被视为对文人是否有真才实学的一种考验，民间都流传着若干耐人寻味的传说。古代学人们在体验生活和大量阅读背诵的基础

---

1 据说，维氏平时口袋里总装着一些小纸条，想到什么就马上写下来。等这些纸条积累多了，然后将它们汇总、编号，大概理顺一下逻辑关系，这就有了他轰动学界的两本哲学专著，它们在形式上虽不拘一格，但思想确实很深邃。

上，把奇思妙想、浪漫豪放的写作方法用到了极致，留下了"写诗作对"的诸多佳作，它们不仅在形式上工整，而且在思想上还很新奇。

"对称法"（即对偶、对仗）是中国文学的一大特色，两个（或多个）句子在用字、词性、位置、音韵、平仄上都要对应。我们经常说的"对对子"也是一种常见的对称形式，对子要字数相等，断句一致，平仄相合，音调和谐，内容相关，上下衔接。这种文体与我们的生活还密切相关，如街边的广告、墙上的标语、揭示栏的公告、文章的标题、优美的语篇、动人的词句等，处处都是"对称法"的用武之地。孩童在昔日的私塾里都要背诵一些喜闻乐见的对句，这就是在训练学子要掌握这方面的基本功。例如，清人车万育（1632—1705）著的《声律启蒙》（今人徐哲今于 2012 年对其进行校注）中篇首所云：

[222] 云对雨，雪对风，晚照对晴空。来鸿对去燕，宿鸟对鸣虫。

这句话念起来朗朗上口，声调和谐，节奏响亮，给人以享受不尽的美感；我们还能从中解读出多方位的对称性：

① 句中所列出的 10 种自然景物，以对称性方式两两对举。
② "风、虫、空"同属于"东韵"，10 种景物的词性相同。
③ 字数和句数要求相等，此为汉语是音节文字的一大优势。
④ 句子结构对称，如主谓、动宾、宾补、偏正等结构工整。
⑤ 用词不得重复，但语意必须关联，能形成一个统一话题。
⑥ 句中用字还要兼顾平仄相反，以能取得韵律协调的效果。

可想而知，要同时满足上述这些要求，绝非一件易事，足见我国古代先哲的睿智，这也是我国传统文化瑰宝之精要所在。时而掩卷细思，常有一种冲动的感觉，情不自禁地要为那些佳言美句而拍案叫绝。

李渔（1611—1680）（2019：1–409）著有名篇《笠翁对韵》，整篇都是以"对"所成，堪称汉语"对称法"的佳作代表之一，诵读全文定能帮助我们更深刻地理解汉语的对称写作法，也可为写好对称语句提供有益的素材，还可利于我们更好地了解汉民族诸多的文化典故，现将30 个韵部的前三句摘录如下，以飨读者：

[223] 天对地，雨对风。大陆对长空。山花对海树，赤日对苍穹。
河对汉，绿对红。雨伯对雷公。烟楼对雪洞，月殿对天宫。
山对海，华对嵩。四岳对三公。宫花对禁柳，塞雁对江龙。
晨对午，夏对冬。下饷对高春。青春对白昼，古柏对苍松。
清对淡，薄对浓。暮鼓对晨钟。山茶对石菊，烟锁对云封。
繁对简，叠对重。意懒对心慵。仙翁对释伴，道范对儒宗。
奇对偶，只对双。大海对长江。金盘对玉盏，宝烛对银釭。
颜对貌，像对庞。步辇对徒杠。停针对搁笔，意懒对心降。
泉对石，干对枝。吹竹对弹丝。山亭对水榭，鹦鹉对鸬鹚。
茳对醯，赋对诗。点漆对描脂。璠簪对珠履，剑客对琴师。
箴对赞，缶对卮。萤炤对蚕丝。轻裾对长袖，瑞草对灵芝。
争对让，望对思。野葛对山栀。仙风对道骨，天造对人为。
贤对圣，是对非。觉奥对参微。鱼书对雁字，草舍对柴扉。
戈对甲，帻对帷。荡荡对巍巍。严滩对邵圃，靖菊对夷薇。
衰对盛，密对稀。祭服对朝衣。鸡窗对雁塔，秋榜对春闱。
羹对饭，柳对榆。短袖对长裾。鸡冠对凤尾，芍药对芙蕖。
吾对汝，尔对余。选授对升除。书箱对药柜，耒耜对耰锄。
欹对正，密对疏。囊橐对苞苴。罗浮对壶峤，水曲对山纡。
红对白，有对无。布谷对提壶。毛锥对羽扇，天阙对皇都。
罗对绮，茗对蔬。柏秀对松枯。中元对上巳，返璧对还珠。
宾对主，婢对奴。宝鸭对金凫。升堂对入室，鼓瑟对投壶。
君对父，魏对吴。北岳对西湖。菜蔬对茶饭，苣笋对菖蒲。
鸾对凤，犬对鸡。塞北对关西。长生对益智，老幼对旄倪。
鸣对吠，泛对栖。燕语对莺啼。珊瑚对玛瑙，琥珀对玻璃。
越对赵，楚对齐。柳岸对桃溪。纱窗对绣户，画阁对香闺。
门对户，陌对街。枝叶对根荄。斗鸡对挥麈，凤髻对鸾钗。
勤对俭，巧对乖。水榭对山斋。冰桃对雪藕，漏箭对更牌。
朝对暮，去对来。庶矣对康哉。马肝对鸡肋，杏眼对桃腮。
忠对信，博对赅。忖度对疑猜。香消对烛暗，鹊喜对蛩哀。
莲对菊，凤对麟。浊富对清贫。渔庄对佛舍，松盖对花茵。
兄对弟，吏对民。父子对君臣。勾丁对甫甲，赴卯对同寅。

申对午，侃对訚。阿魏对茵陈。楚兰对湘芷，碧柳对青筠。
忧对喜，戚对欣。五典对三坟。佛经对仙语，夏耨对春耘。
词对赋，懒对勤。类聚对群分。鸾箫对凤笛，带草对香芸。
言对笑，绩对勋。鹿豕对羊羵。星冠对月扇，把袂对书裙。
君对相，祖对孙。夕照对朝曛。兰台对桂殿，海岛对山村。
家对国，治对安。地主对天官。坎男对离女，周诰对殷盘。
肥对瘦，窄对宽。黄犬对青鸾。指环对腰带，洗钵对投竿。
行对卧，听对看。鹿洞对鱼滩。蛟腾对豹变，虎踞对龙蟠。
林对坞，岭对峦。昼永对春闲。谋深对望重，任大对投艰。
临对仿，吝对悭。讨逆对平蛮。忠肝对义胆，雾鬓对云鬟。
寒对暑，日对年。蹴鞠对秋千。丹山对碧水，淡雨对罩烟。
轻对重，肥对坚。碧玉对青钱。郊寒对岛瘦，酒圣对诗仙。
吟对咏，授对传。乐矣对凄然。凤鹏对雪雁，董杏对周莲。
中对外，后对先。树下对花前。玉柱对金屋，叠嶂对平川。
琴对管，斧对瓢。水怪对花妖。秋声对春色，白缣对红绡。
荣对悴，夕对朝。露地对云霄。商彝对周鼎，殷濩对虞韶。
耕对读，牧对樵。琥珀对琼瑶。兔毫对鸿爪，桂楫对兰桡。
诗对礼，卦对爻。燕引对莺调。晨钟对暮鼓，野馔对山肴。
歌对舞，笑对嘲。耳语对神交。焉乌对亥豕，獭髓对鸾胶。
衙对舍，廪对庖。玉磬对金铙。竹林对梅岭，起凤对腾蛟。
茭对茨，荻对蒿。山麓对江皋。莺簧对蝶板，麦浪对桃涛。
梅对杏，李对桃。械朴对旌旄。酒仙对诗史，德泽对恩膏。
台对省，署对曹。分袂对同胞。鸣琴对击剑，返辔对回艚。
微对巨，少对多。直干对平柯。蜂媒对蝶使，雨笠对烟蓑。
慈对善，虐对苛。缥缈对婆娑。长杨对细柳，嫩蕊对寒莎。
松对竹，荇对荷。薜荔对藤萝。梯云对步月，樵唱对渔歌。
笼对槛，巢对窝。及第对登科。冰清对玉润，地利对人和。
清对浊，美对嘉。鄙吝对矜夸。花须对柳眼，屋角对檐牙。
雷对电，雾对霞。蚁阵对蜂衙。寄梅对怀橘，酿酒对烹茶。
圆对缺，正对斜。笑语对咨嗟。沈腰对潘鬓，孟笋对卢茶。
疏对密，朴对华。义鹘对慈鸦。鹤群对雁阵，白苎对黄麻。

台对阁，沼对塘。朝雨对夕阳。游人对隐士，谢女对秋娘。

红对白，绿对黄。昼永对更长。龙飞对凤舞，锦缆对牙樯。

衰对壮，弱对强。艳饰对新妆。御龙对司马，破竹对穿杨。

臣对子，帝对王。日月对风霜。乌台对紫府，雪牖对云房。

形对貌，色对声。夏邑对周京。江云对涧树，玉磬对银筝。

功对业，性对情。月上对云行。乘龙对附骥，阆苑对蓬瀛。

昏对旦，晦对明。久雨对新晴。蓼湾对花港，竹友对梅兄。

庚对甲，巳对丁。魏阙对彤庭。梅妻对鹤子，珠箔对银屏。

危对乱，泰对宁。纳陛对趋庭。金盘对玉箸，泛梗对浮萍。

苹对蓼，莆对菱。雁弋对鱼罾。齐纨对鲁绮，蜀绵对吴绫。

谈对吐，谓对称。冉闵对颜曾。侯嬴对伯嚭，祖逖对孙登。

荣对辱，喜对忧。缱绻对绸缪。吴娃对越女，野马对沙鸥。

冠对履，舄对裘。院小对庭幽。面墙对膝地，错智对良筹。

鱼对鸟，鹢对鸠。翠馆对红楼。七贤对三友，爱日对悲秋。

歌对曲，啸对吟。往古对来今。山头对水面，远浦对遥岑。

登对眺，涉对临。瑞雪对甘霖。主欢对民乐，交浅对言深。

宫对阙，座对龛。水北对天南。蜃楼对蚁郡，伟论对高谈。

闻对见，解对谙。三橘对双柑。黄童对白叟，静女对奇男。

宽对猛，冷对炎。清直对尊严。云头对雨脚，鹤发对龙髯。

连对断，减对添。淡泊对安恬。回头对极目，水底对山尖。

人对己，爱对嫌。举止对观瞻。四知对三语，义正对辞严。

栽对植，剃对芟。二伯对三监。朝臣对国老，职事对官衔。

梧对杞，柏对杉。夏澓对韶咸。涧瀍对溱洧，巩洛对崤函。

袍对笏，履对衫。匹马对孤帆。琢磨对雕镂，刻划对镌镵。

　　李渔以对称的句式，褒贬相对、虚实耦合，列出了平声 30 韵[1] 中所包含的代表性韵脚字，有单字对、双字对、三字对，还有多字对（五

1　李渔的《笠翁对韵》和车万育的《声律启蒙》都是以平声 30 韵为篇目，每韵各有对文三则，每则有九个对句（以句号或分号为准；若以句号为准，每则有八个对句）。它们都符合前文所列的六点对称要求。这 30 韵目为：东、冬、江、支、微、鱼、虞、齐、佳、灰、真、文、元、寒、删、先、萧、肴、豪、歌、麻、阳、庚、青、蒸、尤、侵、覃、盐、咸。

字、七字、十一字），句式灵活，节奏鲜明，读起来朗朗上口，抑扬顿挫，韵律和美。现以首句为例，分析其"平仄相对、错落有致"的规律，其他各句也大致遵循这一规律：

[224] 天对地，雨对风。大陆对长空。山花对海树，赤日对苍穹
　　　平　　仄　仄　平　　仄仄　平平　平平　　仄仄　　仄仄　平平

他还采用"化用典故"的手法，对举了若干经典文化信息，其内容包罗万象，如花鸟虫鱼、天文地理、诗词歌赋、寓言神话、历史人文、经史子集、器皿建筑、言语行为、情绪心态等，兼思想性和艺术性于一身，是难得的极佳名作，含义隽永，耐人寻味。它已被学界视为练习对句的学习范本，人们通过朗读和背诵能习得作诗赋对的创作技巧，还能积累中华传统文化知识，难怪学界要推崇《笠翁对韵》。其中的很多名句已成为我们练习"对称性写作"的口诀，也可被视为古人对此类创作的精彩概括。

随着 20 世纪 20 年代白话文运动的普及和深入，人们开始打破古代诗词歌赋中过于苛刻的原型文体，特别是诗歌创作的形式有了较大的变化，无论是语音上，还是字数上，都有了较大的变化，出现了自由诗、无韵诗、台阶诗等；还有人将诗歌与散文结合起来，创作出了散文诗。若从这个角度来说，我们就不难理解很多老学者会怀念古代的诗人。但我们认为，不管古旧文体怎么变化，"对称法"这一原型性写作风格始终未变，依旧是当今语篇中不可或缺的行文大法，因此我们（王寅，2022）主张将"对称法"视为汉语中最重要的语法手段。

背些古代的优美诗句，掌握作对赋句的修辞技巧，对我们的思维和写作还是大有裨益的，不仅可使我们思想深邃，还能帮助我们吟出传世佳句。

参考文献

安丰存，王铭玉 . 2019. 新文科建设的本质、地位及体系 . 学术交流，(11)：5–14，191.

薄冰 . 2004. 新编英语语法 . 北京：世界知识出版社 .

曹雪芹 . 1974. 红楼梦 . 北京：北京人民文学出版社 .

车万育 . 2012. 声律启蒙 . 徐哲兮，校注 . 长沙：岳麓书社 .

陈波 . 1998. 奎因哲学研究 —— 从逻辑和语言的观点看 . 北京：生活 · 读书 · 新知三联书店 .

陈嘉映 . 2003. 语言哲学 . 北京：北京大学出版社 .

程志民 . 2005. 后现代哲学思潮概论 . 北京：华夏翰林出版社 .

戴浩一 . 1990. 以认知为基础的汉语功能语法刍议（上）. 叶蜚声，译 . 国外语言学，(4)：21–27.

戴浩一 . 1991. 以认知为基础的汉语功能语法刍议（下）. 叶蜚声，译 . 国外语言学，(1)：25–33.

杜世洪 . 2010a. 关于假装的语言分析和概念考察 . 外语学刊，(2)：7–13.

杜世洪 . 2010b. 论"假装 +V"结构的逻辑问题 . 现代外语，(2)：158–165，219.

杜世洪 . 2011. 脉辨 —— 话语连贯的语言哲学研究 . 北京：人民出版社 .

杜世洪 . 2012. 连贯是一个语言哲学问题 —— 四十年连贯研究的反思 . 外国语，(4)：83–92.

冯友兰 . 1976. 中国哲学史 . 北京：商务印书馆 .

福柯 . 1998. 知识考古学 . 谢强，马月，译 . 北京：生活 · 读书 · 新知三联书店 .

福柯 . 1999. 疯癫与文明 . 刘北成，杨远婴，译 . 北京：生活 · 读书 · 新知三联书店 .

福柯 . 2001. 词与物——人文科学考古学 . 莫伟民，译 . 上海：生活 · 读书 · 新知三联书店 .

高远，李福印 . 2007. 乔治 · 莱考夫认知语言学十讲 . 北京：外语教学与研究出版社 .

桂诗春 . 2000. 应用语言学研究 . 广州：世界图书出版有限公司 .

哈贝马斯 . 1989. 交往与社会进化 . 张博树，译 . 重庆：重庆出版社 .

哈贝马斯 . 1994. 交往行为理论第一卷——行为的合理性和社会合理化 . 洪佩郁，蔺菁，译 . 重庆：重庆出版社 .

哈贝马斯 . 2001. 后形而上学思想 . 曹卫东，付德根，译 . 南京：译林出版社 .

韩红 . 2005. 交往的合理性与现代性的重建 . 北京：人民出版社 .

韩林合 . 2010. 维特根斯坦《哲学研究》解读（上、下）. 北京：商务印书馆 .

胡塞尔 . 2006. 第一哲学 . 王炳文，译 . 北京：商务印书馆 .

胡壮麟. 2012. 人·语言·存在 —— 五问海德格尔语言观. 外语教学与研究, 44(6)：803–814，959.

胡壮麟. 2021. 系统功能语言学视野中的体认语言学. 浙江外国语学院学报, (1)：1–6.

黄斌. 1999. 语言逻辑哲学 —— 难题与解析. 重庆：重庆出版社.

季国清. 1999. 语言研究的后现代化迫在眉睫. 外语学刊, (1)：9–16.

江怡. 2009. 分析哲学教程. 北京：北京大学出版社.

金岳霖. 1979. 形式逻辑. 北京：人民出版社.

康德. 2004. 纯粹理性批判. 邓晓芒, 译. 北京：人民出版社.

克里普克. 2005. 命名与必然性. 梅文, 译. 上海：上海译文出版社.

奎因. 1987. 从逻辑的观点看. 江天骥, 等译. 上海：上海译文出版社.

奎因. 2005. 语词和对象. 陈启伟, 朱锐, 张学广, 译. 北京：中国人民大学出版社.

李葆嘉. 2001. 理论语言学——人文与科学的双重精神. 南京：江苏古籍出版社.

李弘. 2005. 语音隐喻初探. 四川外语学院学报, (3)：70–74.

李洪儒. 2001. 从逻辑、哲学角度看句义理论的发展 —— "语句中的说话人因素"理论探讨之一. 外语学刊, (1)：31–38.

李洪儒. 2006a. 系词——人在语句中的存在家园. 外语学刊, (2)：29–33.

李洪儒. 2006b. 意见命题意向谓词与客体命题的类型. 外语学刊, (5)：8–12，112.

李渔. 2019. 笠翁对韵. 郭浩瑜, 译注. 北京：中华书局.

刘辰诞. 2007. "界"与有界化. 外语学刊, (2)：53–58.

刘利民. 2006. 哲学视域中的语言问题. 外语学刊, (6)：1–5.

刘利民. 2007. 纯粹语言性反思与分析理性思想的端倪. 外语学刊, (1)：11–18.

刘欣. 2022. 体认语言学视野下现代汉语 AB 到 AABB 重叠构式的动态范畴化研究. 重庆：四川外国语大学硕士学位论文.

罗蒂. 2003. 哲学和自然之镜. 李幼蒸, 译. 北京：商务印书馆.

罗蒂. 2004. 后哲学文化. 黄勇, 编译. 上海：上海译文出版社.

罗素. 1982. 数理哲学导论. 晏成书, 译. 北京：商务印书馆.

罗素. 1996. 逻辑与知识（1901—1950）论文集. 苑莉均, 译. 北京：商务印书馆.

洛克. 1959. 人类理智论. 关文运, 译. 北京：商务印书馆.

马尔库斯. 2008. 单向度的人 —— 发达工业社会意识形态研究. 刘继, 译. 上海：上海世纪出版集团.

潘文国. 2019. 潘文国语言论集（上、下）. 上海：华东师范大学出版社.

皮亚杰. 1981. 发生认识论原理. 王宪钿, 译. 北京：商务印书馆.

钱冠连. 1988. 言语假信息——兼论 Grice 合作原则的拯救. 外语教学, (1)：86.

钱冠连. 1989. 面像身势与话语必须和谐：一条会话合作原则. 外语教学, (2)：8.

钱冠连. 1995. 新格赖斯语用机制新在哪里？外国语, (1)：8.

钱冠连. 1996. 语用学：人文网络言语学. 读书, (1)：68–75.

钱冠连. 1999a. 语用学的哲学渊源. 外语与外语教学, (6)：4–7，11.

钱冠连 . 1999b. 哲学轨道上的语言研究 . 上海外国语大学学报，(6)：9–16，80.

钱冠连 . 2000a. Pragmatics 九年首文研究 . 现代外语，(3)：237–248.

钱冠连 . 2000b. 哲学轨道上的语言研究 . 解放军外国语学院学报，(1)：21–23.

钱冠连 . 2001a. 不当交际工具使用的语言——西方语言哲学研究之二 . 外语与外语教学，(2)：2–6.

钱冠连 . 2001b. 西方语言哲学三个问题的梳理——语言哲学系列研究之五 . 现代外语，(3)：221–227.

钱冠连 . 2001c. 中西哲学的不同语言走向——语言哲学系列研究之四 . 解放军外国语学院学报，(6)：1–4.

钱冠连 . 2002a. 语言全息论 . 北京：商务印书馆 .

钱冠连 . 2002b. 学派与学派意识 —— 西方语言哲学研究之六 . 外国语言文学研究，(2)：1–8.

钱冠连 . 2003a. 论工具性语言扩展式——西方语言哲学研究之八 . 语言科学，(3)：23–33.

钱冠连 . 2003b. 语言哲学修辞论：一个猜想——西方语言哲学系列研究之十 . 福建师范大学学报（哲学社会科学版），(6)：20–24.

钱冠连 . 2004. 以学派意识看汉语研究 . 汉语学报，(2)：2–8，95.

钱冠连 . 2005. 语言：人类最后的家园 . 北京：商务印书馆 .

钱冠连 . 2007a. 西语哲在中国：一种可能的发展之路 . 外语学刊，(1)：1–10.

钱冠连 . 2007b. 以学派意识看外语研究 —— 学派问题上的心理障碍 . 中国外语，(1)：28–30.

钱冠连 . 2008a. 我们为智慧而来——在中西语言哲学研究会成立大会闭幕式上的发言 . 外语学刊，(3)：144.

钱冠连 . 2008b. 西语哲在外语界的传播与未来的发展 . 外语学刊，(2)：1–16.

钱冠连 . 2009a. 西方语言哲学是语言研究的营养钵 . 外语学刊，(4)：8–11.

钱冠连 . 2009b. 西语哲：如何被语言研究利用 . 解放军外国语学院学报，32(3)：1–6.

钱冠连 . 2014. 为王寅《语言哲学研究》作序 . 语言哲学研究（上、下）. 北京：北大出版社 .

钱冠连 . 2015. 后语言哲学之路 . 上海：上海外语教育出版社 .

沈家煊 . 1995. "有界"与"无界". 中国语文，(5)：367–380.

沈家煊 . 2016. 名词与动词 . 北京：商务印书馆 .

沈家煊 . 2019. 超越主谓结构——对言语法和对言格式 . 北京：商务印书馆 .

斯捷潘诺夫 . 2011. 现代语言哲学的语言与方法 . 隋然，译 . 北京：北京大学出版社 .

隋然 . 2003. 译学研究的研究与分析哲学的分析 . 外国语，(1)：56–62.

索绪尔 . 1996. 普通语言学教程 . 高名凯，译 . 北京：商务印书馆 .

涂纪亮 . 1987. 分析哲学及其在美国的发展 . 北京：中国社会科学出版社 .

瓦蒂莫.2013.现代性的终结.李建盛,译.北京:商务印书馆.

汪子嵩,张世英,任华.1972.欧洲哲学史简编.北京:人民出版社.

王爱华.2006.论明达语言性及明达语言维度观——语言哲学系列研究(一).外语学刊,(3):2–11,112.

王爱华.2007.语言不完备性:明达语言与语言自救.外语学刊,(1):19–28.

王德春,孙汝建,姚远.1995.社会心理语言学.上海:上海外语教育出版社.

王立非.2008.新英汉词典(双色缩印版).北京:商务印书馆国际有限公司.

王路.1996.论"真"与"真理".中国社会科学,(6):13.

王铭玉.2020.新文科——一场文科教育的革命.上海交通大学学报(哲学社会科学版),(2):19–22.

王天翼.2022."动态范畴论"的理论与实践——以"S比N1还N2"构式为例.外语教学,(1):29–35.

王天翼,王寅.2015.认知语言学对西方哲学的贡献.浙江大学学报(人文社会科学版),45(4):52–62.

王寅.1987a.从语义与搭配的关系谈英语学习.山东工业大学学报(社会科学版),(2):105–110.

王寅.1987b.数理统计在当代语言测试中的应用.山东外语教学,(4):51–58.

王寅.1987c.语义与语言教学.山东外语教学(增刊):24–34.

王寅.1988a.命题、句子和话语及其意义初探.北京第二外国语学院学报,(1):55–61.

王寅.1988b.语言交际图.清华大学大学外语教学研究,(1):10–15.

王寅.1988c.语义的分类剖析及其在教学中的指导意义.外语研究,(3):58–63.

王寅.1993.简明语义学辞典.济南:山东人民出版社.

王寅.1994.英语动词延终体的语义分析与运用.外国语,(6):5.

王寅.2001.语义理论与语言教学.上海:上海外语教育出版社.

王寅.2003a.体验哲学:一种新的哲学理论.哲学动态,(7):24–30.

王寅.2003b.体验哲学与认知语言学对句法成因的解释.外语学刊,(1):20–25.

王寅.2004a.认知语言学之我见.解放军外国语学院学报,(5):1–5.

王寅.2004b.中西学者对体验哲学的论述对比初探.外语与外语教学,(10):35–40.

王寅.2005a.二山之石,必可攻玉.中国外语,(2):32–36.

王寅.2005b.认知语言学探索.重庆:重庆出版社.

王寅.2005c.事件域模型的认知分析及其解释力.现代外语,(1):17–26,108.

王寅.2005d.再论语言的体验性.山东外语教学,(2):3–8.

王寅.2006a.认知语法概论.上海:上海外语教育出版社.

王寅.2006b.荀子论语言的体验认知辩证观——语言哲学再思考:语言的体验性(之五).外语学刊,(5):1–7,112.

王寅. 2007a. "As X As Y 构造"的认知研究——十论语言的体验性. 解放军外国语学院学报,（4）: 7–13.

王寅. 2007b. 汉语"动名构造"与英语"VN 构造"的对比——一项基于语料库"吃/eat 构造"的对比研究. 外语教学,（2）: 1–6.

王寅. 2007c. 认知语言学. 上海：上海外语教育出版社.

王寅. 2007d. 中西语义理论对比研究初探——基于体验哲学和认知语言学的思考. 北京：高等教育出版社.

王寅. 2008a. 既超越又不超越的回归——兼论体验哲学的超越性和语言学研究的新增长点. 外语学刊,（1）: 6–13.

王寅. 2008b. 认知语言学的"体验性概念化"对翻译主客观性的解释力——一项基于古诗《枫桥夜泊》40 篇英语译文的研究. 外语教学与研究,（3）: 211–217, 241.

王寅. 2008c. 语言学新增长点思考之二：语言与哲学的交织对我们的启发——古希腊哲学家论语言. 中国外语,（1）: 27–32, 45.

王寅. 2008d. 语言学新增长点思考之四：后语言哲学探索——语言哲学、后语言哲学与体验哲学. 外语学刊,（4）: 2–10.

王寅. 2009a. 从后现代哲学的人本观看语言象似性——语言学研究新增长点之六：象似性的哲学基础与语言教学应用. 外语学刊,（6）: 32–37.

王寅. 2009b. 语言体验观及其对英语教学的指导意义——十八论语言的体验性. 中国外语,（6）: 63–68.

王寅. 2009c. 主客主多重互动理解. 哲学动态,（10）: 84–89.

王寅. 2010. 体验哲学探源. 外国语文, 26(6): 45–50.

王寅. 2014. 语言哲学研究——21 世纪中国后语言哲学沉思录（上下卷）. 北京：北京大学出版社.

王寅. 2015. 体认一元观：理论探索与应用价值——心智哲学的新思考. 中国外语, 12(2): 24–31.

王寅. 2019a. 体认语言学发凡. 中国外语, 16(6): 18–25.

王寅. 2019b. 西哲第四转向的后现代思潮——探索世界人文社科之前沿. 上海：上海外语教育出版社.

王寅. 2022. 汉语体认语法刍议——试论"对称原则"为汉语最重要的语法手段. 辽宁师范大学学报（社会科学版）, 45(2): 1–9.

王治河. 2007. 中国的后现代化与第二次启蒙. 马克思主义与现实,（2）: 51–60.

王治河. 2011. 后现代主义与建设性（代序）. D. R. Griffin, 编. 王成兵, 译. 后现代精神. 北京：中央编译出版社, 1–19.

王治河, 张学涛, 张桂丹. 2022. 第二次启蒙视域下的有机语言学与体认语言学. 当代外语研究,（2）: 93–104.

维特根斯坦. 1996. 哲学研究. 李步楼, 译. 北京：商务印书馆.

维特根斯坦. 2002. 逻辑哲学论. 贺绍甲, 译. 北京：商务印书馆.

邢福义 . 2015. 后语言哲学之路（序言）. 钱冠连，著 . 后语言哲学之路 . 上海：上海外语教育出版社，1–3.

许国璋 . 1988. 语言符号的任意性问题——语言哲学的探索之一 . 外语教学与研究，(3)：2–10.

许国璋 . 1991. 许国璋论语言 . 北京：外语教学与研究出版社 .

亚里士多德 . 1959. 范畴篇 解释篇 . 方书春，译 . 北京：商务印书馆 .

姚振军 . 2014. 认知翻译学视野下的翻译批评 . 外语与外语教学，(2)：15–19.

叶舒宪 . 1994. 诗经的文化阐释 . 武汉：湖北人民出版社 .

张道真 . 1979. 实用英语语法 . 北京：商务印书馆 .

章振邦 . 1983. 新编英语语法（下册）. 上海：上海译文出版社 .

章振邦 . 2009. 新编英语语法教程 . 上海：上海外语教育出版社 .

中国社会科学院语言研究所词典编辑室 . 2016. 现代汉语（第七版）. 北京：商务印书馆 .

朱永生 . 1996. 搭配的语义基础和搭配研究的实际意义 . 外国语，(1)：5.

Austin, J. L. 1962. *How to Do Things with Words*. Oxford: Oxford University Press.

Baghramian, M. 1998. *Modern Philosophy of Language*. London: J. M. Dent.

Berlin, B. & Kay, P. 1969. *Basic Color Terms: Their Universality & Evolution*. Berkeley: University of California Press.

Biber, D., Johansson, S., Leech, G., Conrad, S., Finegan, E., & Quirk, R. 2000. *Longman Grammar of Spoken and Written English* (Vol. 2). London: Longman.

Bourdieu, P. 1991. Language et pouvoir symbolique. J. B. Thompson (Trans.). *Language and Symbolic Power*. Cambridge: Harvard University Press, 1–302.

Brown, C. 1983. Topic continuity in written English narrative. In T. Givón (Ed.), *Topic Continuity in Discourse: A Quantitative Cross-Language Study*. Amsterdam: John Benjamin, 313–342.

Chomsky, N. 1957. *Syntactic Structures*. The Hague: Mouton.

Chomsky, N. 1965. *Aspects of the Theory of Syntax*. Cambridge: Massachusetts Institute of Technology Press.

Chomsky, N. & Halle, M. 1968. *The Sound Pattern of English*. New York: Harper and Row.

Coleman, L. & Kay, P. 1981. Prototype semantics: The English verb lie. *Language*, 57(1): 26–44.

Dickens, C. 2003. *A Tale of Two Cities*. Beijing: World Book Inc.

Dirven, R. & Verspoor, M. 1998. *Cognitive Exploration of Language and Linguistics*. Amsterdam: Benjamins.

Durieux, F. 1990. The meanings of the specifying genitive in English: A cognitive analysis. *Antwerp Papers in Linguistics*, (66): 1–94.

Fauconnier, G. 1985. *Mental Spaces: Aspects of Meaning Construction in Natural Language*.

Cambridge/London: Massachusetts Institute of Technology Press / Bradford.

Fauconnier, G. 1994. *Mental Spaces: Aspects of Meaning Construction in Natural Language.* Cambridge: Cambridge University Press.

Fauconnier, G. 1997. *Mappings in Thought and Language.* Cambridge: Cambridge University Press.

Frege, G. 1892. On sense and nominatum. In P. Greach & M. Black (Eds.), *Translation from the Philosophical Writings of Gottlob Frege.* Oxford: Basil Blackwell, 373–394.

Geeraerts, D. 1985. Cognitive restrictions on the structure of semantic change. In J. Fisiak (Ed.), *Historical Semantics—Historical Word Formation.* Berlin: Mouton de Gruyter, 297–323.

Goldberg, A. 1995. *Constructions: A Construction Grammar Approach to Argument Structure.* Chicago/London: University of Chicago Press.

Greenberg, J. H. 1966. *Some Universals of Grammar with Particular Reference to the Order of Meaningful Elements.* In J. H. Greenberg (Ed.), *Universals of Language* (2nd ed.). Cambridge: Massachusetts Institute of Technology Press, 73–113.

Grice, H. P. 1975. Logic and conversation. In P. Cole & J. L. Morgan (Eds.), *Syntax and Semantics,* (3): 41–58.

Halliday, M. 1985. *An Introduction to Linguistics.* London: Edward Arnold.

Halliday, M. & Hasan, R. 1976. *Cohesion in English.* London: Longman.

Halliday, M. & Hasan, R. 1985. *Language, Context and Text: Aspects of Language as a Social-Semiotic Perspective.* Victoria: Deakin University Press.

Halliday, M., McIntosh, A. & Strevens, P. 1964. *The Linguistic Sciences and Language Teaching.* London: Longman.

Jaszczolt, K. M. 2002. *Semantics and Pragmatics Meaning in Language and Discourse.* London: Pearson Education.

Jespersen, O. 1922. *The Philosophy of Grammar.* London: George Allen & Unwin.

Lakoff, G. 1977, April 14–16. *Linguistic gestalts.* The Thirteenth Regional Meeting of the Chicago Linguistic Society, Chicago, the United States.

Lakoff, G. 1987. *Women, Fire and Dangerous Things: What Categories Reveal About the Mind.* Chicago: The University of Chicago Press.

Lakoff, G. & Johnson, M. 1980. *Metaphors We Live by.* Chicago: The University of Chicago Press.

Lakoff, G. & Johnson, M. 1999. *Philosophy in the Flesh: The Embodied Mind and Its Challenge to Western Thought.* New York: Basic Books.

Langacker, R. W. 1991. *Foundations of Cognitive Grammar: Vol. 2. Descriptive Application.* Stanford: Stanford University Press.

Langacker, R. W. 1987a. Nouns and Verbs. *Language, 63*(1): 53–94.

Langacker, R. W. 1987b. *Foundations of Cognitive Grammar: Vol. 1. Theoretical Prerequisites.* Stanford: Stanford University Press.

Langacker, R. W. 2000. *Grammar and Conceptualization.* Berlin: Mouton de Gruyter.

Lecercle, J. J. 2006. *A Marxist Philosophy of Language.* Leiden: Brill.

Leech, G. 1969. *A Linguistic Guide to English Poetry.* London: Longman.

Levinson, S. C. 1983. *Pragmatics.* Cambridge: Cambridge University Press.

Linsky, L. 1963. Reference and referents. In C. Caton (Ed.), *Philosophy and Ordinary Language.* Urbana: University of Illinois Press, 154–161.

Lycan, W. G. 1999. *Philosophy of Language: A Contemporary Introduction.* London: Routledge.

Moore, G. E. 1944. Russell's "theory of description". In P. A. Schilpp (Ed.), *The Philosophy of Bertrand Russell.* Evanston: The Library of Living Philosophers, 175–225.

Nikiforidou, K. 1991. The meanings of the genitive: A case study in semantic structure and semantic change. *Cognitive Linguistics, 2*(2): 149–206.

Palmer, F. R. 1976. *Semantics.* Cambridge: Cambridge University Press.

Popper, K. 1986. How I see philosophy. In S. G. Shanker (Ed.), *Philosophy in Britain Today.* London: Croom Helm, 198–211.

Quine, W. V. O. 1951. Two dogmas of empiricism. *Philosophical Review,* (60): 20–43.

Quine, W. V. O. 1980. *Word and Object.* Cambridge: Massachusetts Institute of Technology Press.

Quirk, R., Greenbaum, S., Leech, G. & Svartvik, J. 1985. *A Comprehensive Grammar of the English Language.* London / New York: Longman.

Ramsey, F. P. 1931. *The Foundation of Mathematics and Other Logical Essays.* London: Kegan Paul.

Robins, R. H. 1967. *A Short History of Linguistics.* London: Longman.

Rosch, E. 1973. On the internal structure of perceptual and semantic categories. In T. E. Moore (Ed.), *Cognitive Development and the Acquisition of Language.* New York: Academic Press, 111–144.

Rosch, E. 1975. Cognitive representations of semantic categories. *Journal of Experimental Psychology: General,* (3): 192–233.

Rosch, E. 1978. Principles of categorization. In E. Rosch & B. Lloyd (Eds.), *Cognition and Categorization.* Hillsdale: Erlbaum, 27–48.

Rosch, E. & Mervis, C. B. 1975. Family resemblances: Studies in the internal structure of categories. *Cognitive Psychology, 7*(4): 573–605.

Ross, J. J. 1998. Analytical philosophy: As a matter of style. In A. Biletzki & A. Matar (Eds.), *The Story of Analytical Philosophy: Plot and Heroes.* London: Routledge, 56–70.

Russell, B. 1914. *Our Knowledge of the External World: As a Field for Scientific Method in Philosophy*. London: Routledge.

Searle, J. R. 1969. *Speech Acts: An Essay in the Philosophy of Language*. Cambridge: Cambridge University Press.

Skehan, P. 1998. *A Cognitive Approach to Language Teaching*. Oxford: Oxford University Press.

Strawson, P. E. 1950. On Referring. *Mind, 59*: 320–344.

Sweetser, E. 1990. *From Etymology to Pragmatics: Metaphorical and Cultural Aspects of Semantic Structure*. Cambridge: Cambridge University Press.

Tarski, A. 1931. The semantic conception of truth and the foundations of semantics. In M. Baghramian (Ed.), *Modern Philosophy of Language*. London: J. M. Dent, 41–63.

Taylor, J. 1989. *Linguistic Categorization—Prototypes in Linguistic Theory*. Oxford: Oxford University Press.

Taylor, J. 1996. *Possessives in English: An Exploration in Cognitive Grammar*. New York: Oxford University Press.

Taylor, J. 2002. *Cognitive Grammar*. Oxford: Oxford University Press.

Ungerer, F. & Schmid, H. J. 1996. *An Introduction to Cognitive Linguistics*. London: Longman.

Verschueren, J. 1995. Metapragmatics. In J. Verschueren, J.-O. Östman & J. Blommaert (Eds.), *Handbook of Pragmatics*. Amsterdam: Benjamins, 367–371.

术 语 表

半被动	semi-passive
保持率	persistence
被动态	passive voice
毕因	being
毕因论（本体论、存在论）	ontology
毕因论承诺（本体论承诺）	ontological commitment
变异现象	deviation
辩证法	dialectics
辩证唯物论	dialectical materialism
标记性	markedness
标例	token
标准音位	standard phoneme
表层结构	surface structure
部分倒装	partial inversion
长庚星	the evening star
场景化/场景确定	grounding / the grounded
陈述句	declarative sentence
成分分析法	Componential Analysis (简称CA)
充分必要条件	necessary and sufficient conditions
抽象性的容器	abstract container
初始范畴化	initial categorization
喘息说	the theory of yo-he-ho
词法	morphology
词根	root
词汇空缺	lexical gap
词类	the parts of speech

词缀	affix
刺激–反应	Stimulus-Response (简称S-R)
存在性	existential
倒装语序	inverted order
笛卡尔范式	Cartesian paradigm
典型样本	exemplar
动词	verb
对象语言	object language
多重互动论	multi-actionism
二元论	dualism
反意疑问句	disjunctive questions
范畴化	categorization
范畴化的逻辑观	logical view of categorization
非客观主义	non-objectivism
非限定摹状语	Indefinite Description
非限定性名词词组	Indefinite Noun Phrase (简称INP)
符号	symbol
符号资本	symbolic capital
辅音	consonant
概括性图式表征	schematic representation
感叹句	declamatory sentence
感叹说	theory of pooh-pooh
格里姆定律	Grim's law
格语法	case grammar
共识真理观	consensus theory of truth
构式语法	Construction Grammar (简称CxG)
涵义	sense
核–卫关系	nucleus-satellite relation
宏大叙事	grand narrative
后现代论	postmodernism
后现代转向	postmodernist turn

后置修饰语	postmodifier
互动论	interactionism
话语权力论	discourse power theory
回读率	lookback
活动论	game theory
基础论	fundamentalism
记叙文	narrative
家族相似性	family resemblance
假被动	pseudo-passive
建构主义	constructivism
交往行为论	communication act theory
金星	Venus
经典范畴论	classical theory of category
经典形式逻辑	classical formal logic
经验论	empiricism
句法	syntax
距离象似性	iconicity of distance
聚范畴化	con-categorization
科学主义	scientism
可能世界	possible world
可能世界理论	theory of possible worlds
客观主义	objectivism
空指名称	empty name
框架语义学	frame semantics
类型	type
理念	eidos
例示	instance/instantiate/instantiation
罗素–斯特劳森争论	Russell-Strawson dispute
逻各斯（道/本源）	logos
迈农悖论	Meinong paradox
命名转喻观	the metonymy theory of naming

摹状论	description theory
摹状语	description
模态逻辑	modal logic
内部实在论	internalism
拟构观	paramorphism
拟声说	theory of bow-bow
排中律	law of excluded middle
普遍语法	Universal Grammar (简称UG)
普遍语用学	universal pragmatics
普通语言	ordinary language
祈使句	imperative sentence
启明星	the morning star
前置修饰语	premodifier
屈折语言	inflecting language / inflected language / inflexional language
去范畴化	de-categorization
全部倒装	full inversion
缺少连接词语的句子（又称流水句）	run-on sentence
人类思维字母表	alphabet of human thought
人文观/人本观	humanism
认识论	epistemology
认知语言学	Cognitive Linguistics (简称CL)
认知语义学	Cognitive Semantics
冗余否定	redundant negation
萨丕尔–沃尔夫假说	Sapir-Whorf hypothesis
三段论	syllogism
三个量化逻辑形式	three quantified logical forms
三个量化普遍陈述	three quantified general statements
三件套普遍判断	trio of generalizations
上–下义词	superordinate-hyponym/hypernym-hyponym

深层结构	deep structure
神学毕因论	theological ontology
生活世界	lifeworld
声象说	theory of ding-dong
诗歌语言	poetic language
施为句	performative
时态	tense
识解	construe/construal
实体	ousia
实证主义	positivism
实质蕴涵悖论	paradox of material implication
适切条件	felicity condition
双重否定	double negation
说明文	exposition
死隐喻	dead metaphor
T–约定式/T–等值式	T-convention/T-sentence
特征	feature/property
特征束	cluster of features
提及	mention
体	aspect
体认语言学	Embodied-cognitive Linguistics (简称ECL)
体验性概念化	embodied conceptualism
体验性普遍观	embodied universalism
体验哲学	Embodied Philosophy (简称EP)
天赋观	nativism
同构观	isomorphism
同一性	identity
图式	schema
图式表征	schematic representation
外部实在论/科学实在论	externalist realism
唯理论	rationalism

唯名论	nominalism
唯实论	realism
唯物论	materialism
维尔纳定律	Verner's law
尾重原则	end weight
谓词	predicate
谓词演算	predicate calculus
文化资本	cultural capital
文学体	literary writing
无标记性	unmarkedness
无界	atelic/unbounded
物理力量	physical force
系词	be
下义词/受支配词/下坐标词	hyponym/subordinate
限定性名词词组	Definite Noun Phrase (简称DNP)
限定性摹状语	Definite Description (简称DD)
响音	sonority
小概念包	small conceptual package
协同性	solidarity
心理力量	mental force
心智空间	mental space
形而上学	metaphysics
形式化空间假设	Spatialization of Form Hypothesis (简称SFH)
修饰语	modification
虚存	subexist
学术再工程化	academic reengineering
压制	coerce
延异	différance
言语行为论	speech act theory
疑问句	interrogative sentence
议论文	argumentation

意义	meaning
意义的特征理论	feature theory of meaning
意义用法论	meaning-in-use theory
音节	syllable
音位变体	allophone
音响形象	sound image
用法论	use theory
有界	telic/bounded
有界性/边界化	boundarization
语态	voice
语言活动论	language game theory
语言论	linguistics
语言论转向	linguistic turn
语言世界观	linguistic worldview
语言习得机制	Language Acquisition Device (简称LAD)
语言哲学	philosophy of language
语义/意义	meaning
语义三角	semantic triangle
语义上溯	semantic ascent
语义学公式	semantic formula
语音象征	sound symbolism
语音学	phonetics
语音隐喻	phonetic metaphor
元音	vowel
元语言	meta-language
原型范畴论	prototype theory of category
原型性的特征描画	characterization of prototypicality
原型样本	prototype
原子命题	atomic proposition
再范畴化	re-categorization
哲学女王	Queen Philosophy

哲学王	King Philosophy
真/真理	true/truth
真被动	true passive
真值对应论	the truth correspondence theory
真值条件论	the truth conditional theory
征视为联觉	synaesthesia
整体论	holism
指称对象	referent
指称论	referentialism / the referential theory
指称性	deictic
中动态	middle voice
中心主义	centralism
主词	subject
主动态	active voice
主客互动	interaction between subject and object
主客主多重互动理解模式	subject-object-subject multiple-action understanding model（简称 SOS 理解模型）
主题	topic
主体间性	intersubjectivity
专名	proper name (简称PN)
自然实在论	natural realism
自然语序	natural order
自然哲学	natural philosophy

跋

一

时代在前进，社会在发展，文明在进步，学术在深入。进入 21 世纪，各路语言学学者都在追问本学科的前沿究竟在哪里。只有导师进入科研的高原地带，学生才有可能跟进到学术舞台中央，这就是研究生的培养根本目标。循此思路，学科才有前途，民族才有希望，这才是一代学人的担当，以期实现教育为国家发展战略服务的目标，这是所有语言学者必须认真思考和回答的问题。

我国当下提出的"新文科"科研思路为学界指明了"走向前沿"的方向，打通文史哲，兼治古今中外，语言学人应尽快"走出纯语言研究"的羁绊。胡壮麟先生（2021：3）曾指出：

> 从微观研究走向宏观研究，由单一转向多元化，从系统转向应用，从描写转向解释，从结构转向认知，从静态转向动态，由分析转向综合，由模糊转向精确。

这与"新文科"思路（安丰存、王铭玉，2019；王铭玉，2020）完全吻合。我们一直认为，对于语言学者来说，首先是要与"哲学"紧密结合。罗宾斯（Robins，1967：103）早就指出：

> Philosophy, in its widest sense, had been the cradle of linguistics.

这应是一个显而易见、毋庸置疑的常识，但一直未能引起学界的高度重视。雷科夫（Lakoff，1987）在《女人、火和危险事物：范畴揭示了人类心智中的什么》一书中指出：

> Philosophy matters.

短短的两个单词，掷地有声，力重千钧，指出了语言学界的短处，恰如一块重重的石头被丢进海水之中，掀起的不是微澜，而是滔天大浪，直击学人的心田。

"哲学"号称一切学科之母，哲学家持续不断地为各个时期的语言学理论输送理论基础，这是历史事实，西方在 2 000 多年中所流行的几大主流语言学派都有其对应的哲学基础，应哲学之运而出场（王寅，2007c、2019a），这是不争的事实。

钱冠连先生（2009a）曾以

> "西方语言哲学是语言研究的营养钵"

为题发表论文，大力倡导语言学界的同行要认真学习西方哲学（包括语言哲学）。他曾在开会时指出：

> 中国的中文系与外语系学生没经过哲学的前期训练（故言"学术空缺"）就上阵搞语言学，那不肤浅才怪呢？

沈家煊先生（2016：13、359、413）在《名词和动词》一书中反复强调了下句箴言：

> 没有哲学根基的语法理论缺乏深度。

王文斌教授于 2012 年 10 月 27 日在宁波大学召开的第四届中西语言哲学专委会年会的开幕式讲话中指出：

> 一个漠视哲学的民族，多半是一个精神贫血的民族。一个没有语言哲学探索的人文实践，也多半是一个内涵缺席的花拳绣腿。

潘文国（2019）基于康德（2004：1）的"哲学是一切学科的女王"提出：

> 哲学是人类从事的一切学科的领头羊，哲学上的研究方向发生了变化，必然影响到所有学科领域的研究。所谓"语言学是领先学科"是个伪命题，真实的情况是，哲学是领先学科。

这些谆谆教导可谓语重心长，当引起学人的高度重视，千万不可再置若罔闻、无动于衷了，犹如季国清先生（1999）在题为"语言研究的后现代化迫在眉睫"一文中所言：

> 更大的遗憾来自语言学对哲学成果的麻木和冷漠。

真可谓一语中的，说得我们脸红，大有坐不住的感觉。

"新文科"，简单的三个字蕴含了太多的信息，确实需要学人付出长久的时间和精力来补昔日教育之不足。我们既要学习中西传统哲学、马列哲学、语言哲学，还要学习后现代哲学和中国后语言哲学。正如王治河等（2022）所言，语言学研究必须置于"第二次启蒙"和"有机哲学"（又叫过程哲学、关系哲学）的视野下进行。据此，只要略加沉思，便可寻得为何有人要说"语言学界不必学哲学"[1]，无非是因为哲学抽象、玄奥，有的命题和论证理解起来较为困难，因而我们常将其视为哲学专业的事，与自己无关，当可高高挂起。人们有时还会觉得学好一个专业，搞懂一个人，这辈子就够用了，这种"畏难、怕苦、小懂则安"的心态，似有"近视"之嫌，此心态与"新文科"思路大相径庭。

当前我国所大力倡导的"新文科"人才培养思路，从国家层面上被视为一项国策正式提出，鼓励我们顺着哲学的藤来摸语言学的瓜。本书所论述的"四个转向"明确指出，西哲经过三个转向后于 20 世纪 50—60 年代又出现了第四转向的后现代思潮，它毫无疑问地代表着当今哲学研究的前沿，若从这个角度来看，我们必须借助后现代哲学来探索语言学前沿，也算是"尽快走出纯语言研究"，落实新文科理念的一个尝试。据此也可说，我们既要当语言学家，也要当哲学家。

---

1 此话大为不妥，皆因视野狭隘、知识太窄、旧时误导所致。我们知道，语言学自古希腊时期起就包含在哲学之中，语言学作为一个独立的学科也是近百来年的事。昔日的哲学家，大多也是语言学家，他们常通过分析语言现象入手来探索哲学道理，一个 logos 就同时包含了"哲理"和"言说"，这与汉语中的"道"有异曲同工之妙。
古希腊哲学家巴门尼德就曾基于分析西方语言中的判断词 be [古希腊语为 on(t)-] 入手，发现了它蕴含着事物的本质特征，从而建立了"毕因论"（研究 being 的学问）。19 世纪末和 20 世纪初的语言哲学家更是据此确立了研究方向，"通过语言分析解决哲学难题"（Baghramian, 1998: xxx），把"语言"推到了时代的风口浪尖，发展成为一场声势浩大的哲学运动，从而形成了西哲的第三转向。他们的研究成果极大地提升了人们对语言的认识，开阔了语言学界的视野，语言学人岂能视之而不顾，置之而不用！
不论是国内，还是国外，凡有成就的语言学家也是哲学家，如索绪尔、乔姆斯基、雷科夫、胡壮麟、钱冠连等；凡有成就的哲学家，也大多是语言大师，通晓语言理论，如罗素、维特根斯坦、奎因、斯特劳森、陈嘉映、江怡等。

各位同仁自当积极响应，自觉接受一场"学术再工程化"（academic reengineering）的洗礼，该补的课赶快补，早补早得益，与国、与民、与己皆有裨益！

<h1 style="text-align:center">二</h1>

从第 1 章图 1-1 可见，滥觞于 19 世纪末和 20 世纪初的语言哲学可分为两个学派：英美分析哲学和欧陆人本哲学。前者又分为理想语哲学派和日常语哲学派，维特根斯坦为这两个学派都起到了积极的引领作用，他前期出版的《逻辑哲学论》引领了理想语哲学派；他后期出版的《哲学研究》开发了日常语哲学派。特别是他正式提出的"家族相似性、活动论、用法论"等一系列新观，对后现代哲学的形成也发挥了重要作用。一个学者能引领哲学中的三个潮流，需要何等的睿智？确实令全世界学者为之感叹、敬佩不已。

维氏在后期研究中正式提出的"家族相似性"，率先挑战了流行 2 000 多年的经典范畴论，批判了学界习以为常的"二分法"，使学人眼前一亮。20 世纪 70 年代，美国心理学家罗茜等通过实验进一步证实了该观点的解释力，且将其更名为"原型范畴论"，很快为学界所接受。语言学家也深受其影响，雷科夫、泰勒率先将其引入语言学界，使得原来纠结不清、难以周全的若干问题，从理论上找到了合理的解释。认知语言学就是以此起家的，学者基于"范畴的不确定性、表达的模糊性、思维的非理性（隐喻性）"等进一步提出了"隐喻认知论"，摆脱了受索绪尔和乔姆斯基把控达百年之久的客观主义语言学之束缚，将语言研究带入西哲第四转向的后现代时期，直抵学术前沿。

本书第 8 章论述了家族相似性、原型范畴论与经典范畴论的区别，认为前两者更适用于人文社科，后者更适用于自然科学，其实人文社科也需要经典范畴，自然科学也需要原型范畴。近来我们也发现，前两个范畴理论也有不足之处，据此第 9 章提出了修补方案：图式范畴论和动态范畴论，且将其与家族相似性和原型范畴论合起来，冠之以"动态图式范畴论"。我们在随后的第 10 章至第 12 章中运用它来统一解释语言中各层面的诸多现象，可望进一步推动语言研究走向深入，欢迎学界方家批评指正！

继往开来，让我们沿着前辈的足迹不断发展语言理论，有所建树！

承前启后，让后来者能踏着我们的肩膀奋力向上攀登，超越我们！

衷心盼望，各位老师和同学为语言学事业而努力奋斗，大有作为！